树敌

侮辱与国际冲突

Making Enemies

Humiliation and International Conflict

林艾雯（Evelin Lindner） 著
刘兰芝　静颐　刘翔宇　译
刘悦斌　校

外文出版社
FOREIGN LANGUAGES PRESS
全国百佳出版社

图书在版编目（CIP）数据

树敌：侮辱与国际冲突／（德）林艾雯著；刘兰芝，静颐，刘翔宇译．—北京：外文出版社，2019.5

ISBN 978－7－119－11799－7

Ⅰ.①树…　Ⅱ.①林…　②刘…　③静…　④刘…　Ⅲ.①国际问题—研究　Ⅳ.①D815

中国版本图书馆 CIP 数据核字（2019）第 005637 号

责任编辑：李　湲
装帧设计：红十月设计室
印刷监制：秦　蒙
出版发行：外文出版社有限责任公司
地　　址：中国北京西城区百万庄大街 24 号　　　邮政编码：100037
网　　址：http://www.flp.com.cn
电子邮箱：flp@cipg.org.cn
电　　话：（010）008610－68320579（总编室）
　　　　　（010）008610－68995852（发行部）
　　　　　（010）008610－68996183（投稿电话）
印　　制：环球东方（北京）印务有限公司
经　　销：新华书店／外文书店
开　　本：170mm×240mm
印　　张：17.5
字　　数：400 千字
版　　次：2019 年 5 月第 1 版第 1 次印刷
书　　号：ISBN 978－7－119－11799－7
定　　价：45.00 元

Contents

目　录

Preface

译者序

关于侮辱、荣誉和尊严的话题，我们的先人从来就十分关注。《礼记 · 儒行》有这样的记载："儒……可杀而不可辱也。"尊严重于生命，故而士可杀不可辱之论流传至今。苏轼在那篇脍炙人口的《留侯论》中谈到"匹夫见辱"的问题，他从个人修养的功夫和利害得失上进行了探讨，希望那些欲成就一番事业的豪杰面对侮辱能"猝然临之而不惊，无故加之而不怒"。然而，不惊、不怒并不等于不怨、不恨，当下的忍耐与克制只是一种着眼于长久的策略而已。究竟何为尊严、何为屈辱，这些问题的实质是什么，却少有人触及。

涉及荣誉和尊严的话题，中国有一个独有的而且极为通俗的概念，那就是面子。这是一个人尽皆知却很少人能准确定义的概念。在现实生活中，一个人是否有面子往往和地位、财富、成就、声誉相关联。由此，面子问题的焦点也几乎集中在了和商业、权力的关系上。而且，面子似乎只是熟人之间的事情，和人情连在一起，对于陌生人而言，并不存在什么面子问题。如果用面子的观念来代替尊严的话，难免使得尊严被表面化，从而忽视了人的本质。显然，给人面子与给每个人同等的尊重有着本质上的差异。

尊严和屈辱可以看作是一对相互排斥的矛盾，存在于各个层面，微观上涉及个人和家庭，宏观上涉及民族和国家。从本性上讲，每一个人无论其地位高下、财富多寡，都渴望获得他人的尊重。因而，在世上的各类冲突中，无论其表现形式如何，归根结底最严重的问题莫过于冒犯他人的尊严。在我们这样一个高度经济化的社会、利益多元化的时代，当人们越来越忽略了人的本质性特征的时候，我们有必要对侮辱和尊严等问题予以更深切的关注：尊严受到伤害会怎样影响我们对自己及他人的看法？我们对侮辱作出的反应是怎样的？我们的反应是取决于我们的性格和文化等主观方面，还是经济、政治和社会关系等客观方面？当我们以不同的身份——个体、群体或者民族——遭受侮辱时，感觉是否不同？屈辱、复仇这一循环一旦开始，我们怎样制止它？对于这些令人紧张、不安，甚至痛心的问题，林艾雯博士在本书中给出了系统而深刻的分析和解说，最终所指出的方向不是对屈辱遗忘或视而不见，不是暴力相向，而是超越屈辱并实现尊严平等化（egalization）。

本书是一部关于建立人类尊严和屈辱理论（HumanDHS）的大作，横跨心理学、社会学、人类学等多个学科，涉及多个国家和民族的文化和历史。在这部书中，林艾雯从侮辱在人心中的作用、在世界上起的作用，以及即使良好初衷也可能引发屈辱感的事实三方面分析了侮辱的效果和影响；并从人的本性、社会等级、历史演变、文化差异等视角系统地探讨了尊严、荣誉、侮辱、谦卑、羞愧等问题，通过大量触目惊心的相关实例，对侮辱给人际关系、国内关系和国际关系的破坏和毁灭作出了令人信服的分析和解释，并将之系统化、理论化。需要注意的是，在这本书里，"侮辱（Humiliation）"包含了两个方面的意思，即侮辱和受辱，涉及施暴人的行为和受害人的感受。作者提出了许多发人深省的观点并建构了若干严谨的概念。毫不夸张地说，这是一部关于侮辱与尊严理论的开山之作。

本书是林艾雯的成名之作，一出版便引起广泛关注，并被《选择》杂志选为2007年杰出学术著作（Outstanding Academic Title by the journal Choice for 2007）。这部作品的独特性和林艾雯丰富而传奇的人生经历密不可分。林艾雯的少年和青年时代充满坎坷。林艾雯1954年出生在当时的西德，她的父母是原本生活在波兰西里西亚地区的德国后裔，不幸卷入二战，战争结束后，与大量的德国后裔一起被迫离开祖辈曾经生活了数百年的地方，赤手空拳地回到陌生的德国。时代的宏观背景和独特的个人经历，使得她对侮辱和尊严有着非同寻常的深刻体会和反思。在她的职业生涯中，林艾雯先后到过世界上的许多国家，对社会和人性都有深入和细致的观察，并对侮辱对不同的个人、群体和民族的伤害有着切身的体会。她先后获得心理学和医学两个专业的博士学位。她对尊严和侮辱的理论探索和实践获得了广泛的认可和称赞，并分别于2015、2016和2017年连续三年被提名为诺贝尔和平奖候选人。

在这部书中，关于侮辱和尊严的精彩论述比比皆是，和我们生活的时代和社会密切相关：纵观历史，我们可以发现，"昔日作为'正常'情况被接受的现实，今天则被视为受辱而应该受到排斥。"人们"对尊严平等、机会平等的期望值在提高，降低任何一个群体期望值的企图都是对其他群体的冒犯，也是对崭新的、更加美好的社会秩序这一愿望的威胁。"强势群体"自身表现出来的优越感对那些弱势群体可能产生侮辱性的效果，忽略这一情况可能是危险的。”他们“无视给平民百姓造成的受辱感，甚至当平民百姓的受辱感达到白热化的程度时也视而不见。”本书正是对社会种种不良现象的一个警示。

尽管这是一部十分严肃的学术著作，而且探讨的是如此沉重的话题和如此深刻的哲理，却并没有妨碍作者使用最通俗的语言并借用世界各地引人入胜的奇异风俗详加解释和阐述。而且，文章通篇都充满着悲天悯人的道德情怀、闪耀着人性的光芒。当你阅读本书时，一定会对书中的许多地方产生共鸣和联想，或会意一笑、或拍案叫绝、或扼腕叹息、或痛心疾首。阅读本书，让人在获得社会知识的同时也得到了敦厚的警醒。无论你是重大政策的制定者，还是普通民众，这部书都会让你终身受用。特别是在转型期各种矛盾凸显的情况下，这部书可谓来得正是时候。

译者之一的静颐与林艾雯相识多年，译者对她印象深刻不仅在于她广博的学识和无私的奉献精神，她的多才多艺和思想奔放，还有她于接人待物中表现出的善解人意和细致入微。也正是因为她所展现的种种美德和个人魅力，才会有越来越多的人为她所感动，受她的感召而投入对屈辱和尊严的探讨，由此人类尊严与屈辱理论作为一门充满生命力的新学科正在形成。所以，在此推荐给读者的不仅是一本好书，也是一个知心朋友。

静颐

2016 年 11 月

Foreword

序　一

我第一次遇到林艾雯博士（Dr. Evelin Lindner）是在 2001 年 12 月，那时哥伦比亚大学师范学院（Teachers College，Columbia University）正在举办和平教育课程研讨会，她在会上作了报告。我被她报告的题目《屈辱与暴力的根源》所吸引。她在报告中阐述了自己的思想，其独创性和重要性给我留下了深刻的印象。她向大家展现了侮辱——这是一种很深切的情感，令人遗憾的是，心理学家对它鲜有研究——在导致国与国之间、人与人之间毁灭性的冲突中常常以怎样的方式起着至关重要的作用。她从自己在卢旺达、索马里、埃及、德国和美国丰富多彩的生活经历中撷取了很多引人入胜的素材对自己的论点进行阐释。

那次大会发言的结果是，她应邀在哥伦比亚大学师范学院解决冲突计划（Program on Conflict Resolution）课程中担任侮辱心理学教师。她的课受到了该校师生的热烈欢迎。2002 年夏天，我不仅拜读了林艾雯博士的多篇论文，还有机会和她谈论了她所做的工作。我敦促她写一本书，这样她不仅可以把自己的思想传播给更多的社会科学读者，还可以传播给政策制定者和普罗大众。

我认为，本书为了解屈辱的经历在导致人与人之间、国与国之间毁灭性的互动上作出了弥足珍贵的创新性贡献。侮辱会产生惨重的毁灭性后果。侮辱——通过贬低人的价值，破坏人与生俱来的关怀权和公平正义原则——动摇了人对自己身份的认同基础。

林艾雯博士以深邃的目光发展了这一重要思想：我们意识到侮辱作为人类事务中有着强大震撼力的、无处不在的现象，只是在最近才浮出水面。她把侮辱的出现归结为两种现象：尊严平等化（egalization）和全球化（globalization）。尊严平等化（林艾雯博士发明的术语）指的是 18 世纪尊严平等这一政治理想的形成，它体现在美国革命和法国大革命中；全球化指的是世界各国日益增强的相互依赖性和相互关联性。例如，一名阿富汗妇女本来已经接受了丈夫有权打她这个事实，可是她通过电视得知在地球村的其他地方，人们不仅认为女人和男人是平等的，而且丈夫打妻子是要蹲监狱的，这时，她就感到自己受到了侮辱。

林艾雯博士体恤人意，广泛涉猎、深入研究了多门社会科学。她有丰富多彩的经历，在很多国家做过心理医生、辅导老师、研究者以及世界公民。她接受并把自己融入文化多样性。

这本书可能会激发广大读者的兴趣。心理学家和其他社会科学家会发现，林艾雯博士的这些新思想将加深他们对下面这个问题的理解：侮辱是怎样引发国与国之间、人与人之间毁灭性的冲突和暴力事件的。政策制定者不仅会接触到这些新思想，而且会对他们制定政策产生影响。此外，所有的读者——不论他们是否对心理学专业感兴趣——也会发现林艾雯博士的思想对他们的个人生活也是很有价值的。

莫顿·多伊奇（Morton Deutsch）
哥伦比亚大学师范学院心理教育学名誉教授
兼国际合作与冲突和解中心主任（ICCCR）

Preface

序　二

在我的职业生涯中，我自己最津津乐道的工作之一就是在普雷格出版社（Praeger）做“当代心理学丛书”的编辑。我的这一职位令人羡慕，它为我提供了一个能首先拜读那些启发灵感的人们撰写的富有灵气的作品。林艾雯博士和她的这本书就是我这份好运的一个有力佐证。

我第一次有机会拜读林艾雯博士的大作是她在为另一个项目——《解决全球冲突心理学》这本书撰稿的时候。我有幸能在这个项目中和玛丽·费斯朵夫（Mari Fitzduff）博士合作并向她学习，其中，林艾雯博士提交了我现在认为是这本书雏形的文稿。

林艾雯博士的著作中涵盖的话题、看问题的视角以及她所做的大量工作（既包括理论的，也包括“实践的”，如果你愿意这样讲的话）都令我陶醉。我认为，就她书中所涉及的话题的广度和她对有关国家文化、历史事件的整合而言，说她的研究工作开创了先河也毫不夸张。她的研究和她的著作虽然都是严肃的，但也是富有同情心的、引人入胜的和具有说服力的。侮辱是冲突和暴力事件中所具有的非常普遍的共性，对此读者会得以充分了解。在重申《联合国人权宣言》通过50周年之际，我谦卑地在这个文件上签了名，该文件同样认定了侮辱在违反人权和尊严方面起到的腐蚀性作用。

文化相对性是一个复杂的问题，而尊重伦理传统和文化习俗以及保持它们之间的平衡带来的是另一个复杂的问题，但林艾雯博士还是把它们有机地结合在了一起。正如我所写过的那样，以牙还牙导致的循环后果会增加冲突、引发内战，难以制止的冤冤相报会在冲突中产生永恒的影响。然而，起初造成冲突的原因和随后进行的报复可能会随着时间的推移而发生变化。林艾雯博士清晰地揭示了“侮辱的鼓动者”和他们所酿成的侮辱循环以及由此造成的恐怖事件、战争和种族灭绝之间的因果关系。就我个人而言，这本书对于我通过全球首创中心（Center for Global Initiatives）所从事的工作——不论是人道援助、医疗/心理服务，还是对国际公共卫生提出的倡议——都会有莫大的帮助。

以前我曾经撰文论述心理学所热衷的“简单化”，如果我们能把复杂的事情简单化，那么我们就会逐渐对它有所了解。这样的思路让人感觉比较舒服，然而却很有可能产生误导。因为，如果我们能了解一件事情，我们就会倾向于认为自己能控制它。我认为，林艾雯博士所做的工作给我们上了重要的一课，即我们首先要寻求理解，然而并不是采用简单的方法去寻求理解，而是通过充分了解一件事情的来龙去脉、全面影响、文化习俗以及各种动机这条可能更艰难的途径，因为所有这些因素都会暴露出侮辱对人的心态、情感以及行为所产生的影响。令人为之一振的是，这本书与其说是聚焦于“控制”彼时那一触即发的局面，倒不如说是对那一触即发的局面作出的必要“回应”。

能更智慧地去进行预防是理想的办法，或许，我们能为之努力的最佳办法是我们变得足够智慧而具备这种预防意识。为此，我们要感谢林艾雯博士。或许，剩下的工作就靠我们了？

克里斯·E·斯托特（Chris E. Stout）

于伊利诺伊州的吉尔迪尔

Acknowledgments

致　谢

这本书是以我过去30年在世界各地的生活经历，尤其是最近4年在奥斯陆大学研究的《屈辱感：武装冲突中的核心主题》为依据写成的。此项目得到了挪威王国外交部和挪威研究委员会的资助，其任务是研究近年在卢旺达、索马里发生的大屠杀以及在20世纪发生的其他种族灭绝事件中侮辱所起的作用。他们对这一关键议题给予了大力支持，我对此表示衷心的感谢。

我得到了500多名国际学者和研究人员的慷慨帮助，他们来自人类学、历史学、哲学、政治学、心理学以及社会学领域，在此我一并向他们致谢。在给予我慷慨帮助的众多美国同事中，我尤其要感谢哥伦比亚大学的莫顿·多伊奇教授为本书作序。没有他的帮助，这本书不可能付梓。感谢卡耐基公司已经退休的名誉总裁大卫·A·汉伯格（David A. Hamburg）博士；感谢阿兰·B·斯里夫卡（Alan B. Slifka），他在布兰代斯大学创建了阿兰·B·斯里夫卡群体共存（Intercommunal Coexistence）项目；还要感谢斯坦福冲突与谈判中心的共同创始人李·D·罗斯（Lee D. Ross）教授。我对很多给予我大力支持的欧洲同事也满怀感激之情，尤其是英国拉夫堡大学的丹尼斯·史密斯（Dennis Smith）教授，瑞达·奥蒙德森（Reidar Ommundsen）助理教授，詹·斯麦德斯朗德（Jan Smedslund）教授以及奥斯陆大学心理学系投身于此项工作的其他教职员工。

我在此书中体现出来的政治洞察力是本人在世界各地——非洲、美国、中国、埃及、德国、以色列、马来西亚、新西兰、挪威和泰国——生活、工作数十年的结晶。我要把发自肺腑的感激之情送给世界各地的访谈对象、邻居以及东道主，他们中有很多人一定每天还在为和平事业奋斗，或者更准确地说，是在艰苦卓绝的环境中继续坚持奋斗。至于本书在心理学方面所具有的洞察力，在很大程度上我把它归功于自己做心理医生时治疗过的很多病人，为此，我深深地感激他们。

我要感谢凯瑟琳·莫罗（Kathleen Morrow），她所提供的珍贵帮助使这本书的文稿具有了可读性。

最后，我还要感谢我的父母。他们的个人胆识为我的工作指明了方向，也赋予了我做研究的动力。

林艾雯

Introduction

引 言

侮辱，作为战争中的武器和摧残人的手段，所产生的力量在成为“情感核炸弹”的道路上所向披靡。本书的写作目的，是探讨这一鲜有人研究的侮辱情感在人类冲突的各个方面——从国际政治到我们个人的私生活——所起到的爆炸性作用。

专门就侮辱以及如何避免侮辱，或者说如何消解侮辱从而达到终止暴力的目的而写的书籍寥若晨星。然而，侮辱这种情感却在日益凸显，尤其是当下全世界的目光都聚焦在中东事务上的时候。举例来说，《纽约时报》专栏作家托马斯·弗里德曼（Thomas Friedman）所写的很多文章都为中东问题定了性——“侮辱”和“尊严”正是圣战背后的驱动力。

侮辱对人际关系产生的是与众不同的、毁灭性的影响，早在十年前，我便开始思考，为什么社会心理学家没有把更多的注意力聚焦在侮辱这个问题上。在这方面缺乏研究，致使这一重要现象中的很多问题都没有答案。我们受到屈辱时会有怎样的感受？屈辱感是怎样影响我们对自己以及他人的看法的？当我们以不同身份——个体、群体或者民族——遭受侮辱时，感受是否不同？我们对侮辱的反应是怎样的？我们的反应是取决于我们的性格，还是我们的文化？我们对侮辱的反应为什么会如此强烈？是什么驱使我们超越普通的暴力而采用恐怖、战争和种族灭绝的手段？屈辱、复仇这一循环一旦开始，我们怎样制止它？①

我对屈辱经历研究得越多，就越能深刻地意识到：找到解决这些问题的答案，对世界和平以及地球上的每个人都十分重要。因此，在过去的十年里，我一直在构建侮辱理论（theory of humiliation），帮助学术界从人类学、历史学、哲学、政治学以及社会学②等学科中整合其原则和学术成果，目的是建立一个崭新的跨学科专业。为

---

① 谢谢达格芬·弗洛斯达尔（Dagfinn Føllesdal）在 1996 年帮助我梳理出这些问题。

② 林艾雯出版的著述，见赫德纳尔和林艾雯（Hudnall and Lindner）（2005），林艾雯（Lindner）（2002），林艾雯（2001a），林艾雯（2001b），林艾雯（2001c），林艾雯（2001d），林艾雯（2003），林艾雯（2000a），林艾雯（2000b），林艾雯（2001e）。

了促进这项工作的发展，我建立并协助成立了人类尊严与侮辱研究网站（Human Dignity and Humiliation Studies，简称 HumanDHS，网址http：www. humamiliationstudies. org），借此把世界各地出类拔萃的学者和专业人才联合在一起，建立一个全球侮辱研究协会，他们已经和我一道从事这一事关重大的研究工作。

构建侮辱理论的第一步是在深思熟虑之后确定一个切实可行的定义。侮辱一词指的是侮辱体验的三个不同要素——施暴人的行为、受害人的感受和疗伤的社会过程。听者（在这里指的是读者）一定要推断出所描述的是以上三个因素中的哪个因素，或者是哪几个因素的混合体，推断出所理解的含义可能常常有别于实际所指的含义。乱上加乱的是，在不同的文化中，或在同一文化的不同群体中，或在同一群体的不同个体中，人们常常不能对某种体验是否能上升到侮辱层面达成一致意见，因为所有诸如此类的推断和差异都取决于人的主观判断，所以争论双方通常都坚决使用侮辱来描述自己的感受，而否认对方有相同的感受。

侮辱这一概念的当代定义可以以人人尊严平等这一人权思想为基础。1948 年 12 月 10 日联合国大会通过的《世界人权宣言》第一款第一条说：“人人生而自由，在尊严和权利上一律平等。他们赋有理性和良心，并应以兄弟关系的精神相对待。”在这种背景下，“侮辱”就是通过伤害人的尊严这一征服过程而强行实施的贬低人格或者群体尊严的行为。“被侮辱”是以贬低和毁损的形式把受害人置于违背其利益（遗憾地说，虽然并不总是违背其意愿）的境地。“侮辱”践踏了基于尊重人权的每一个个人和全人类的正当期望。

侮辱的当代定义和它早期的含义有着非常明显的不同。“侮辱”一词来源于拉丁语的 humus（泥土）、humilis（低下）、humiliare（使低下），由此有了英文的 humble（使谦逊，使感到卑微）、humility（谦恭）和 humiliate（使蒙羞，屈辱）。这些词汇从它们出现的那一刻起，就反映出严格的人的价值等级，那个时代的人接受这种社会等级。在很多情况下，“贬低”自己的下级和被自己的上级所“贬低”都是事关荣誉和职责的事情。

但是，随着启蒙时代的到来，对人的价值的看法不同了，侮辱——“贬低或者降低人的尊严或自尊，使人羞愧难当”——也有了不同的含义。天赋人权（natural rights）的新思想压倒了自然秩序（natural order）的旧思想之后，侮辱就从“体面的社会良药”（honorable social medicine）变成了“不体面的社会疾病”（dishonorable social disease）。剥夺人的尊严对人伤害之重不亚于剥掉人的皮，于是侮辱就被重新定义为对人的致命伤害。

不幸的是，这一转变进行得十分艰难。人权思想谆谆教诲世界上那些被蹂躏的贫困阶层：他们的悲惨境遇侵害了他们自己的权利，昔日作为“正常”情况被接受的现实，今天则被视为屈辱而应该遭到拒绝。在卢旺达，胡图族曾经生活在等级森严的制度下，图西族统治他们长达数百年之久，这曾经被认为是“正常”的社会秩序。只是到了近来，由于道德观念的变化和胡图族上台执政等因素，屈辱才变成了他们痛彻心扉的伤口，由此引发了他们对图西族“蟑螂们”疯狂的种族灭绝。

更有甚者，从人权角度对侮辱下的定义还远远没有被广泛接受，在人权思想内部，名誉标准（honor codes）和道德框架（moral framework）之间的冲突也引发了屈辱感。举例来说，在“名誉谋杀”（honor killings）中，某家的女儿被强暴之后，这家人就有可能为了挽回家庭名誉而杀死她。人权倡导者对这种做法不胜惊愕，他们认为这是对妇女侮辱性地贬低。而家庭名誉的捍卫者则认为，人权提倡者侮辱性地贬低了他们的文化，因而冒犯了他们。

当一颗受辱的心灵独自反思自己遭受灭顶之灾的原因时，它可能会进一步坚定这样的信念：一定要给予施暴人更加沉重的打击。双方都认为自己有责任打击对方，于是侵害和报仇雪耻这一恶性循环就开始了。当“侮辱的鼓动者”用宏大的侮辱和报复叙事的时候，当他们告诫追随者要复仇的时候，这一信念就得到了“侮辱的鼓动者”的支持，就会发生恐怖活动、战争和种族灭绝。双方都不可能冲破这个藩篱，因为首先作出让步就意味着遭受更大的侮辱。因此，他们总是困在永无休止的故意伤害和杀戮的循环里，不能解脱。

因为很难终止侮辱循环，所以至关重要的是我们要抵制住侮辱循环的诱惑，不要启动侮辱循环。在近代史上，第三帝国是个巨型怪胎，世人应该从中吸取教训。在很大程度上，第三帝国是针对二战中德国颜面尽失的惨败和《凡尔赛条约》中的条款建立起来的。希特勒要为德国复仇雪耻的许诺、雅利安人在德国的邻国和“全世界犹太人”手中遭受的侮辱以及他对后者宏大的叙事方式，把他从一个政治上的无名小卒推到了世人瞩目的位置。但是第二次世界大战的赢家们没有重蹈覆辙，而是凭借制订马歇尔计划的胆识（不论其动机如何），没有让第二次战败的德国走上复仇之路，反而是让它走上了重生之路，成了欧洲共同体中一个令人尊敬的成员国。

德国是幸运的，它只用了几十年的时间就跳出了侮辱循环，因为侵略、驱逐、迫害和征服的记忆可以在群体认同的中心位置存留几个世纪之久。研究表明：屈辱的记忆不但不会随着时间逝去，令人惊讶的是，它反而会历久弥新。[1]在群体层面，为了替自己的暴行做辩护，屈辱的记忆有时会作为“精选的心理创伤”（chosen trauma）[2] 复燃。塞尔维亚人在1389年科索沃战役中的失败点燃了他们的民族主义情绪，成为他们在克罗地亚、波斯尼亚和科索沃发动战争的导火索。出于同样的原因，人们把从过去的侮辱或战胜侮辱的历史性胜利中拯救出来的记忆，视为民族的、宗教的自豪感和欢乐的庆典。

政治科学家们在分析了暴力与恐怖循环背后隐藏的原因后，普遍认为个体堕落和社会剥夺这两个因素对暴力和恐怖循环起着决定性作用。但是，如果我们审视一下人类这些灾难的演变，不论是欧洲的、非洲的、亚洲的，还是世界其他什么地方的，我们都会毫无例外地发现，恰恰是侮辱这股力量在不断地激怒着极端分子，不断地使稳健派缄口不语，不断地驱动冲突呈螺旋式上升趋势，以至最后失控。索马里兰（Somaliland）是一个对自己的文化感到格外自豪、而其历史又极端暴力的国家。我在那里做过实地考察，期间我从一个索马里的旧谚语中得知：“侮辱比死亡更可怕。在战争期间，侮辱人的话比子弹更具杀伤力。”

尽管侮辱性的言行具有毁灭性，但是我们还无力终止一切侮辱行为和屈辱感。“施暴人”可能不知道，或许没想做坏事，或许是想做好事，结果却间接地做了坏事，这种情况在国际救援人员中经常出现。“受害人”可能不知道，或者不认为对自己已经造成了伤害，或者可能通过他人遭受的痛苦间接地感觉到自己受到了伤害，这是在国际恐怖分子中经常遇到的情况。也有一种可能，就是当“施暴人”认为他们的特权被取消，其社会地位被“降低”到和其他人有平等尊严的时候，他们认为自己事实上已经成了“受害人”。然而，无论怎样，我们的目的在于铲除已经制度化的程序，把我们对他人的故意伤害行为减到最小程度，还要重新调整滥用的屈辱感。

从人权角度看，只有某些根据侮辱事件提出的补偿要求才会被认为是“正当的”，但是，无论从学术角度还是从实用角度看，将任何一种这样的情感贴上“正确的”或者是“错误的”标签都是不明智的举措，因为情感就是情感、痛苦就是痛苦，忽略它们我们就要承担风险。与此同时，我们必须牢记，承认屈辱感，分析

① 哈特林（Hartling），2005。
② 沃尔坎（Volkan），2004。

其后果，考虑解决问题的方案，这一系列做法并不意味着我们认为它们是正当的，也并不意味着我们接受它们或者宽恕它们。但是，为了我们自己，也为了安全起见，我们必须对所有的屈辱感进行认真的研究并给予热心的关注，因为即使造成的伤害是虚构的，而复仇却是实实在在存在着的。

作为全球化和世界扁平化的结果，我相信人们现在开始进一步认识到侮辱这个问题的重要性。随着人与人之间的接触日益频繁，数字化交流日趋增多，人们对尊严平等、机会平等的期望值在提高，降低任何一个群体期望值的企图都是对其他群体的冒犯，也是对崭新的、更加美好的社会秩序这一愿望的威胁。在全球新的背景下，诸多个体的、民族的行为及其反应都被夸大了。因此，更关键的问题是不把侮辱的驱动力（humiliation dynamics）引入有关人权、自然资源、文化认同、领土完整、经济竞争以及政治合作的冲突中来。

有些传统社会依然受制于权力和名誉等级制度，假如将其社会制度描述为"旧秩序"，可能会使其社会成员不悦。仅仅使用"新的"或"旧的"称谓，并不意味着"更好"或"更坏"——它们只是说明适应特定时代、地点和特定条件的社会对策应运而生了。在某种情况下是"正确的"策略，在另一种情况下则可能是"错误的"。因此，"新的"解决办法只不过是更适应新的情况而已。当世界受到国与国之间的边界线和民族与民族之间的文化界线限定的时候，名誉标准曾经被赋予令人尊敬的地位，但是有线电视、互联网和移动电话的到来预示了地球村①的出现，人权思想非常适应当下这个新的世界。

如果人们能够共享新型的谦恭、包容，并使之根植于尊重彼此优点、接受彼此缺点的关系中，那么，当人权标准盛行的时候，新型的谦恭则有可能治愈往日的侮辱造成的种种创伤。这听起来可能显得格外乐观，不过纳尔逊·曼德拉（Nelson Mandela）已经开创了用谦恭和博爱对待手下败将的先例。他把南非——世界上最分崩离析的国家之一——团结在了一起。（在本书中，我把纳尔逊·曼德拉视为理想型模式，聚焦在他所采用的建设性策略上。我认为，其建设性策略并没有因为人们可能针对他个人产生的各种非议而显得有什么逊色之处。）

作为一个足迹踏遍世界各地的心理学家，我研究了各地不同的文化。我发现，

---

① 感谢马歇尔·迈克卢汉（Marshall McLuhan）借用温德姆·刘易斯（Wyndham Lewis）的说法，于 1959 年发明了"地球村"这个说法，它首次出现在迈克卢汉 1962 年的著作中。

侮辱是一件像人类的历史一样悠久、像明天的头版头条新闻一样新颖的大事。侮辱是一条线，它把所有棘手的冲突都串联在了一起。如果寻求和平能取得成功，那么，我们就必须懂得，那一颗颗受辱和蒙羞的心灵就是最恐怖的大规模杀伤性武器。我们必须意识到当今世界开始解除武装的时刻已经到来。

本书的构成

本书主要由三部分组成。第一部分的题目是“侮辱对人心理的作用”。第一章揭示构成侮辱驱动力背景下的心理景象（mental landscape）。第二章描述在传统的名誉社会里，人们怎样把侮辱视为十分正当的手段，但是当人权观念渗透在道德、伦理标准中的时候，侮辱就构成了对人的尊严的肆意践踏。全球化和尊严平等化（egalization）是第一部分的最后一章，它描述全球化有着怎样的引发谦恭的潜力，并告知人们我们需要尊严平等化（我造了这个词，后面的章节里还会对此作出解释），或者说为了在全球建立一个体面的社会，就要努力铲除侮辱。

第二部分的题目是“侮辱在世界上的作用”。这部分的第一章讨论误解是以哪种方式引发屈辱感的，随后的一章论述侮辱在各种冲突中的作用，再后面的一章是关于侮辱、恐怖主义和酷刑的。

第三部分的题目是“侮辱为什么没有发挥作用”。这一章对沉溺于受辱的问题进行讨论，论述遭受屈辱的受害人可能会以哪种方式沉湎于这种体验，并把间接的受害人拖入侮辱的恶性循环。随后的一章讨论矫正侮辱的措施，即避免或者说是化解侮辱的方法。第三部分以展望未来收篇。

我在这本书的写作过程中，为了使更多的人能读懂它，力求避免使用专业术语。为了使本书通篇更贴近读者、更生动有趣，我采用了在心理治疗和研究中遇到的实例，并用一篇篇小短文进行叙述。为了保护当事人的隐私，书中所使用的人名都是杜撰的，其身份也是含糊不清的，但是在我得到当事人许可的地方则是例外。我把很多实例译成了英文，通常情况下，我没有标明原始语言，并经常进行意译和综述。

由于篇幅的局限性，一些重要的主题未能展开进一步探讨。举例来说，社会的、文化的变化是怎样展现出来的，或一个个体是怎样和一个群体进行交流的，反之亦然。每个个体都是有感情的——一个群体也是有感情的吗？我的看法是，要想把侮辱的驱动力从个体层面“移植”到群体层面上来，需要做好组织和动员工作。

此外，我应该在一开始就清晰地表明和人权有关的个人立场。我提倡人的价值和尊严都是平等的人权思想。然而，我支持人权，并不是因为喜欢把一副傲慢的西方人面孔呈现给非西方人，通过诋毁他们的价值等级名誉标准来侮辱非西方人。相反，我认为，赞成名誉标准的人们也不能受到歧视。在那个从未经历过全人类汇集成单一家庭的世界里，名誉标准有着令人尊敬的地位，这是我对它的理解。然而，我们生活在新的现实中，生活在对未来的憧憬和刚刚崭露头角的地球村这一现实中。依我之见，可以采用人权标准妥善处理新的现实情况。我相信，人权代表着一个标准的框架结构，它更适合刚刚问世的地球村。

这本书主要是针对美国读者（尤其是要参看第五章）写的，因为美国作为唯一的超级大国，有能力颠覆当今世界并使之灭亡，即使它的意愿是至真至善的。（我请求非美国的读者理解这一关注）

这里，我引用历史上的一个理念来结束我对本书的介绍。1905 年，挪威和瑞典处于战争边缘。挪威希望自己能从和瑞典的“联盟”中解放出来（对于挪威人来讲，“联盟”是“被瑞典占领”的委婉说法）。挪威伟大的研究工作者、探险家、外交家、诺贝尔和平奖得主南森（Fridtjof Nansen，1861—1930）在和平化解这次“联盟”中起到了极其重要的作用。他说：

> 正如我们自己不想遭受侮辱的痛苦一样，我们也不想让他人遭受此难。侮辱人的强烈欲望不仅是糟糕的政治，也是缺乏教养的标志。
>
> 因此，对于我们而言——通情达理的、明智的做法是采用妥协的办法并以宽广的胸怀努力帮助瑞典人，在不使瑞典人感觉受辱的情况下，达到解散联盟的目的。[①]

---

① 引自 http：//www. fni. no/christ. htm.

第一部分

侮辱对人心理的作用

第一章　心理景象

侮辱就是**贬低**、**压制**他人。侮辱一词来自拉丁语的 humus，意思是**泥土**。2001 年 9 月 11 日，美国世贸中心双子塔被夷为平地，成为一片废墟。双子塔所代表的是**丧失尊严**、**名誉扫地**。2003 年 4 月 9 日，另一类侮辱的驱动力展现在世人眼前：巴格达天堂广场上的萨达姆·侯赛因雕像被拽倒在地。

向全世界播放的影像是从这样的镜头开始的：在伊拉克，一些年轻人试图拆除萨达姆雕像，因此他们想让美国人帮忙。一辆美国装甲车恰好开到现场，随后美国士兵在人们的一片喝彩声中把这尊雕像拽倒在地。起初，萨达姆雕像只是悬在半空，头部垂了下来。由此拉开了具有强烈象征意义的序幕，它标志着对萨达姆及其政权的莫大侮辱。伊拉克人怀着厌恶的心情，随手拿起什么东西就朝萨达姆雕像掷去。雕像的主体最终倒在地上，伊拉克人欢呼雀跃，在上面跳上跳下，手舞足蹈。他们用鞋子用力地敲打着前独裁者的雕像，在伊拉克，这是一个十分侮辱人的动作（大概意思是“我把脚底下的土扔到你的脸上!”）。半小时后，他们把萨达姆悬着的头拽了下来，这个独裁者尊严尽失，名誉扫地。在这里发生的一切展现了第一类侮辱的驱动力。在英国广播公司国际新闻部工作室做客的一位伊拉克人，对这一象征性的侮辱萨达姆的行为表达了自己的喜悦之情。

不过，在片刻之前，还发生过另外一类侮辱的驱动力。当一群年轻的美国水兵正要帮着拆除萨达姆雕像的时候，其中一名水兵爬上去把一面美国国旗搭在了萨达姆的脸部——在伊拉克、在美国以及全世界，人们都被这一举动骇得目瞪口呆。就在这时，另一名水兵爬上去拿掉了这面美国国旗，换上了一面伊拉克国旗——在伊拉克、在美国以及全世界，人们如释重负。对**地球村**来说，这是名副其实的**全球时刻**。在这里，我们大家很容易看到那一瞬间的轻率之举有可能出人意料地把潜在的盟友变成自己的敌人。

全世界人民目睹了侮辱的力量所展示出来的威力，两种不同的处理问题的方式交织在同一起事件中。debasement（丧失尊严）、denigration（名誉扫地）和degradation（侮辱）这几个词汇都含有前缀 de-，它在拉丁语中表示的意思是“**从……下来，从很高的地方落在地上**”。以双子塔为例，为了向当今世界上强大的统治者发出具有震撼力的“侮辱信息”，在把这个富有的西方国家符号“夷为平地”的行动中，数千名无辜的人为此付出了生命的代价。拆除、侮辱萨达姆·侯赛因雕像是向他及其追随者发出的具有震撼力的信息：他的霸权地位已经被打破。

我们把第一个案例，世贸中心双子塔被夷为平地的悲剧，看成是一场灾难；而把第二个案例，废黜暴君，看成是一个胜利。侮辱好像既能“为善”，又能“作恶”。然而，实际情况却不是这样的。在本书后面的章节里，会对这个问题有进一步阐释。到此为止，我们还没有描述侮辱和谦恭之间的区别。正如前面解释的那样，在拉丁语中，侮辱并不是唯一一个词根表示“泥土”（humus）的词汇。**谦恭**和**谦卑**的词根也有“泥土”的意思，它们表示的则是可贵的优点。虽然侮辱不是傲慢的反义词，但它却与“谦恭”有关。谦恭和谦卑代表谦卑地承认人的局限性，不狂妄自大、不傲慢无礼。

下面这个故事可能有助于更清晰地辨别谦恭和侮辱两个词之间的不同之处。

2002 年 10 月我遇到了朱利叶斯·帕尔蒂尔（Julius Paltiel），他是挪威裔犹太人。在第二次世界大战期间，帕尔蒂尔被关押在纳粹党卫军的法尔斯塔德集中营里（SS Strafgefangenenlager Falstad）。该集中营位于挪威中部一个风景如画的乡村，距特隆赫姆（Trondheim）不太远。法尔斯塔德是一座高层建筑，已经斑驳失修，它是围绕着一个长方形的院落建成的，没有人在这里居住。它曾经是一所为残障男孩开办的特殊学校。然而，在 1941 年德国侵略军占领此地之后，就把它变成了一个关押政治犯的拘留所。

帕尔蒂尔给我讲述了发生在法尔斯塔德的故事。当时有一名囚犯，他是德国犹太人，受过良好的教育，还有一副金嗓子。纳粹军官让他唱歌，军官和囚犯们，包括朱利叶斯·帕尔蒂尔本人，都站在院子里，听这名囚犯唱歌。他接连唱了几首德国传统歌曲，歌声是如此扣人心弦，就连经常发号施令、吆五喝六侮辱人的德国纳粹军官，都屏息凝神地倾听。

这美丽动听的歌声持续了一刻钟之后，就停了下来，随后是一片沉寂。然而，犬吠声打破了沉寂，也“唤醒”了纳粹军官们。他们立刻对囚犯们进行侮辱，试图以此掩盖自己已经暴露出来的脆弱的心理。他们先宣布，没有任何一个犹太人能唱出如此动听的歌曲——大概犬吠声提供了如下证明——即使动物都能辨认出犹太人唱的歌曲是多么不堪入耳。

纳粹军官们命令犹太囚犯们走到院子中间的一棵树那儿，摇掉秋天树上剩余的叶子。然后，又命令他们匍匐在地，先吃掉那一片片落叶，再爬到院子里的几个角落里去。军官们命令非犹太人囚犯在一旁观看，呐喊助威。可是，很多人却背过身去。

这几首美丽动听的歌曲好像已经削弱了纳粹党卫军军官们竭力维护的区别上等人（Übermensch）和下等人（Untermensch）的等级制度。这几首歌曲曾一度让他们变得谦逊起来，刹那之间他们也露出了谦恭之情。然而，他们却不能接受这样的事实：自己只不过是人类的一分子，怎么能被另外一个只不过是凡人唱的歌曲所打动。歌声停止后，他们又想起了自己认同的意识形态，也就是把他们确立为统治者的意识形态。根据这种意识形态，上天赋予他们统治这些下等人（lesser beings）的权力。耐人寻味的是，他们既没有“没头没脑地”殴打这些囚犯，也没有动用酷刑折磨他们。相反，他们选择向囚犯和自己传递了一则十分具有象征意义、并且是信息量很大的“信息”，这一信息从身体上、精神上以及情感上恢复了上等人和下等人必须遵从的等级制度，实实在在地把囚犯置于**下位**，下到地上泥土的位置，去完成那**卑贱**的“差事”，这样会让他们确信谁是统治者。

我们在前面说过，侮辱好像既能“为善”，又能“作恶”。现在我们知道，我们或许可以使用“使谦卑”和“谦恭”来善意地表达对自己或他人身份的降低，而专用侮辱一词来表达邪恶的意思。

顶端和底端：怎样使用垂直刻度表

侮辱一词勾画出了一幅生动的三维画面。法尔斯塔德的囚犯和世贸双子塔里的员工非常不幸，他们遇到的这些犯罪分子，不仅把他们当成了傲慢的上等人，而且还残酷无情地、毁灭性地侮辱了他们。尽管我们很难把自己置于犯罪分子的位置，那样做也很痛苦，但是今后为了避免此类暴行的发生，我们必须了解侮辱现象内在的运作模式。

无论在哪种语言中，我们总能发现朝下这一空间方位是和表达侮辱含义的词汇联系在一起的。思考一下这几个词汇，英语中的 de-gradation（侮辱）、挪威语中的 ned-verdigelse、德语中的 Er-niedrig-ung 以及法语中的 a-baisse-ment。de、ned、niedrid 和 bas，这些音节都表达了“从……下来”“卑贱的”或“劣于……”的意思。put down（贬低，使窘迫），degrade（降低，贬低），denigrate（诋毁，诽谤），debase（降低地位、价值等），demean（使降低身份，使卑下），lower（降低，贬低身份），lessen（贬低，轻视），belittle（轻视，贬低）——所有这些词汇都以相同的空间、方位进行比喻，即某个东西被打压或某个人被贬低，并被强有力地控制住。在任何一种语言中都能找到这些表示空间的比喻，因此，它们是世界性的。这表明那个蕴含着垂直等级表的心理景象（mental landscape）也是世界性的。

图 1.1 描述了傲慢、侮辱和谦恭的心理景象。雅利安人是上等人（*Übermensch*），他们自恃优越，说自己的地位远远高于被称作下等人（*Untermenschen*）或非人（*subhumans*）的劣等人（lesser beings）。（*Über* 的德文意思是“在……之上”，*Unter* 是“在……之下”，而 *Mensch* 则是“人类”的意思。）*Übermensch* 是**上等**人，而 *Untermensch* 则是**下等**人。在这个心理景象的中间位置，我们可以想象出一条平等、谦恭和谦卑的线——平等、谦恭和谦卑是共有的人性，但是它们却受到上等人的鄙夷。在上等人生活的社会里，人的重要性和价值是不一样的，其中有的人重要些，有些人则不那么重要。上等人根据人的价值垂直刻度表从**高**到**低**给人排序，使人各归其位，我把它称之为**人的价值等级制**，或者**人的价值和重要性垂直刻度表**，或者**人的价值垂直刻度表**。

人的价值垂直刻度表

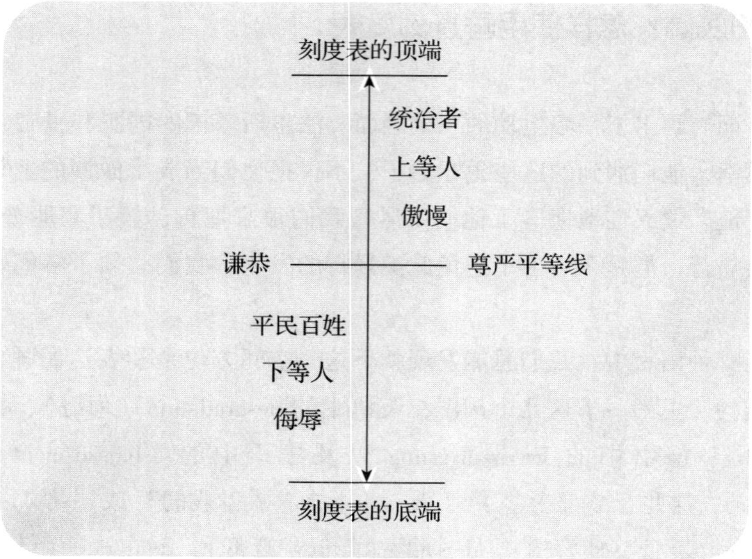

图 1.1　人的价值垂直刻度表①

我们的物质环境包括**头上**的天空、蓝色的苍穹和**脚下**的家园，**再往下**是地下室，继续**下行**是地球深处的黑暗。在我们的脑海里为什么会以这样的形式组织我们这个世界呢？或许是因为吸引力使我们脚朝下这件事表明了物质世界的垂直排序。如果不是吸引力把我们固定在地球表面，或许我们会被设计成能做不规律翱翔的人，那么我们或许就不强调**上**与**下**的概念了。

来自宇宙其他地方的客观的观察者会发现我们专注地看待上与下的做法有点儿犯傻，他们问道（很合乎逻辑），我们为什么坚持认为行星地球的表层在**下面**，而太阳在**上面**。尽管如此，地球居民都共享着吸引力，体验着吸引力，就这样，垂直刻度表提供了一个有用的、常见的参考坐标。这是我们意识中一个非常重要的组成部分，我们在无意中把它用在了表示“好”和“坏”、“高”和“低”的符号中，还把这一刻度表用在了表示物和人的价值及其重要性上。莱考夫（Lakeoff）和约翰逊（Johnson）在谈到**道德排序**时论述了这一现象（莱考夫和约翰逊，1999 年）。

① 林艾雯最早提出，2001c。

我们既可以把这样的等级排序用在对非生物界的评估上，也可以用在对生物界的评估上。金子，很值钱，在重要性和价值刻度表上排在**上面**。银子，排位稍低些。而土，则几乎一文不值，排在某个非常**低**的位置。我们再看一看生物界的情况。我们知道神权通常被置于绝对顶端，位于天堂的某个地方，远远**高**于人类，人类则排在上帝和天使的下面。在人类刻度表的“顶端”，是君权神定的统治者，然后层层向下，一直到最底层的平民百姓，他们的价值常常被认为稍高于动物。

即使动物也有排序——很多人把狮子（“兽中之王”）置于刻度表的顶端，把“寄生虫”置于底端。我还没有遇到过不使用这种等级排序的文化族群或语言。其实，在历史上使用人的价值刻度表的例子俯拾皆是。在过去的封建帝国，在很多其他国家里，任何人都不准把头抬得高于皇帝的头。即使在今天，在我们的日常生活中，在我们脑海里，在我们的心里，还会遇到这张垂直等级刻度表。最近，一位商人向我讲述了他的非洲之行。他打算在那里雇用一些员工，但是在面谈中，有些求职者的坐姿让他很恼火。有一位高个头的非洲小伙，几乎要从椅子上滑落下来，表现出了一副不堪重任的邋遢样子。后来，这位商人才知道，在非洲文化中，人们认为把自己的头抬得高于长辈和职位比自己高的人的头是不得体的。在这之后，他对可能会成为自己雇员的人所表现出来的所谓“邋遢”样子就可以作出妥帖的解释了：“邋遢”恰好是为了表示尊重，是为了避免侮辱未来的老板。

下等人和上等人：用在人的价值上的垂直刻度表

我们大家利用小时候学的语言，就能把垂直尺度用于考虑事物与人的相对价值上。这看起来没有什么害处，但是它却能给人带来无尽的痛苦与烦恼。举例来说，奴隶制和南非种族隔离制把这张垂直等级刻度表严格地制度化了。另一方面，人权提倡者致力于铲除这些做法，消除**顶端**和**底端**之间的阶梯，把它变成**一条单一的尊严平等线**。

这张垂直等级刻度表不是自动给人进行等级排序用的。和地球引力不一样，它不是自然法则。把垂直等级刻度用在人的价值上纯粹是思想观念上的事，它取决于构建这种表达方式的个人和文化族群的世界观或哲学思想。有些哲学体系同意使用垂直等级刻度表，目的是为等级森严的社会阶层做辩护，其他哲学体系则鼓励社会成员在尊严平等的中间线上相遇。在人类历史的进程中，人们也尝试过这类人生哲学体系不计其数的变种，但是就应该怎样使用垂直刻度表而发生的争执常常具有分裂性，并且十分有害。

在众多可采用的实例中，举一个犹太人的例子。许多世纪以来，犹太人不得不面临对他们“自恃优越”的指控，有人认为得好好地“教训他们”一下，让他们知道自己是“属于哪儿的”。东欧沙俄时代对犹太人的大屠杀和1939—1945年间纳粹对犹太人的大屠杀，就是一些极端分子煽风点火所导致的结果。他们期望惩戒犹太人，不仅让他们“不再自恃优越”，而且还要把自己当劣等人看待。事实上，这些犹太人未曾有过什么“自恃优越”，只不过是为了生存在苦苦挣扎。任何一位公正的观察者都能看到对犹太人的指控是错误的、残酷的，不幸的是，犹太人成了替罪羊。不论犹太人以往获得过什么特权，每个特权都来之不易，更贴切地说，是他们被排除在其他生活方式之外（例如，拒绝他们拥有土地权）而产生的后果。

因此，我们看到了两种相互对立的使用垂直等级刻度表的方式。从犹太人的角度看，他们根本不曾有过什么不得体的自恃优越行为，有过的则是在艰苦卓绝的环境中那份艰辛，以及为了生活而奋发向上的拼搏。纵观西方历史，迫害犹太人的人看到的却是迥然不同的景象，他们正是从这个角度来粉饰自己对犹太人犯下的滔天罪行。这个问题的诡异之处在于犹太人、折磨犹太人的刽子手以及没有卷入这场纷争的局外人，虽然各自使用垂直等级刻度表的方式不同，但是他们使用的却是同一张刻度表。

种族灭绝或许是把垂直刻度表用于人类的一个最残酷无情的例子。种族灭绝就是杀戮。虽然这个定义令人生厌，但是它并不准确。如果种族灭绝仅仅是杀戮，那么把受害人置于死地就“足够”了。[①] 然而，事实上，杀人只是刽子手最后要做的事，而很多受害人几乎是渴望死亡的降临。相较于杀死受害人，实施种族灭绝的刽子手们对侮辱受害人更感兴趣。在卢旺达的种族灭绝中，老奶奶们在被杀之前，被强迫裸体游街示众，而女儿们则当着家人的面被强奸。正如下面的引文所说明的那样，受害人愿意为枪毙自己付子弹费，他们哀求被一枪打死而不是慢慢地被侮辱

① 达顿，博扬诺夫斯基和邦德（Dutton，Boyanowsky，and Bond），2005。

至死。

胡图族人一直没有足够的枪支用。无论如何，他们认为使用子弹杀死图西族这类人付出的代价太大。于是，他们或随手拿起一把平刃弯刀（短刀），或随手抄起一把农具或厨具，就把人杀死。就这样，在卢旺达的这场悲剧中，他们几乎根本不用任何武器就完成了一场种族灭绝，这种做法在这个世纪屈指可数。事实上，这需要大批身强力壮、热衷杀人的帮凶才能完成如此繁重的强奸、火烧、砍杀5万人的事。他们用短刀、厨具、农用锄头、干草叉或是匆忙中捡到的带尖的棍棒，或剁断受害人的手，或割掉受害人的乳房，或切下受害人的生殖器或耳朵，他们就这样肢解了成千上万的同胞。[①]

有些暴徒先从肉体上或心理上摧残受害人，不论是男人还是女人，最后才把他们杀死，或者任其死亡。在某一个社区，有一位上了年岁的图西族妇女，双腿被砍掉后就被丢弃，最后因失血过多而亡。在西昂古图（Cyangutu），有一位著名的反对MRND-CDR（MRND是Mouvement Républicain National pour la Démocratie et le Développement的缩写，即“共和国民主和发展运动”，是1975—1994年统治卢旺达的政党，CDR则是“保卫共和国联盟”，是前者分支，曾经资助一个煽动仇恨的杂志。——译者）的胡图族男人，先被剁掉四肢，后被肢解而亡。一个图西族婴儿被活活地扔进厕所，他不是窒息而亡，就是被活活饿死了。幸存者身上留下的道道伤疤比语言更有力地证明了他们遇袭时遭受的暴行。暴徒们命令图西族人亲手杀死自己的孩子们，他们用这种方式折磨图西族人。暴徒们也用这种方式折磨胡图族同胞，他们执意要求已经和图西族人结婚的胡图族人亲手杀死自己的伴侣。通常情况下，如果能让受害人选择，如果他们还能掌控自己的死亡方式的话，那么他们认为被一枪打死是最不痛苦的方式，他们宁可付子弹费也愿意以这种方式结束自己的生命。

---

① 见艾略特·雷顿（Elliott Leyton）（2000）的报告《无国界医生》，雷顿（Leyton），2000，第3页。

为了既能得到不带任何污迹或眼泪的衣服，又能达到侮辱受害人的目的，暴徒们在杀人之前，经常先剥光受害人。在很多地方，暴徒们不允许他人为死者下葬，而是坚持把死尸留在其死亡地，任其腐烂。想把图西族人体面下葬的人们有时被指责为敌人的“帮凶”。[①]在基布耶穆果尼罗（Mugo-nero in buye），一位被杀的图西族男人的胡图族遗孀，表达了她对违反卢旺达习俗的悲痛之情，卢旺达的习俗是有尊严地对待死者。她在谈到基督再临派教堂的牧师 Elizaphan Ntakirutimana（此人于 2003 年被控犯有种族灭绝罪。——译者）时说：[②]“令我悲伤的是，这个牧师在杀死了所有的人以后，甚至不屑于埋葬他们，其中包括他那些牧师同伴。他们暴尸街头长达两个星期之久，就这样，一具具尸体成了野狗和乌鸦的美味佳肴。”[③]

种族灭绝侮辱了受害人的尊严，把受害人这个群体降到了非人的地步。1994 年的卢旺达大屠杀旨在**贬低**受害人的尊严，胡图族采用了一系列令人毛骨悚然、匪夷所思的做法。正如“人权观察”组织所报道的那样，也正如我多次听到过的叙述，为了达到让受害人丧失尊严的目的，他们最实际的做法就是把高个子的图西族男子的双腿砍掉一段，这样不仅**降低**了他们的身高，据说还“祛除”了他们的**傲慢**。

动词 arrogate（自恃）是动词 derogate（贬损）的反义词，它们在语言学里都是侮辱范畴的词汇。这两个动词的词根是拉丁文动词 rogare，意思是 ask（问）。rogare 和前缀 de 连接在一起，是“从……下来”的意思，而前缀 ad 是 toward（向）的意思。To arrogate superiority（自恃优越）意思是 to appropriate superiority（自认为优越）（拉丁文的意思是“态度转向优越”），to derogate（贬损）的意思是 to belittle（轻视）、denigrate（诋毁）、to minimize（把人贬得一钱不值）（拉丁文的意思是态度卑微）。胡图族人认为图西族人**自恃优越**，把他们的腿砍**短**一节就贬低了他们，图西族人的优越感就这样被残酷无情地强行**降了下来**。

特别重要的是要了解使用人的价值垂直刻度表的任意性和思想基础。在人的价

① “人权观察”（Human Rights Watch）国际人权联盟访谈，布鲁塞尔，1997 年 2 月 26 日。
② “人权观察”（Human Rights Watch）国际人权联盟访谈，基加利（卢旺达首都），1995 年 9 月 9 日。
③ 德·弗斯基（Des Forges）和“人权观察”（Human Rights Watch），1999，第 119 页。

值与**下等**、**上等**分类上根本不存在什么“固定的”或者“自然的”联系。虽然大家心中有一杆信手拈来的秤，但是使用这一原则或工具的方法却不尽相同。人们可以选择使用这张刻度表去扩大**下等人**和**上等人**之间的梯度，也可以拒绝这种做法，选择把五湖四海的人们聚集在同**一条尊严平等的中间线上**。这张刻度表像一把锤子，它既能把钉子钉进墙里，也能把钉子从墙里撬出来。虽然这张刻度表的一些潜在用途是不合法的，但是它们确实存在着。有些人认为把人的价值按照垂直等级表排序是正当的，他们觉得，侮辱能使人恭顺谦卑，在道德上站得住脚。他们的思维模式是：“我贬低你，把你在人的价值与重要性等级刻度表上降格，你应该受到这样的待遇，最好接受这样的结果。”那些把这一排序视为不正当的人则说：“你被贬低了，你被从人的价值和重要性等级表上降格了。无论如何，你不应该受到这样的待遇，你千万不能接受这样的结果。”

一点令人充满希望的提示：这张垂直刻度表不仅是痛苦的根源，它还可以产生以谦恭为本的伟大智慧。仍然用锤子打比方，侮辱等于把钉子钉进墙里，而谦恭则是把钉进去的钉子再撬出来。阿道夫·希特勒们代表的是对人残酷无情的侮辱，而纳尔逊·曼德拉们代表的则是充满智慧的谦恭。在下面的几章里，我们还会深入研究垂直刻度表的运作方式、对我们生活的渗透以及影响程度。

小　结

本章聚焦的事实是：在人类历史上，垂直刻度表是一种工具，被用来给人的价值和重要性进行排序，有时使用的方式很恐怖。我还想强调一点，这种使用方式不是强制性的，人们可以拒绝使用。可以用很多方式把垂直刻度表用在人的价值和重要性上——它既可以生成等级森严的制度，也可以创造尊严平等的意识并惠及全人类的团结。

第二章　曾经的对策，现有的疾患

把人按照不同的价值和重要性划分等级是合情合理的，虽然纳粹文化在把这一信念付诸实践的过程中展现出了惨绝人寰的残暴，纳粹德国并不是唯一依此臆断行事的国家。1939—1945 年间纳粹德国对犹太人的大屠杀所造成的恐怖气氛难以言述。使用垂直等级表旨在把某些类别的人完全排除在人类的范畴以外，把他们置于"不是人类而是害虫"的深渊。其他种族灭绝的刽子手也是使受害人失去人格，给他们贴上了害虫和瘟疫的标签。1994 年的卢旺达大屠杀，图西族人就被侮辱性地称为"蟑螂"或"爬虫"。

然而，此时此刻我不想讨论把人列为非人这种做法的暴戾。我想阐明某个可能更令人难以接受的事实，即纵观人类史，把人的价值垂直刻度表视为合情合理的这种**常态**。数千年来，人类信奉按照等级划分人的价值，把它称作**自然秩序**或者**天意**。民主的摇篮，大约 2000 多年前的希腊城邦，坚定不移地认为女人和奴隶不能有发言权。更接近我们这个时代的美国《独立宣言》规定："人人（原文如此）生而平等，造物者赋予他们若干'不可剥夺的'权利，其中包括生命权、自由权和追求幸福的权利，"这一条款却是蓄奴的奴隶主签署的。

知道自己的地位！侮辱怎么会没有冒犯人的含义？

我们可以把人类历史解读为围绕着这张垂直刻度表进行的一场谈话：人们是否知道、又是怎样知道这张垂直刻度表的？人们是否知道自己可以选择如何运用它？在何等程度上人们相信某些使用方法是合情合理的（本着韦伯**理想型**方法的精神[①]）？

原始人类历经数百万年进化为智人（Homo sapiens），在这个漫长的过程中，他们曾经作为猎人和果实采集者在地球上漫游过。他们大概以200人一伙的族群生活在一起，享有高度平等的社会制度和一流的生活质量。没有任何证据证明在猎人和果实采集者内部发生过有组织的战斗。[②]“考古记录根本不支持英国政治哲学家霍布斯的观点：人类处于频繁的战争状态中。”[③] 虽然缺乏杀戮的证据不能说明原始人类没有发生过战事，但是有组织的杀戮是直到很晚的时候才发生的这一假设却是有据可查（意即“人”的“本性”或许不具有攻击性，而是在受到环境影响时才变得具有攻击性。）

把猎人和果实采集者理想化，或者一味地把他们作为黄金时代的和谐居民，当然是判断上的错误。尽管如此，面对不协调、冲突、不和谐、疾病或危险，其主流风气、核心道德情操好像是平均主义。换句话说，人的价值和重要性还没有以任何根深蒂固的制度形式按照等级分类。每个人都可能或多或少地从纯朴的自豪感这一角度面对世界。在人类历史上，大约有90%的历史时期，狩猎者和果实采集者曾经

---

① 请阅读科塞（Coser）的论述：“韦伯（Weber）的三种**理想模式**以其抽象的层级标准清晰地区别开来。第一种**理想模式**植根于历史特殊性之中，例如‘西方城市’‘新教伦理’或‘现代资本主义’，指的是只在特定的历史阶段和文化区域出现的情况。第二种是抽象的社会现实因素——诸如‘官僚主义’或‘封建主义’——可见于各种历史和文化场景中。最后，第三种**理想模式**，雷蒙德·阿龙（Raymond Aron）称之为‘一种特殊行为的理性化重构’。按照韦伯的观点，例如经济理论中的所有命题都可以照此分类。人们只要纯粹受经济动机所驱使，只要是纯粹的经济人，他们的行为就一定可以归入其中一种模式。”（科塞，1977，第224页）。

② 尤里（Ury），1999。

③ 哈斯（Haas），1998，第8页。

悠闲地生活在地球上。

然而，这一时刻终于到来了，他们必须面对地球上的资源是有限的，富裕的生活不能再得到保障这一事实。在某种程度上，我们不妨把它称之为“达到极限”，人类**第一轮全球化**的时代到了——这时人类已经成功地定居在地球的各个角落，或者说，至少居住在已知的易居的地方。人类学家把发生的这一系列情况称为**界限**（circumscription）[①]。

界限的意思是不再有足够的东西——没有足够的空间，没有足够的资源。我们的地球虽小，但是它给我们的错觉却是无限的，人只不过是还没有抵达其界限而已。虽然这个问题是在漫长的史前岁月里日积月累起来的，但全球气候从11，600年前发生骤变的那一刻起，它就在“短暂”的历史瞬间发生了转折。在更新世最后的冰河时代结束之后，全新世时期相对温暖、湿润、稳定和二氧化碳充裕的环境时代便开始了。

然而，智人在漫长的岁月里已经研制出成套的特定工具，在此之前他们已经适应了这种环境，因此已经“准备就绪”。学者们认为，当突变的气候改变地球的时候，农耕就在广袤的地球上可耕作的地方开始了。“农耕在世界各地的广泛传播，源于一次力量强大的自然操控。”[②]

适宜农耕的环境出现了，这使人们能够尝试**密集化**（intensification），培育植物，驯化动物。通过**密集化**这种途径，人类能增加自己的资源，而仅靠漫无目的的游荡碰上未曾触及的丰富资源的旧方法已经行不通了。（有些人则作出了另一个选择——掠夺邻里的资源。）农业和**密集化**适应了稳定的环境，稳定的环境又促进了农业和**密集化**的发展，之后人类便开始**征服**地球了。我们读过《圣经》中《创世纪》第1章第28节（新国际版《圣经》）：“上帝赐福于他们，并对他们说，‘树上结满果实，人口增加数量；人类布满大地，征服大地。人类要掌管海里游动的鱼儿，空中飞翔的鸟儿，地上走动的动物。’”换句话说，在10，000年的时间里（直到最近），人类对依靠农业生存的策略十分满意，坚信这是在按照上帝的旨意行事。

---

① Latin语，circum = around，scribere = to write，circumscription意思是limitation、enclosure或confinement。Territorial或social circumscription是指在各自领域的局限性。

② 理查森，博伊德，贝廷格（Richerson，Boyd，and Bettinger），1999，第2页。

齐戈门·鲍曼（Zygmun Bauman）写道，从人类开始实行农耕，大自然——这个完全未经加工过的、纯朴的世界——就变成了我们的冤家对头。

> ……不得不除掉、剥夺自然界的……自主意志和抵抗力。
>
> ……世界是具有某种意志行为的物体：被加工的原材料由人类指导设计并赋予它一种形态，……如果人类不进行干预，世界会变得毫无意义。唯有人类的设计才赋予了大自然存在的目的。因此，地球变成了矿石和其他“自然资源”的储藏地，树木变成了木材，水则根据不同的情况而变成了能源、水路或废物溶化剂。[①]

侮辱作为“名誉的良药”

据齐戈门说的这个道理，我们弄清了人类把树木变成木材，又以同样的方式着手把其他人变成了平民百姓和奴隶。密集化引发的一系列事件，逐渐演变成日益刻板的人类价值垂直刻度表或权力距离〔权力距离是用来表示人们对组织中权力分配不平等情况的接受程度，权力距离有大小之分，它的大小可以用指数 PDI（power distance index）来表示。——译者〕[②]，上等人，即主人，位于顶端；下等人、奴隶和平民百姓位于底端。在最近的 10,000 年间，这一秩序定义了大部分族群和社会群体。

不论是神定的，还是人为规定的等级秩序，人们都认为它十分合情合理。等级秩序作为文明的脊梁被视为珍宝，维护等级秩序被视为人类生活中不可或缺的组成部分。在等级秩序中，平民百姓受到“压制”被视为应该遭受的必要伤害，以免他们忘记自己的地位，扰乱神圣的等级秩序。外科手术虽然让病人感到疼痛，但是病人必须得忍受，因为“对病人有好处”，因此，平民百姓“必须”接受压迫和随之而来的痛苦。

维护等级秩序是一项非常艰苦的工作，但于此事有密切关联的人们坚信自己所

---

① 鲍曼（Bauman），1992，第 x-xi 页。

② 霍夫斯塔德（Hofstede），1980。

付出的努力很值得。如果你不把下属置于**次要地位**，你会有被称为**懒人**的风险。例如，法国六、七世纪那些“懒惰的国王们”就曾经受到过耻笑，原因是他们允许自己的下属，皇宫的管家们篡权。最终，确实有一位皇宫管家在751年篡夺了皇权。

马文·哈里斯（Marvin Harris）描述了维持人类价值垂直等级是一件多么费时费力的苦差事。他指出，为了支持现状有必要让“专家们”在意识形态领域里发挥作用：

> 印加人、阿兹特克人、古埃及人以及其他非工业文明的精致的宗教教义神化了统治精英的特权和政权。他们支持印加人和法老神圣血统的学说，宣扬宇宙的平衡和延续需要普通人服从贵族和高贵血统的人。在阿兹特克人中，僧侣们相信并致力于说服其他人，神祇必须用人血来滋润。他们抓来战俘后，就在特诺奇提特兰（Tenochtitlán，位于墨西哥一座巨岛上的城邦国家，15世纪成为墨西哥帝国的首都，其遗址在今天墨西哥城中心。——译者）的金字塔顶上亲手把战俘还在跳动的心脏拽了出来。在很多城邦里，僧侣们利用宗教让人民群众适应被剥夺的现实，以期盼来世的物质回报，让他们对上司的小恩小惠感恩戴德，免得忘恩负义招致此生或者来世的恶报。①

哈里斯认为，这是诱惑和高压政治双管齐下的做法，“为了达到高度一致，统治精英要和被统治者打成一片，共同欣赏他们举行国家大典的盛况。贫困和剥削导致了双方的疏离，统治精英通过举办一些盛大的公共活动，例如宗教游行、加冕典礼、胜利大游行等，来抵消由此而产生的这种影响。在罗马，为了达到控制平民的目的，统治者鼓励他们观看公开格斗、战车比赛、马戏以及其他大型娱乐节目。”②

莫顿·多伊奇描述了强势群体如何把弱势群体保持在下位的基本方法：

> ……控制有预谋地制造恐怖事件的工具和使用这些工具的方法；控制国家政权，因为国家政权可以制定和实施法律、规章及程序，规范社会制度和习俗；控制那些同化民众、对民众进行洗脑的机构（诸如家庭、学校、教堂、媒体），以达到让民众接受权力不均等的思想；

① 哈里斯（Harris），1997，第299页。
② 哈里斯（Harris），1997，第299—300页。

在相互牵制的权力中，位高权重的统治者用重复性的个人行为，使弱势群体认可自己所处的从属地位。除此以外，还有自我应验的预言，即被压迫者由于受到压迫才做出来的一些事情，会被压迫者用来证明自己的压迫是合情合理的、压迫者和被压迫者之间的扭曲关系也是合情合理的。[①]

因此，把垂直刻度表用作一种合情合理的社会等级划分制度，以此将人的价值分成不同等级，并使之成为常态，大概始于10,000年前，当时正是农业发端之际，[②] 随后在美索不达米亚、尼罗河两岸和很多其他地区出现了**文明**。布鲁斯·特雷格（Bruce Trigger）在他的《早期文明》一书中提醒我们："因为不平等思想的普遍存在，生活在早期文明社会中的人们，没有一个人质疑过这一常态是否是一种正常现象。即使人们知道平均主义，它也是一些遭人鄙夷的、野蛮社会所具有的特征，平均主义存在于'文明'世界以外的社会。"[③]在人类历史的长河中，不平等——人的价值垂直刻度表——比人们不愿意忍受的罪恶还有过之而无不及；不平等曾一度被誉为文明的核心，而平等则是"野蛮的"。

社会地位曾经低下，就永远低下！次要特征可被划分等级并被视为人的本质

我更倾向于使用**人类价值和重要性垂直排序**的说法，而不愿使用**不平等**、**等级制度**或者**等级划分**。我论述的核心问题不是有没有等级制、不平等或者等级划分的问题，而是对人的价值的一个排序问题。

等级制、不平等或者等级划分，在没有对人的价值进行排序的情况下可以很好地共存。罗伯特·W·富勒（Robert W. Fuller）[④] 在他的《大人物和小人物》一书中论述了这个问题。按照富勒的观点，侮辱不是对社会等级的正确使用，而

① 多伊奇（Deutsch），2002，第10页。另见多伊奇（Deutsch），2006。
② 多伊奇（Deutsch），2002，第10页。另见多伊奇（Deutsch），2006。
③ 特雷格（Trigger），1993，第52页。
④ 富勒（Fuller），2003。

是对社会等级的滥用。当飞机在空中飞行，或航船行驶在波浪滔天的大海里的时候，飞行员或船长就是乘客的主人。界限分明的等级制度和赤裸裸的不平等是这些情况所具备的典型特征。无论如何，飞行员或船长却**不能**视乘客为**低他一等**的人。

换句话说，使用等级制、不平等或者等级划分这样的概念可能会引起些许误解，招致如下异议，如“人与人之间总是有差异！人与人之间从来就没有一样过，永远也不会一样！你是这样一个梦想家吗，相信我们会变成一样的人，或者应该变成一样的人？这不仅是不可能的，而且也是无聊的！”这些反对的理由和我在这本书中论述的主题没有任何关系，它们意味着对人的价值与重要性是否可以划分等级这一中心议题的严重曲解。毫无疑问，多样性、差异可以和相同的价值、重要性并存，这里根本不存在什么必然把多样性、差异和等级链接在一起的自动机制。在概念上，人的价值垂直等级表是独立于等级制度、不平等和等级划分的。

如果一个制度纵容把人的价值进行垂直等级排序，那么，等级制度、不平等和等级划分就是这个制度的**本质**。在这样的社会框架下，一个扫大街的清洁工不仅做的**活儿**是卑贱的，而且扫大街这种活儿的卑贱还被概括为清洁工这个人所具有的全部内涵：他或她**是**一个社会地位低下的**人**。某种东西，即扫大街这份活儿，和清洁工这个人的本质相比，完全可以处于次要地位，却变成了对他或她的核心定义：清洁工的价值与重要性低人一等。这种将次要特征等同于人的本质的情况，如果不能在大多数传统社会中，也能在很多传统社会中发现。我们可以很容易地把一个扫大街的清洁工和一个银行行长当成是尊严平等的人，仅仅职业不同。然而，在传统社会中，这些在本质上是中性的差异却把人分为**下等人**和**上等人**。音乐剧《窈窕淑女》惟妙惟肖地描绘了希金斯（Higgins）教授是怎样把可怜的卖花姑娘伊莱莎（Elisa）当作**下等人**对待的，即使在她已经学会了上流社会的规矩之后，教授对她依然如故。他认为，伊莱莎最初在社会上所处的穷困地位就把她这个人定格在了下等人这一等级上。希金斯教授认为，他和他所属的那个阶层具有同等的价值，但任何事情都不能把伊莱莎转化为拥有他那个阶层的价值。

名誉之事！名誉只不过是分了等级的自尊和尊严

名誉思想在过去、在当今仍然和垂直刻度表有关。希特勒麾下的德国纳粹军官懂得让“下等人”趴在地上对他们进行侮辱。实际上，有时候他们这样做是在履行一项光荣而神圣的职责。德国人的座右铭是“我的名誉是忠诚”，忠于“元首”所憧憬的上等人——雅利安人的那个世界。逼迫、压制那些“属于”社会底层的人是一项光荣职责。在法尔斯塔德，这一思想渗透在年轻的德国士兵的意识形态里，也渗透在数百万德国人的意识形态里。不服从命令的军官不仅有丢掉性命的危险，还有丧失名誉的危险。在他们看来，遵从元首的意愿是职业军人最崇高的职责，这不仅是为了他的顶头上司或者政治领导人，也是为了全体德国人民；甚至在他们的脑海里，更是为了全世界的整体秩序。雅利安民族是全世界人民的救世主，年轻的德国士兵懂得，他们至高无上的职责是捍卫雅利安种族的优越性、确保全世界有一个光明的未来。

在历史的长河里，一个体面的绅士，一旦受到侮辱，就有充足的理由冒着生命危险进行决斗，或参与类似决斗的战争。名誉不仅不可以回避，而且可以分成等级。贵族虽然比其他人的名誉**重要**，但是大家都看重以妥帖的形式给予自己的那份名誉。情感社会学研究员托马斯·谢佛（Thomas Sheff）讲了这样一个故事，说明了主人的名誉是如何有别于下等人的名誉的（2002 年，奥斯陆）：“两个犹太人起了争端”，他回忆说，“不过，谁也没有想赢得这次争吵。最后，他们同意进行一场决斗。”汤姆解释说，这是第一个可笑之处，因为决斗是贵族做的事，而不是什么无足轻重、地位卑微的犹太人做的事。“第二天拂晓，其中的一个人来到了树林里的一片小空地，这场决斗要在那里进行。他就在那里等呀，等呀，等呀。对手没有来，压根就没有露面！最后，送信人带着对手的便条到了，说他迟到了，对方可以在他缺席的情况下开始决斗！”

在以名誉为本的传统社会里，每个社会阶层，不论用种姓、阶级、族群或子群哪种说法，都为具有本土特色的名誉下了一个又一个定义，这都和垂直刻度表息息相关。奴隶的名誉和主人的名誉有别，但是他们都在捍卫自己的名誉免遭侮辱和贬低。在皇帝身边工作的仆人（servant）或者奴隶（slave），把自己的名誉和重要地位联系在一起，反对把自己降为在采石场干苦力的人（注意：servant 和 serve 这两个单词的词根来自拉丁文 servus，意思是奴隶）。同样的道理，做主人的坚决抵制被列入下一等人的行列中，除非他有可能进一步被贬，否则他决不会作出任何让步。

与其说名誉是一种纯朴的自豪感或者尊严，倒不如说它是一种集体情感和风俗习惯。社会等级制度造成压力，名誉是对压力作出的高明回应。名誉就像穿在身上的盔甲一样保护人，人们可能会为捍卫族群的名誉而抗击侮辱的施暴人（举例来说，在决斗中），并仅仅视此为一种职责，而不掺杂很多的个人情感。我曾经咨询过一位在欧洲深造过的埃及律师，他几乎忘记了自己的祖籍是在埃及的某一个村庄。在那里，家族世仇司空见惯。有一天，令他惊骇不已的是，来探望他的村民们告诉他，他是下一个被杀的目标。他既不知道其中的原因，也不知道谁要来杀他，他未曾做过任何能激起他人仇恨的事。按照家谱，他在这个大家庭中的地位足以使他在这场名誉规则中占一席之地。

此外，名誉还和性别有关。在名誉社会里，从职能上讲，不论女性从事多么重要的活动，人们认为男人是主要的责任人。丈夫是**责任人**，而妻子则是他的**附属品**。他是名誉的捍卫者，人们认为他是一个负责任的、自省的和理性的人。只要他把女人视为**财富**，视为自己的珍品、**个人**名誉的象征，视为**他的**孩子们的母亲，那么人们就希望他能保护好**自己的**妻子。生活在名誉社会的妇女知道，她或者根本不属于人的范畴，或者就是一个地位卑微的人。在第一种情况下，她被当作男性行为的被动接受者，被当作可以使用、也可以抛弃的“东西”，她与家里的家具和驯养的家畜属于同一等级。在第二种情况下，她被当作被动的接受者，她和孩子、奴隶的地位一样。因此，在家族世仇社会，女人可以自由走动，只有男人“才配”“光荣地”被杀死，女人还不配呢。

阿拉伯国家和非洲的一些名誉文化把女性的处女膜视为家庭名誉的象征。这是女性割礼（female genital mutilation）习俗的正当理由——割礼习俗“保护”家庭名誉（她也有份）。在很多传统的注重名誉的社会里，妇女是她所属的那个家庭或族群的象征或代表。女儿和姐妹作为婚姻的“礼品”，要送给与之联姻的其他男方家庭，因此，家人珍视她们。只有“未受损伤的”“有名誉的”女孩才能成为名誉的礼品。

综上所述，在这里可以把名誉解释为一种有等级的自尊或尊严，在等级社会里，每个阶层都有自己的名誉标准。名誉，不同于自尊和尊严，经常作为一种族群现象出现——通常情况下，具有强烈的性别意识——不仅是个人情感。人们甚至发现自己陷入不可控制的名誉规则中——名誉之事对他们这个族群来说是重要的，但是他们并没有在多大程度上把这件事等同于个人的事。

别抱怨！可以把侮辱带来的痛苦看成"益于社会的苦难"

在名誉社会以及和特定的社会群体有关的组织里，那些接近或者处于权力金字塔底层的人们所遭受的痛苦被视为**不可或缺的苦难**，甚至可以说是**有益于社会的苦难**（prosocial suffering）。总的来说，数千年来，人们认为平民百姓遭受的苦难既"有益于"自己，也"有益于"社会的繁荣昌盛。病人接种疫苗或动手术遭受疼痛，但是人们认为这会对病人"有好处"。同样的道理，赞同人的价值垂直刻度表的那些人，包括很多平民百姓本人，都认为自己遭受的痛苦会泽及社会。

正义战争的思想再次证实了短痛能带来长久利益的思想。很多人认为，虽然2003年的伊拉克战争带来的一切痛苦令人遗憾，但这些痛苦有益于社会，它们是走向更加美好的未来的前奏，不可或缺。

纵观历史，甚至还有为了**自身利益**珍视痛苦的情况，此事不仅令人遗憾，而且还会不可避免地产生副作用。中世纪的自笞者甘愿用鞭子抽打自己，甘愿匍匐在地爬行数英里。作为赎罪善功的行为，他们使用这些手段，甚至使用更残酷的手段来羞辱自己，目的是提高自己的道德水准，尊崇上帝，以表明自己敬畏上帝的诚意。通过这种自贬行为，他们认为自己能在人的价值排序等级表上向上攀升，能进一步接近上帝。他们希望通过接近上帝获得自身价值和重要性，他们以自戳式的侮辱方式提升自己在人的价值垂直刻度表上的位置。

今天，仍然可以找到诸如此类的风俗习惯，例如，在当今什叶派的庆祝活动中。只要某物被广泛地奉为圣物，就会成为礼拜的对象，而某个鲜为人知的宗教派别的头头则无此殊荣。向圣物鞠躬能从道德上提升人的社会地位和声望（向厨房的刀具或其他小物品鞠躬是荒唐可笑的，这么做的人会被送进疯人院，而不会提高他们的声望）。据信，基督教的上帝为了让人类信服自己，采用了当时最屈辱的死亡方式，即钉死在十字架上，来献出自己的独子。上帝为了和人类建立联系就这样降低了自己的身份。

斯德哥尔摩综合征！可以广泛接受的卑微

纵观历史，平民百姓不仅接受自己卑微的命运，甚至还常常捍卫自己卑微的命运。比方说，在大部分历史时期里，妇女都是低着头的。在欧洲，妇女如果胆敢表现出更多“应该得到的”重要性，则要冒着被打火印、受惩罚，甚至被作为巫婆烧死的风险。一个女人要“知道自己的地位”，她不应该从受到侵害的角度，把自己卑微的处境定义为受辱。相反，倒是期望她带着“适度的谦卑”和“女性的谦虚”接受自己卑微的地位，接受自己能为他人服务是她的“荣耀”。母亲教导女儿，女人的职责是“尊重”等级制度，而不是用不服从去侮辱等级制度。反抗妇女卑微的地位被认为是对整个等级制度的不敬。

很多妇女内化了这些规则，相信它们代表了天地万物间的正确秩序。如果我们认为只有男人才会指控妇女不谦虚那就错了，女人之间也会互相压制。伊丽莎白一世后期，在对女巫的所有指控中，高达 53% 的指控是其他妇女所为。[①] 在世界大部分地区，今天还有妇女相信自己生来就是卑贱的。

在过去的奴隶史、被殖民的民族或少数民族史上，接受卑微地位的例子数不胜数。在印度，低种姓的人可能会把自己的命运视为不可反抗的神的意愿。很多被殖民的**臣民**（jacere 是拉丁文，意思是“扔掉”，前缀 sub 是“在……下面”的意思）认为殖民者“更文明”。很多人渴望成为“比法国人还法国人的人”，或者“比英国人还英国人的人”。费朗茨 · 法农（Frantz Fanon）[②] 写了一本名叫《黑皮肤，白面具》的书。他在这本书中描写了自己曾经对即将成为地道的“法国人”感到如何的骄傲，为自己在人的价值垂直等级表上向**上**爬了一格感到十分自豪。他最初所忽略的问题是，他最近获得的自尊恰好证实了自己从前卑微的地位。只有认可自己从前**卑微**的地位，才能对自己得到**提升**的地位感到自豪。

---

① 琼斯（Jones），2000，第 206 页。

② 法农（Fanon），1986。

很多术语描写了**对压迫者的认同**。**习得性无助**是“马丁·塞利格曼（Martin Seligman）创造的术语，它是用来描述无助的状态是习得的，是暴露在有害的、不愉快的情况下产生的一种既不可能逃避、也不可能躲开的状态。”[①] 同样的道理，**斯德哥尔摩综合征**是“人们常常能观察到的在人质和劫匪之间产生的一种情感纽带。在人质被劫持以后的很长一段时间里，他们一直处于精神极度紧张的状态。有这样一群人质在斯德哥尔摩的一家银行被劫匪扣留了5天后，人们首次在大庭广众之下注意到了人质和劫匪之间产生了情感，**斯德哥尔摩综合征**的说法由此而来。”[②] **对压迫者的认同**并不一定是某个人的变化过程，也可能是与某个特定的群体有关的一个变化过程。正如前面所述，很多平民百姓把自己卑微的地位演变成了一种“文化”。约翰·加尔通（Johan Galtung）的“渗透”说，即“在受压迫者心中牢固树立领导者”[③] 的说法表明接受征服可能已经成为自己的文化这一事实。拉纳吉特·古哈（Ranajit Guha）所理解的**庶民**（subaltern）称谓也表明了这一变化过程。[④]

然而，把平民百姓定性为被动的受害人是傲慢无理的。卑微和无助也可能是坚定信念的表现形式。正如前面所讨论的那样，很多平民百姓认为自己的命运是上帝的意愿或者天意，这里既没有人胁迫，也没有人诱逼他们相信自己卑微的地位。他们和上等人持有相同的观点，也认为把人按照价值划分等级是合情合理的，他们就这样在某种程度上把自己变成了下等人。

摧毁孩子的意志！父母培养下等人

父母在培养俯首帖耳的下等人方面功不可没。艾利斯·米勒（Alice Miller）[⑤] 清楚地说明了在走向两次世界大战时期，那些著名的教育家是怎样把**摧毁孩子的意志**视为负责任的儿童教育中重要组成部分的。莱考夫（Lakoff）和约翰逊

---

①《企鹅心理学辞典》，雷柏（Reber），1995。

② 雷柏（Reber），1995。

③ 加尔通（Galtung），1996，第199页。

④ 古哈和斯皮瓦克（Guha and Spivak）编，1988。

⑤ 米勒（Miller），1983。

（Johnson）把这一哲学体系描述为**严父模式**（与**慈父或慈母模式**相对应）：

> 父亲有权决定治家策略。他有道德权威，家人必须服从他的命令。他为孩子们制定严格的行为规范，他以身作则，为孩子们树立道德楷模，教导他们明辨是非。父亲使用奖惩办法实施这些道德规则。孩子们遵守规则时，父亲向他们示爱，以表达对他们的赏识，还能获得孩子们的配合。但千万不能溺爱他们，否则就把他们宠坏了。宠坏的孩子缺乏独立生活、迎接生活挑战所必备的道德价值观、道德力量以及自我约束能力。母亲负责照管家人，抚养孩子，维护父亲的权威。爱和抚养是家庭生活中极为重要的组成部分，但是这些永远也不能超越父亲的权威，严厉的爱——这是爱和抚养的表达方式。随着孩子们长大成人，尊重道德权威、自力更生、自我约束的美德会悄然融入父亲的道德价值观，并赋予他们自治和自我约束的能力。[①]

这样的结果是在弱化孩子，而不是在强化孩子。来自心理学的研究——依附理论、社会化理论和家庭暴力研究这三个专业的证据——表明，严父模式“……会造就依附他人权威的孩子，孩子不能作出很好的道德规划，自己做人少了一份良心，做事对他人也少了一份尊重，并且抵制诱惑的能力也不是特别强。”[②] 因此，**严父模式**好像培养了被西奥多·阿多诺（TheodorAdorno）[③] 称之为**专制性格**类型的人，其主要特征是恭顺，唯命是从，而不顾及其行为是否合乎道德规范。

要“文明”！侮辱是怎样引发羞愧和谦恭的

早些时候，我提到谦恭和谦卑以及它们在人的价值垂直刻度表上的心理景观中与侮辱相对立的位置。纳伯特·伊莱亚斯（Norbert Elias）[④] 在他那本后来产生了巨

① 莱考夫和约翰逊（Lakoff and Johnson），1999，第 313—314 页。
② 莱考夫和约翰逊（Lakoff and Johnson），1999，第 327 页。
③ 阿多诺（Adorno）等，1950。
④ 伊莱亚斯（Elias），1994。

大影响的著作《文明的过程》一书中对此作了叙述。埃米尔·涂尔干（Emile Durkheim）、卡尔·马克思（Karl Marx）、马克斯·韦伯（Max Weber）以及历史学家马克·布洛赫（Marc Bloch）也作出了类似的推理论证。伊莱亚斯解释说，征服（subjugation）的过程可能会对粗野、不可一世的骑士、封建领主以及平民百姓产生文明的教化作用。他研究了法国宫廷和封建领主是怎样受到诱导而臣服于专制统治者，那些桀骜不驯、狂妄自大的地方军阀在上了羞愧（shame）课程后变得"文明"起来。伊莱亚斯认为，平和的、文明的民族能习得羞愧，学会"社交焦虑征"。伊莱亚斯笔下的**文明习惯**还可以称之为"被成功地侮辱了的习惯"[①]。法国的宫廷、印度的种姓制、中国人的磕头习俗以及日本人的鞠躬都表达并强化了浓浓的等级意识，所有这些都是围绕着仪式中体现出来的谦卑行为建构而成的。

可以把羞愧定义为一个人认同的令人羞耻和惭愧的一段经历，而侮辱描述的则是一个人不能认同的那段羞耻和惭愧的经历。羞愧好像是本人同意降低自己的身份，可以理解为得体的谦卑。一个"文明"人在不经意间放了个屁，即使没有人注意到，他也有可能会脸红，因为他已经认同放屁违背了体面的文明行为理念。

人是主观的动物：他人怎么看待我们，我们就怎么看待自己；当我们用他人的眼光审视自己的时候，我们或感到自豪、或感到羞愧。羞愧、内疚和谦恭都具有有益于社会的特征。羞愧正是那个把我们保持在社会契约范围之内的要件。[②]我们都希望羞愧能阻止邻居说谎，阻止他们偷窃我们的财物。如果邻居和我们的配偶发生不正当关系，我们相信邻居会心存内疚，在道德上会有羞愧感。我们都希望邻居们能谦恭地遵守社区规则，这样彼此都能平和地共同生活在同一个社区。我们希望羞愧和内疚能遏制社会动乱。在大部分宗教教义里，谦恭已经作为培育道德情操不可或缺的美德而被置于神圣地位。羞愧、内疚、谦恭都和屈从行为有关。自命不凡的人相信自己能上天揽月，做到凡人做不到的事情。另一方面，谦卑的人则承认自己的局限性。因此，羞愧能惠泽更广泛的社会群体。公司和政府经常是迫于"羞愧"而遵守自己已经作出的谦恭的承诺。森林对健康的全球气候起着支柱作用，问问他们砍伐森林时，可曾感到过羞愧？森林里的生态多

---

① 伊莱亚斯（Elias），1994。

② 布雷思韦特（Braithwaite），1989。

样性，或许有朝一日能为人类提供所有药品的基因库，当他们毁灭这种生态多样性时可曾感到过羞愧？

换句话说，一个人在没有受辱的情况下，也可能会感到羞愧、谦卑；另一个人则可能感觉受到了侮辱，但是却没有感到羞愧。羞愧可以让人走上下面两条道路之一：一条是自取其辱和自我毁灭的道路，这是一条消沉的道路；一条是自谦和让自己变成一个更成熟的人的道路，这是一条有益于社会的道路。

侮辱作为规定的卑微：名誉的旧秩序

假如有一个奴隶，他生活在把挨打看成是神圣秩序的组成部分的文化里，另有一个人则生活在一个更自由的文化里，那么两人在挨打的时候，情感上遭受的痛苦是不一样的。同样的道理，一位妇女生活在法律明文规定丈夫能打不听话的妻子的文化里，而另一位妇女则生活在珍视妇女自主的文化里，这两个妇女在挨打时情感上遭受到的痛苦程度也是不一样的。

挪威在和性别相关的发展指数上名列前茅。尽管如此，一直到19世纪末，挪威法律赋予丈夫打不听话的妻子的权利。即使在今天，也还有一些妻子认为挨丈夫的打是一件正常的事情。在《2005年世界人口状况》报告中有一章专门论述了性别暴力。它告诉我们，在埃及94%的妇女表示挨打是可以接受的。下一个数据来自赞比亚，这里有91%的妇女表示可以接受挨打。[①] “在很多社团中，妇女保持沉默的原因之一是她们认可丈夫施暴，还把这当作性别关系中‘正常’的一面。在一些国家，大部分妇女认为妻子因为拒绝做爱或者没有准时做好饭而挨打是咎由自取。”[②]

像这样**合理的荒诞说法**（legitimizing myth）（Sidanius和Pratto，1999）产生了什么样的效果呢？《情感认知理论评价》论述了这个问题。在打妻子合法的文化里，人们认为妻子不听话是违逆丈夫，是冒犯了整个社会秩序。因此，这样的妻子有可能容忍挨打带来的疼痛，因为她认为丈夫打她合情合理，有益于社会。

---

① 统计数据见 http：//www. unfpa. org/swp/2005/english/ch7/index. htm#fig5。

② 联合国人口基金（UNFPA），2005，第68页。

事实上，纵观人类历史，正是基于这样的理由，人们可能才默默地忍受了不计其数的侮辱。

在有着悠久历史的等级制社会里，平民百姓和统治者之间的关系是静态的——双方都认为他们之间的关系是自然秩序使然。平民百姓可能幸福，也可能不幸福，但是他们并没有把自己卑微的社会地位看成是幸福指数中的重要变量。他们接受自己卑微的社会地位就像接受有些人比其他人个子高、时间流逝，或者我们会变老、会死亡一样。人们可能会对这些不可更改的事实很不高兴，但是我们每个人对此却都无可奈何。

我的很多女病人（还有些男病人）陷入了与“规定的卑微地位”相对抗的境地。18 岁的娜妲经常挨妈妈打，妈妈朝她大喊大叫：“我们为什么要送你去上学，你都不知道自己是谁？你怎么能忘记女人要做的正经事？我们本来就不应该送你去上学！女人就是要为丈夫生儿育女，对他服服帖帖。这些才是女人要干的事。你有什么可抱怨的！”

停！侮辱怎样变成了令人痛苦的冒犯：尊严的新秩序

威廉·伊安·米勒（William Ian Miller）告诉我们：“使用 humiliate（侮辱）一词来表达让人丢脸，或降低、减少某人的尊严或自尊，最早的记载是在 1757 年。”[①] 换句话说，在讲英语的国家里，大约在 250 年前侮辱才被认为是一件伤害人感情的事。讲英语的人并不是唯一持这种态度的人。几千年来，世界各地的人们认为，有主人、也有平民百姓是一件正常的事，并且符合道德准则；还认为主人有资格被当成**上等人**对待，而平民百姓理应被告知“他们属于哪个阶层”。甚至平民百姓起来造反，目的也只是要更换主人，而不是去摧毁那个等级制度。

humiliation（侮辱，1757 年）一词现代含义的出现是和其他一些转变同时发生的。例如，《创造自我》的作者约翰·欧·莱昂斯（John O·Lyons）[②] 分析过旅行

---

① 米勒（Miller），1993，第 175 页，原文为斜体字。

② 莱昂斯（Lyons），1978。

者所描述的个人经历。他发现，大约在 1750 年，游记的作者们就以自己为主体，开始从个人视角观察看到的事物。[①] 这一变化大概是在美国《独立宣言》（1776 年 7 月 4 日）和法国大革命（1789 年 8 月 4 日）之前发生的，这是在人权运动发展中极具号召力的两个事件。毫无疑问，今天达到顶峰的人权思想早在 1757 年之前就出现了，诸如基督教、伊斯兰教的宗教信仰向其信徒们灌输平等思想，然而，平等思想大概在 250 年前才走到了西方思想的前沿。

人权思想并不是西方国家唯一的财富，但是我建议，把西方国家作为第一个受到（我称之为）第二轮**全球化**影响的地方。第二轮全球化带来了一系列新的全球性的现实问题，这些问题销蚀了旧**名誉时代**（**把恐惧定义为消极情感**），新**尊严时代**（**把侮辱定义为消极情感**）取代了旧**名誉时代**。用贬低人的固有价值的方式对待同类的做法，受到了新道德情操的谴责，而自强的、有尊严的个体则成了新人权思想的楷模。生活在这种模式中的人，在遇到敲诈勒索和受到恐吓时，敢于用公民不服从（civil disobedience）起来反抗。如果有谁触犯了尊严平等，有尊严的个人很容易感觉受辱，这会产生一种新的公然蔑视行为。

等级制度主宰人类 10,000 年后，当下正在发生着突如其来的巨变。1757 年 humiliation（**侮辱**）这个词的词义变化标志着这一突变的开始。新**时代精神**（Zeitgeist）加速了人类价值垂直梯度的解体。主人和平民百姓曾经一度共同称之为**仁慈的庇护**（benevolent patronage），现在被批评为**残酷的主宰**（brutal domination）。实际上，当今世界上没有任何一个地方把**征服**、**贬低**或者**压制**一个民族视为骄傲和满足的理由。

人类学家、**哈佛大学预防战争项目**主任威廉·尤里（William Ury）制作了**一个历史简述表**（参看表 2.1）。他努力从**人类学**、**博弈理论**和**冲突研究**中汲取营养，描述三种主要的社会类型：**简单的狩猎人—果实采集者社会**，**复杂的农耕社会**以及当下的**知识社会**。在尤里的体系中，简单的狩猎人—果实采集者生活在一个共存的、开放的环境里。在这里，人们通过谈判协商而不是采用胁迫方式来解决冲突。

---

① 我感谢巴尼特·皮尔斯（Barnett Pearce）使我注意到里昂的著作，感谢琼·埃尔斯特（Jon Elster）使我意识到“发现自我”早在 1575 年蒙田（Michel de Montaigne）的随笔中即已出现，更多的参考见布卢姆（Bloom），1999。

充裕的野生食物就像一张可以扩大的资源饼，不用强迫对手进入或输或赢的模式。在复杂的农耕社会里，人们不仅生活在一个被胁迫的世界里，还生活在陆地上一个封闭的权力等级金字塔里，这就意味着那张饼的大小已经固定，不仅如此，还能把对手置于受到严格规则制约的或输或赢的境地。

知识社会类似于狩猎人—果实采集者模式，因为资源饼——知识——看起来能无穷尽地扩大，适合双赢的解决冲突的方案。这类社会拒绝接受严格的等级社会结构，赞同我们的老祖宗支持的那种开放环境。谈判和契约代替了命令，共存是其首要策略。

表 2.1　历史简述表①

社会类型 状况	简单的狩猎人—果实采集者社会	复杂的农耕社会	知识社会
基本资源	可扩大的饼（野生食物）	固定的饼（土地和权力）	可扩大的饼（知识）
基本冲突问题	双赢或双输	输—赢	双赢或双输
基本组织形式	开放的环境	封闭的金字塔	开放的环境
基本决策形式	协商 ↓ 共存	命令 ↓ 胁迫	谈判 ↓ 共存

“征服人是不合情理的！”侮辱这一概念是怎样演变的

我们可以把尤里绘制的这张简表和侮辱人的做法结合在一起，开始反思“征服人是不合情理的”这句话。这句话还可以扩展为“对人征服、降格，把人工具化或者贬低人是不合情理的，这就给人贴上了**侮辱**的标签，因此，侮辱意味着非法地**亵渎了尊严平等**”。从道德层面上讲，21 世纪的人权倡导者会认为这句话是“正确的”。

这句话包含三部分：（a）“征服”，（b）“人”，（c）“不合情理”。我们在这里看到的是一个引人入胜的核心话语，它可以成为很多辩论的基础，不仅在此时此地

① 尤里（Ury），1999，第 108 页。

对历史进程进行辩论的时候可以以此为基础，对共产主义、民主和资本主义这些话题进行辩论的时候也可以以此为基础。

改变最后一个成分（c），我们就能造出另一句话来，即“征服人是合情理的。”纵观过去10,000年的历史，我们像考古学家考古一样，从大部分社会中发掘了一句人们能够接受，在道德上也“没有错误的”话。在认可“征服人是合情理的”这句话的地方，侮辱一词的使用没有蕴涵任何冒犯他人的意思。今天，人们虽然还能到处说这句话，到处听到这句话，但是它却在迅速地失去其合理性。

我们还可以巧妙地处理这个句子中的第二个成分（b），用“自然”这个名词替换“人”，就生成了下面这两句话：（1）“征服自然是合情理的”，（2）“征服自然是不合情理的”。第一句话“征服自然是合情理的”是人们用思想和行动表达了N年的一句话。这句话比较新的说法是“征服自然是不合情理的”，这是关于可持续发展的现代话语的核心。“征服自然是不合情理的”这句话是把人权思想用在了生物界，我们可以把它称之为**生物界的权利思想**。

最后，我们可以用这句话中的第一个成分，问一问人类是否了解“贬低”和“征服”人的做法。或许了解，但了解程度却不尽相同。语言大概是第一个被用来表达某个东西被贬低这层意思的。毕竟，我们是**硬要使用**（subject）语言来标明自然界中的万事万物的。subject这个单词的拉丁词根表明：ject来自jacere，是“扔掉”的意思，sub是“在……下面”的意思。猩猩知道怎样使用工具，它们把树枝做成容易从树洞中掏出幼虫的形状。换句话说，它们的行为虽然受到了极大的限制，但是为了自身利益，它们得去征服自然。和现代人相比较，早期**智人**（Homo sapiens）也不太善于使用工具，这一点不可否认。因此，早期征服自然的尝试屈指可数。然而，随着时间的推移，人类就长于做征服的“**事**”了。

我们可以得出这样的结论，侮辱的核心思想就是我们发现某事/某人被镇压、被挟制或被控制在**理论上的可能性**。人类一旦想到理论上是可能的，就会把它**转变**为多方面的实践活动。最初，他们只想到控制或者挟制非生物的自然界。后来，他们又想到把范围**扩大**到驯养动物和控制**人**上。

让我们拿交通做比喻，来说明侮辱和人权从思想到行为的历史演变：我们发现只要有充裕的空间，每个人都会自管自地开车前行，而不会太关注其他司机。在食品富足的情况下，狩猎人和果实采集者享有纯朴的自豪感。然而，在早期人口稠密的农业帝国里，有权有势的人却攘夺了抢先通过的权利。名誉准则规定，在十字路口处大车先过，小车得毕恭毕敬地等候。开大车的人认为把小车挤出去是合理的，小车车主也接受这种神定的待遇。偶尔也有人试图搞到一辆更大的车，如果他能搞到手，他就成为拥有一切权力的新的当权者，因为革命推翻的是当权者，而不是制度。当权者们需要密切关注革命的威胁，除此之外，这一制度却造成了一定程度上的社会稳定、安宁和有序。但是从某一时刻开始，大概从侮辱一词开始含有冒犯的意思那一刻起，（这里继续以交通做比喻）在如何使用红绿灯能更有效地管理交通的问题上产生了争议。对大家来说，尊严平等意味着所有司机，不论大车司机还是小车司机，在红绿灯前都享有相同的权利，车的大小、颜色以及价格既不会影响司机的社会地位，也不会影响他开车的权利。

表 2.2 把我对侮辱的分析和尤里的历史简述表糅合在一起了。

表 2.2　加上侮辱项的“历史简述”

	简单的狩猎人—果实采集者社会 I	复杂的农耕社会 II	知识社会 III
社会类型和人类历史阶段	自豪	名誉	尊严
某人/事被贬低、被征服或者被控制观念的应用	人类开始初步尝试运用征服理念，并通过制造工具征服自然。	人类把征服活动扩大到人身上；有些人，奴隶和平民百姓在其他人即主人手里成了“工具”。	人类反对把人分成下等人和上等人的做法，宣布在过去 10,000 年的做法是不合情理的。
侮辱概念的演变	征服（自然）→	（除自然外）还要征服人 →	征服被定义为不合情理（不再是合情合理的事）。

让我把对人类历史的分析和图 1.1 中使用的图进行置换。图中间的水平线代表了质朴的自豪感，这条线并不是想说明所有人都是平等的，如果平等的意思是指大家都完全一样的话。然而，它确实要表达一种世界观，就是谴责按照不同价值和重

要性对人进行等级划分。这条水平线描述的是以平均主义为核心原则的狩猎人—果实采集者社会，它在人类历史的前91%时间里曾经起过主宰作用。顶端的水平线代表了旧名誉文化中的主人，底端的线代表了该文化中的平民百姓。通过主人在上、平民百姓在下的模式，我们能想象出人权运动试图消除顶端线和底端线，使它们回到中间那条线上去。用现代人的话说，就是那条中间线代表了尊严平等和谦恭。整个图表强调了人权提倡者此刻向主人和平民百姓发出的邀请，邀请他们参加到我们共有的谦恭和平等的人性上来。

迈向人权的历史性转变

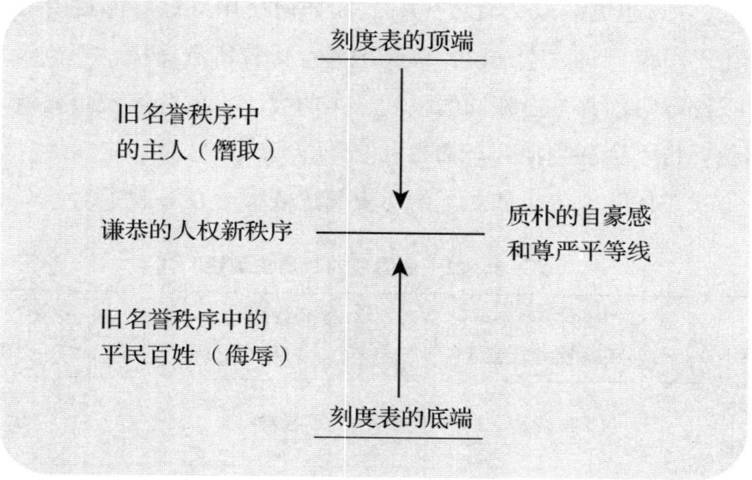

图2.1　迈向人权的历史性转变

名誉世界观，或者说旧名誉秩序，是个集合概念，而以尊严思想为基础的世界观强调的是个人主义观念。人权思想本身并不是什么新东西，信奉人人尊严平等在基督教、伊斯兰教以及很多其他早期的哲学体系中都有。这些思想被广泛地接受才是新鲜事物。我们的祖先可能会认为，今天我们生活在一个几乎是难以了解的历史变迁阶段，曾经被边缘化数千年的思想、道德情操现在拥有了史无前例的重要性。以往曾经徘徊在人类社会边缘的思想已经步入舞台中心，它们对人的本质进行的定义，从心理上、精神上对世界上越来越多的人产生了影响。

尊严是不可触犯的！人权使侮辱成为不合情理的事

联合国安理会于1948年10月10日通过了《世界人权宣言》，其第一款第一条是："人人生而自由，在尊严和权利上一律平等。他们富有理性和良心，并应以兄弟关系的精神相对待。"

这一条款的意思并不是说人与人之间没有任何差异。人们可能肤色不同、性别不同、宗教信仰不同、民族背景不同。然而，所有人，仅仅因为是人，就具有同等的价值和重要性，**谁**也不是**下等**人，**谁**也不是**上等**人，也不许任何人侮辱、贬低他人。

今天，人们不再简单地把人权视为另一个学理概念。当人们被当成下等人对待的时候，人权思想会引发他们有一种受到"**过分**"**侮辱**（gut feelings of the "undueliness" of humiliation）**的直觉**。人权思想带来新的屈辱感，这在此前人类历史的任何一个时期都未曾有过。人权以崭新的形式把尊严和侮辱连接在一起。就这样，当尊严受到冒犯的时候，人权传递情感——屈辱感。

为什么发生在人权背景下的侮辱更伤人

在以人权为本的社会里，侮辱更具伤害性，它也成了更重要的研究课题，这是因为，透过人权的视角看，名誉文化已知的**四种**基本侮辱已经合并为**一种**侮辱。

名誉社会中的侮辱——我们不妨称之为**名誉侮辱**——可以分为四种形式（参看表2.3）。[1] 有控制力的人用**征服式侮辱**把从前处于平等地位的邻居置于次要地位。当等级制度起作用的时候，他便使用**强化式侮辱**维持邻居所处的次要地位。

---

[1] 见史密斯（Smith），2001。我感谢他创造了conquest/relegation/reinforcement/inclusion humiliation这些词汇。

表 2.3　侮辱的四种形式①

	名誉侮辱	对人权、尊严的侮辱
征服式侮辱：从前互相视为平等的人现在成了对手，强权方降低了对手的相对自主权，并强迫他们长期处于从属地位。 创造等级制度，或在等级秩序内增添了一个新阶层。	X	—
贬黜式侮辱：强势地把某个人或某个群体在现存等级制度中的地位压下去。	X	—
强化式侮辱：为了坚持地位低的人确实地位低的观念，例行公事地对他们进行侮辱。	X	—
排除式侮辱：强制性地把某个人或某个群体驱逐出社会，采用诸如用放逐、流放或者消灭肉体的形式。	X	X

强化式侮辱包括座位次序、鞠躬规则以及害人时所采用的残酷手段，诸如习惯性殴打或杀戮。第三种侮辱形式是**贬黜式侮辱**，用它来把已经处于下等地位的平民百姓进一步降低身份。**排除式侮辱**则是把受害人完全彻底地排除在外，将其流放甚至杀死。

人权把这四种侮辱形式统统转化成了最后一种，因为任何一种对人权的侵害都是要把受害人逐出人类。这种局面令人肝肠寸断，因为失去尊严就意味着被彻底逐出人类这个大家庭。我把这种侮辱称之为**人权侮辱**或者**尊严侮辱**，这种万劫不复的经历会把受害人置于死地。正是从这个角度来看，曾经被认为是“正常的”侮辱习俗，如打人和“摧毁人的意志”，则需要贴上诸如**受害人**或者**心理创伤**这样的医学标签。②

表 2.3 描述在等级名誉社会里发生的侮辱事件与人权背景下所理解的侮辱之间的对比。

① 改写自史密斯（Smith），2001，第 543 页。

② 林艾雯（Lindner），2001b。

注意发生的变化！尊严平等的呼唤影响了生活的方方面面

人权运动的现状，既是在其特定历史和当代背景下被动形成的，同时它又主动影响了形成这种现状的历史和当代环境。很多概念的变化标志着这一历史性的转变。在下面的段落里，我简单涉及了这样几个概念：**受害人**、**心理创伤**和**冲突**、**客观性**以及**意识**，这些说法都获得了新的含义。

新旧定义之间的交锋！冲突、受害人和心理创伤是怎样利用过分受辱这一理念的

只有当受害人清晰地意识到自己成了受害人，心理有了创伤的时候，才会使用**受害人**和**心理创伤**这些说法。通常，受过伤害的人不得不进行精神上、情感上的长途跋涉，从“名誉侮辱”经由人权引导到“尊严侮辱”，最终把自己定义为受害人。

下面是一位社会工作者遇到的一个常见的案例，他想把一名挨打的妻子从她丈夫那儿解救出来。他明确地把她定义为受害人。然而，这位妻子却声称丈夫打她是为了证明爱她。实际上，每一位社会工作者都有过这种灰心丧气的经历。换句话说，受到主流群体控制的人们，即使这种控制是伤人的，这些人也不可能把他们自己视为心理上受到伤害的人，他们甚至会把自己描述为“**受到保护的孩子**”。就连萨达姆·侯赛因的一些追随者也深信萨达姆是仁慈的保护神，萨达姆也是这样自诩的。莫顿·多伊奇写道：

> 享有社会特权的人通常认为，在他们和处于隶属地位的群体成员之间的关系中，他们掌控着与之互动的权利。地位低的人向这一主观臆断提出挑战是有风险的，结果，有特权的人们通常都没有受到过挑战。反复地、日复一日地被当作地位低的人来对待，就塑造了地位低的公众形象，这倒有可能内化他们自我认同的地位低的形象。相比之下，在享有社会特权的人中，这样的互动也会产生具有优越感的公众形象和相应的自我形象。在社会上占主导地位的人和受压迫者之间有不平等的日常互动，其中所产生的永久公众形象和自我形象，有助于

维持和固化压迫制度。[1]

正如我们反复重申的那样，人权尊崇的思想是：尊严是人的本质，不容侮辱。在这种情况下，**尊严侮辱**被看作是人类强加给同胞的最致命的伤害和打击。这一情形有别于地震和其他自然灾害给人造成的伤害，两者之间差异巨大。在自然灾害中，根本就没有加害人，所以不存在谁受侮辱的问题（除非你信奉上帝，上帝希望侮辱自己有罪的信徒），自然灾害给人带来的伤害和心理创伤就不那么深；而来自同类的痛苦，尤其是发生在人权框架结构之下的痛苦，会更深，原因是这种痛苦与侮辱密切相关。

就2003年发生在北美洲的停电事件，人们第一个问题是“这是恐怖活动吗？”当这件事清楚地表明停电和恐怖主义没有任何关系的时候，由此给人们带来的宽慰也是显而易见的。煎熬虽然是一样的，但是当人们知道，停电给生活带来的不便，不是恐怖分子再次发出的“侮辱信息”所致时，他们就比较容易接受了〔参看基思·阿尔雷德（Keith Allred）和詹姆斯·埃弗里尔（James Averill）[2] 关于《控制力范围》一书〕。

当一个人在他人手中遭难的时候，原则上她有四种选择：（1）她可能把这种痛苦定义为某种自然灾害（举例来说，被有心理疾病的人或者酗酒者殴打）；（2）她可能把自己的痛苦作为一次“有益于社会名誉的教训”或者“有益于社会的受辱”而接受（正如早些时候所探讨的那样，在名誉背景下的挨打，经常被看作和做手术或注射疫苗是一样的，“疼但是必须得忍着”）；（3）她可能不把自己的痛苦视为有益于社会的一次教训（把挨打视为对名誉的冒犯，这是以牙还牙）；（4）她还有可能把自己的痛苦视为对尊严的冒犯，是不合理的（把挨打视为对尊严的冒犯，但是要按照曼德拉式的体面方式予以反对）。只有在第3、4种情况下，她才把自己视为心理创伤的受害人。

在发生冲突的情况下，这种侮辱的驱动力是如何发挥作用的呢？只要我认可挨打是一次有益于社会名誉的教训，在我和支配我的人之间就会产生**和谐**状态。concord（和谐）这个词的词根来自拉丁文中的cun，意思是“与（with）”，cord意

① 多伊奇（Deutsch），2002，第16页。另见哈维（Harvey），1999。

② 阿尔雷德（Allred），1999；埃弗里尔（Averill），1982。

思是"心（heart）"，concord 的意思是"我们心心相印"。

不过，conflict（冲突）一词来自动词 flectere，意思是"**弯曲，曲线**"。在冲突中，**不和谐**代替了**和谐**，它有可能导致**对峙局面**。confrontation（对峙）这个词含有拉丁词 frons，意思是"前额（forehead）"，在**对峙**中，来自对立双方的人们**前额**相向，因而彼此处于对立状态。因此，**冲突**这一术语，和**受害人**、**心理创伤**这样的术语一样，它取决于当事人能接受的特定的现实情况和事发时整体的社会心态。莫顿·多伊奇解释说：

> 在处于从属地位的群体中，不满情绪和不公正意识处于蛰伏状态，还没有公开化。他们既没有从心理上意识到自己是受害人，也没有意识到自己处于不利境地，甚至都没有从心理上意识到自己是社会底层中的一员。如果情况是这样，那么，提高自我意识策略就是挖掘群体凝聚力、发展社会组织不可或缺的前提条件。最近几年，妇女解放组织和黑人权力组织采用了多种多样的方法，他们通过群众集会、游行示威，从半治疗性（quasi-therapeutic）小组会议讨论，到和实权派形成尖锐对峙，这些已经说明了提高自我意识策略的多样化。当一个人看到和自己情况相似的人受到明显攻击或被置于不利境地时，或者看到他成功地进行了反抗，或者顽强地抵御了攻击的时候，都很有可能激起这个人底层身份认同中的积极意识。他的反抗既揭示了他受到的伤害，又展示了治愈的方法。①

每一位心理医师看到的离婚案件都是这样演变而来的：多年来，妻子试图让丈夫明白，他必须尊重自己的尊严，而他却认为太太只不过是有点"敏感"或"歇斯底里"。她长时间遭受着身心失调症和抑郁症的折磨，这看起来又好像支持了丈夫的看法。最后妻子提出离婚，此时丈夫既感到惊讶，又觉得受到了伤害。她告诉丈夫已经就这个问题和他谈了多年，可是没有起到一丁点作用。这位妻子可能不会

---

① 见多伊奇（Deutsch），2002，第 31 页。另见巴昂和纳德勒（Bar-On and Nadler），1999。他们呼吁对冲突中力量的不对称给予更多的关注。

把自己私下的反抗称为“冲突”。如果丈夫能理解她，向她道歉，说自己思想转变太慢了，还没有接受尊严平等思想，他们可能就不会发生什么冲突了。当问及原因的时候，她可能会说，按照旧制度，文静贤淑的妻子是幸福、称职的妻子，正是丈夫坚持这种因循守旧的做法才一手造成了夫妻之间的矛盾。只要妻子对自己言听计从，丈夫就看不到自身改变的必要，他也不愿意“强扭”自己来顺应世界的新看法。夫妻双方都经历了不可调和的侮辱——丈夫这方遭受的是名誉侮辱，妻子那方遭受的是尊严侮辱。

已经学会把自己看成是从他人那里遭受了过分侮辱（与适度的羞愧或谦卑不同）的受害人也有四种选择。（1）她可能把愤怒转化成内在的东西，变得郁郁寡欢、冷若冰霜，甚至开始滥用毒品（就像那位抑郁的妻子一样，正遭受着身心失调症的折磨）。在这种情况下，冲突几乎是隐而不彰的。[①] 但是，如果此人决定把愤怒转化成外在的东西，就会产生以下几种结果。（2）她可能会铤而走险，以一种自我毁灭和毁灭他人的方式来发泄自己的愤怒，激情杀人或自杀都是可能会产生的结果。（3）她可能走希特勒式的道路，把侮辱的鼓动者组织起来。希特勒企图侮辱假想中的侮辱施暴人，以这种方式矫正侮辱，结果得到的是另一轮侮辱循环的直线飙升。在卢旺达，屈辱感被有组织地激发出来。恐怖分子运用侮辱人的说辞吸引追随者，当屈辱感达到沸点时，根本就没有必要购买价格昂贵的武器，邻居用刀子杀死邻居（卢旺达），民航飞机变成了导弹（“9.11”事件）。因此，我给屈辱感贴上了**“情感核炸弹”**的标签。（4）相比之下，曼德拉把暴怒产生的能量建设性地用在了社会改革上，促成了以尊重个人尊严为本的新的社会秩序的诞生。他的奋斗目标是把侮辱的施暴人，包括白人在内的上层社会，都当成共同捍卫人权的人。换句话说，曼德拉用和平方式解决了这场冲突，他果断地敦促德克勒克（Frederik Willem de Klerk，南非最后一任白人总统，积极推动种族隔离制度的废除。——译者）和其追随者（如上面提到的那对夫妻中那个不情愿接受新思想的丈夫）明白旧秩序正在走向死亡。放弃已经过时的现实格局是原来的特权阶层变冲突为**和谐**、**融合**（convergence）的唯一途径。曼德拉试图在没有**侮辱**任何人的情况下，获得**共有的**

---

① 塞勒（Sayler），2004。

谦恭。

在伊拉克，只有当阿拉伯国家把第二次伊拉克战争视为**解放战争**才会产生**融合**。只要阿拉伯国家把这次军事行动视为**侮辱性的侵略行动**，**冲突**则会尾随而至。在这个事件中，可能始终看不到冲突，在伊拉克、阿拉伯国家的公民以及认同他们的那些人们中，冲突是以郁闷、冷漠的形式表达出来的（1）。然而，那一触即发的愤怒也有可能导致猛烈的报复行为（2）或者希特勒式的反应，比方说为反对西方国家而实施的恐怖活动（3），或者（4）如果曼德拉式或者甘地式的人物能出现的话，就会产生曼德拉式或甘地式的结果。这就是人们要表达的意思，他们不仅要赢得战争的胜利，还要赢得和平。

甚至真理也谦卑！认识论受到尊严平等思想的影响

垂直刻度表造成了当权派和平民百姓之间的分野，人权运动的目的是取消它。**认识论**（探讨人类认识体系）是受到影响的诸多领域中的一个。现代思想根植于启蒙运动（人性化的思想从“黑暗的”或“中世纪”时代崛起），其特征是新的逻辑学方法（笛卡儿 Descartes、洛克 Locke 和康德 Kant）、经验主义（培根 Bacon）和方兴未艾的科学方法（牛顿 Newton）。启蒙运动是一场革命，是个人理性主义的崛起，它反对“各种形式的独裁主义——不论是皇室的，还是宗教的”[①]。新当权派取代了旧当权派，前者**“信奉专家是理智的捍卫者”**，后者**“信奉君权神授的统治者及其观点”**。

然而，启蒙时代很快面临着另一个挑战，特别具有颠覆性的是人人都有平等参与理性活动的资格的要求。这一要求蕴藏着第二次革命的种子，它破坏了早期的胜利成果。坚持人人平等意味着**专家**要向**普通人**妥协（而且不久普通**男性**就不得不以同等条件为女性腾出地盘）。正如塞尔日·莫斯科维奇（Serge Moscovici）所说：

> ……起初，人们对社会知识有偏见，以“真理”和“仅仅是看法”之间的差距为依据，来比较“专家”和“新手”。现在，集体观念和社会表征（是当前国际社会心理学的一个新的理论与研究范式，

---

① 格根（Gergen），2000，第 2 页。

它主要从社会文化层面探讨人们对各种现实问题的社会共识，以及这种社会共识对日常行为的内在规范作用——译者）的前提人人都是“理性的”，人人是理性的，因为人人是社会的，等等。[①]

莫分等级！尊严平等可以分为几个不同的发展阶段

本书中将历史概念化的做法受到了一些学者的批评，因为他们担心这种做法会轻视人。[②] 他们反对**历史阶段**这一观念，原因是这涉嫌划分等级，让人心里感觉到一种傲慢。他们相信能通过强调平等的多样性——既包括共时的，也包括历时的——来表示尊重，而不是潜移默化地滋生出等级来。我同意这一奋斗目标。然而，我相信有一种比隐瞒在全球范围内长期变化这个事实更为简便的避免自命不凡的方法。

在食物**富足**的情况下，狩猎人—果实采集者的社会生活方式在悄无声息地发生着变化。当富足变得有限度的时候，农业采用**密集化**的方式，尝试着扩大其资源饼。接下来，**单一的一个地球村**的诞生深刻地影响了现代社会，这为另一个迟早要发生的新情况埋下了伏笔。无论在哪种情况下，人类都处于另一种局限中，使用已有的工具并在原有的基础上不断地加以补充，而且每次都创造性地做到了，现在还依然能创造性地处理所面对的问题。认同发展阶段并不等于狂妄自大地认为最后一个阶段是最好的。最后一个阶段可能仅在当下是最好的。每一个阶段都是从前一个阶段人们熟知的物质和精神宝库中里汲取了营养。

之前我曾经说过，用人类价值垂直刻度表勾勒出一个等级梯度是意识形态上的抉择，这也同样适合人类历史。人类这个共同体和人类社会——不论是现在的，还是贯穿全部历史的——都没有必要按照等级进行划分。当然，我也没有任何意向给他们划分等级。然而，放弃等级划分的愿望并没有强迫我们放弃描述它们之间存在

① 莫斯科维奇（Moscovici），1997，第 2 页。

② 罗斯托（Rostow）的线性发展理论在这里受到了批评（罗斯托，1960）。我感谢罗杰·范·赞纳伯格（Roger van Zwanenburg）使我注意到罗斯托的著作。

的差异，甚至是相互蓄意制造出来的差异。如果仅为了避免划分等级，也没有必要逐步放弃话语分析。假设这些差异具有同等价值、同等重要性，那么我们不妨把它们描述为不同时期，或者不同阶段出现的差异。

考古没有发现什么证据能证明早在 10,000 年前发生过有组织的战争，我认为这令人心生希望。如果有组织的战争是人类欲适应过去 10,000 年的特殊情况而产生的副作用，那么在全球知识社会这一新的更良性的环境中，建设一个更美好的社会的希望就更大了。假如我能以谦恭的态度认可诸多习俗所具有的内在逻辑，比如名誉谋杀，而同时又向捍卫这些习俗的人发出邀请，邀请他们一起去建立一个具有人权思想的新的、更良性的道德世界，这种做法会最大程度地提升对人的尊重。

本书对历史的阐释使用了韦伯的**理想型**方法。即使是在每一个共同体内部，每一个人的内心，所描述的前后相继的顺序发展也是共时的。在以人权为基础，视人权为合情合理的社会里，名誉秩序滋生的大量残渣余孽依然没有销声匿迹。同样，在据信还坚守着集体名誉标准的巴基斯坦、埃及和墨西哥的社会里，我们也遇到了具有非凡洞察力的人权捍卫者。这一发展进程甚至都把个人的思想和内心世界搞乱了。在西方国家，坚定不移的女权主义分子可能会把自己的车钥匙交给丈夫，因为她相信丈夫比她更能保护好自己的家。当门铃在深更半夜出人意料地响起来的时候，她可能会让丈夫去门口看一看。西方妇女是非常“解放的”，而初到西方的索马里姐妹表现出了更勇敢的“女权主义”，她们对此感到惊骇。在**地球村**，在同一个社会，甚至在同一个人的心里，不同的心态同时并存。

小　结

我试图在本章中说明对人的价值和重要性的划分在人类历史的长河中是如何演变的。不论是从历时的角度纵观历史，还是从共时的视角审视当代史，这样的等级划分和对其合理性或不合理性的争辩都构成了人类世界观重要的组成部分。

- 在人类漫长的历史进程中，按照垂直刻度表给人划分等级，价值**较高的**排在**顶端**，价值**较低的**排在**底端**，这作为**事物的正常秩序**几乎被广泛接受。

- 在名誉社会里，每个等级都有属于自己的名誉。**侮辱**意味着“提醒”那些比他们地位低得多人们注意自己“应有的”地位，以此来维护等级制度。
- 侮辱是一种被普遍接受的、名誉的工具——至今在很多地方依然是这样——以此来维护社会**稳定**、**法律**和**秩序**，即按照人的价值和重要性垂直排序。
- “自取其辱”，被五花八门的名誉定义包裹起来，它使很多平民百姓自行就范。
- 向尊严平等这一新秩序转变是目前的特征，因为所有这一切都和以前存在的等级价值准则相悖。侮辱现象作为一种有害的行为方式，居于新世界观的中心位置。因此，要对这一现象给予特别关注。

相关阅读

只有屈指可数的几位研究人员透彻地研究过侮辱。很多情况下，侮辱这一术语并没有和其他概念区分开来。例如，侮辱和羞愧常常被其他人，包括希尔文·S·汤姆金斯（Silvan S. Tomkins，1962—1992）[①] 在内的人互用。内森逊（Nonald L. Nathanson）[②] 对汤姆金斯的工作做了进一步研究，他从九种情感中，把侮辱描述成三种情感，即羞愧、厌恶和“崩溃”（汤姆金斯使用的术语）的结合体（1999 年 10 月 1 日内森逊在私人谈话中所说）。

在林艾雯的著作中，她单独论述了侮辱，有别于其他概念。例如，不能仅仅把侮辱视为羞愧的变异。丹尼斯·史密斯（Dennis Smith），英国拉夫堡大学的教授，通过研读林艾雯的研究成果，了解了侮辱概念，并采用了引人入胜的方法把它用到自己的研究中。[③]

侮辱可能是一种十分强大的现象，举例说明，苏珊娜·M·瑞特辛格（Suzanne M. Retzinger）和托马斯·J·谢佛（Thomas J. Sheff）[④] 的研究证实了这一点。他们研究了夫妻在吵架中产生的羞愧、侮辱，证实了侮辱造成的痛苦具有十分重要的意

---

① 汤姆金斯（Tomkins），1962。
② 内森逊（Nathanson），1992。
③ 参看，例如，史密斯（Smith），2002。
④ 瑞特辛格（Retzinger），1991；谢佛（Scheff）和瑞特辛格（Retzinger），1991。

义，痛彻心扉的分裂根植于羞愧和侮辱。还有W·沃格尔（W. Vogel）和亚伦·拉扎尔（Aaron Lazare）[①] 证明**不可原谅的侮辱**在处理夫妻关系中是一块难以跨越的绊脚石。罗伯特·L·黑尔（Robert L. Hale）[②] 论述了《连环杀人案中侮辱和尴尬的作用》。在爱情、性、社会吸引力、抑郁、社会和身份构成、体育运动、历史、文学以及电影等领域也有对侮辱的研究。

例如，唐纳德·克莱因（Donald C. Klein）[③] 在1991、1992和1999年的《预防为主期刊》上，为侮辱这一主题开辟了专栏。他对侮辱做了开拓性的量化问卷调查（侮辱清单）。林达·哈特林（Linda Hartling）和特雷斯·鲁车塔（Trace Luchetta）[④] 探究了在其生命历程中，受害人在多大程度上能感觉到侮辱事件对他造成的伤害，以及他对这些侮辱事件的惧怕程度。

谢佛和瑞特辛格（Scheff and Retzinger）把自己的研究范围扩展到暴力和1939—1945年间纳粹对犹太人的大屠杀。他们研究了个人和国家之间在飙升的冲突中，**侮辱引发的暴怒**反其所起到的作用。[⑤] 海伦·布洛克·刘易斯（Helen Block Lewis）创造了"**侮辱引发的暴怒**"说[⑥]。考虑一下谢佛[⑦]、菲利普·马森（Philippe Masson）[⑧]、斯蒂芬妮·瓦尚（Stephane Vachon）[⑨]、维克托V·兹纳克夫（Viktor V. Znakov）[⑩]，此外再看一看伊斯雷尔·W·沙尔尼（Israel W. Charny）对过度追求权力所做的分析[⑪]。还有精神病学家詹姆斯·吉利根（James Gilligan）在《暴力：我们致命的流行病和处理方法》这本著作中把研究重心放到了侮辱上，认为它是暴力的根源。[⑫]

---

① 沃格尔和拉扎尔（Vogel and Lazare），1990。
② 黑尔（Hale），1994。
③ 克莱因（Klein），1992；克莱因（Klein），1991a；克莱因（Klein），1991b。
④ 哈特林和鲁车塔（Hartling and Luchetta），1999。
⑤ 参看谢佛（Scheff），1997，第11页。
⑥ 刘易斯（Lewis），1971。
⑦ 谢佛（Scheff），1990。
⑧ 马森（Masson），1996。
⑨ 瓦尚（Vachon），1993。
⑩ 兹纳克夫（Znakov），1990。
⑪ 沙尔尼（Charny），1997。
⑫ 吉利根（Gilligan），1996。

魏米柯 D·沃尔坎（Vamik D. Volkan）和约瑟夫·蒙特维尔（Joseph Montville）从心理政治学的角度对群体之间发生的冲突和由此导致的心理创伤做了分析，并进行了重要的研究工作。[①] 还有欧文·斯托布（Ervin Staub）的研究也十分重要。[②] 再参看 1997 年《社会研究》杂志[③]，艾维沙·马格利特（Avishai Margalit）著的《体面的社会》激活了该杂志中存在的特殊问题[④]。

理查德·E·尼斯比特（Richard E. Nisbett）和大卫·科恩（Dov Cohen）调研了以名誉为本的侮辱理念。[⑤] 科恩和尼斯比特提到的名誉是在比较传统的黑手党中，或更笼统地说，在家族世仇中起作用的那种。威廉·伊恩·米勒（William Ian Miller）[⑥] 写了一本书，题目是《侮辱和其他关于名誉、社会疾苦以及暴力的论文》，书中他把侮辱和名誉联系在一起，把名誉理解为伊利亚特或者冰岛传奇，即侮辱是对名誉的冒犯。

在哲学领域，有大量的文献是关于《认可的政治》的，它们声称人得不到认可就是在遭受侮辱，侮辱会导致暴力。[⑦] 马克斯·舍勒（Max Scheler）在其经典著作《妒恨》（*Ressentiment*）一书中阐述了这些问题。[⑧] 例如，他在第一阶段的著作《同情的特性》一书中，聚焦于人的情感、爱和人的本性。[⑨] 他陈述说，人是有爱心的个体，是爱的存在（ens amans），能感觉到**妒恨**。

这篇综述没有对文献中找到的关于侮辱专题的稿件逐一进行详尽研究——更贴切地说，没有对与侮辱相关的话题进行详尽研究。我意识到，从前只有米勒（Miller），哈特林（Hartling）以及上面提到的那两本杂志，对侮辱一词和侮辱概念

---

① 参看沃尔坎（Volkan），2004；沃尔坎、朱莉叶斯和蒙特维尔（Volkan, Julius, and Montville）（编辑）1990。还参看斯坦伯格（Steinberg），1996。

② 参看斯托布（Staub），2003，斯托布（Staub），1999。

③ 麦克，阿里安（Mack, Arien），1997，体面的社会—编辑的介绍《社会研究》64（1），第1-1页。

④ 马格利特（Margalit），1996。

⑤ 尼斯比特和科恩（Nisbett and Cohen），1996。

⑥ 米勒（Miller），1993。

⑦ 参看霍内斯（Honneth）1997 年有关主题。

⑧ 舍勒（Scheler），1912。

⑨ 舍勒（Scheler），1954。

给予了格外关注。后来，其他作者也介绍并引用了这一概念。

然而，当我们着手处理和侮辱有关的问题时，一个非常宽阔的研究领域展现在眼前：研究抢劫、研究欺凌都涉及侮辱现象。研究抢劫和欺凌催生了偏见和侮辱这两个学科，反过来，它们又从心理创伤和造成心理创伤之后产生的压力，以及由此引发的紊乱、咄咄逼人、权力与冲突、紧张，尤其是情感研究中获益。

冲突与和平是两个被人们广泛研究的问题。有关冲突的出版物多达数千种，其覆盖范围非常广泛，从人与人之间的冲突到群体与群体之间的冲突，再到国家与国家之间的冲突。搜索恐怖主义一词，点击率高达数千次。

在跨文化背景下研究侮辱案例，这一简单的综述也包括了跨文化心理学，我们还要处理在不同文化背景下，在侮辱过程中，渗透在人类学、社会学和哲学层面的问题。如果要研究群体之间的侮辱甚至国与国之间的侮辱的话，那么历史学和政治学会起到举足轻重的作用。

第三章　全球化与尊严平等化

如果我们把世界设想成一个既有高度又有宽度的容器，那么**全球化**与水平面这个正在收缩的宽度有关，而**尊严平等化**——这是我创造的术语——则与垂直面有关。那些所谓的“全球化的批评家们”反对当下在全球化的规划设计中缺少**尊严平等化**，他们不仅想让我们的世界在“宽度上”变窄，而且还想让它变得“更扁平”。**全球化**包含着向**尊严平等化**方向发展的助力，虽然从前者到后者的转变存在着棘手的滞后性，其转变方式也是令人痛苦的、不协调的。托马斯·弗雷德曼（Thomas Friedman）在他最新出版的书中描述了眼前这轮全球化（他把这称之为**全球化** 3.0）（全球化 3.0 时代，始于 2000 年。在“全球化 3.0 时代”中，个人成为主角，肤色或东西方的文化差异不再是合作或竞争的障碍。软件的不断创新、网络的普及，让世界各地的人们可以通过互联网轻松实现自己的社会分工。新一波的全球化，正在抹平一切疆界，世界变平了，从小缩成了微小。——译者）是怎样促进世界向着更加**扁平**的方向发展的。[1]让我们首先来谈一谈全球化问题。

实际上，世界上的每一档新闻节目都始于这颗转动的地球，它在不停地提醒着

---

① 弗雷德曼（Friedman），2005。

观众：我们都是行星地球上的居民。我们的先辈未曾看到过今天地球上这幅景象。在人类历史上，宇航员对我们这个辽阔的蓝色家园的凝望是独一无二的，也是史无前例的。这一看问题的视角诱惑着我们，吸引着我们，还敦促着我们意识到这样一个事实：我们居住在浩瀚宇宙中**一颗渺小的行星上**，正在漫步迈向**单一的地球村**。无论在现实生活中，还是在我们的思想观念里，人类世界已经聚到一起（这种**相聚**是我定义的**全球化**）。用来安全地隔开互相对立群体的界限和边界，在全球化过程中已经暴露出了不少问题。群体之间的融合可谓福兮祸所伏。当误解产生或希望落空的时候，迫不得已住得更近的人们之间会产生紧张情绪，这比以往任何时候都能更迅速地引发屈辱感。

全球化不是历史上发生的第一次**统一性**事件，形成较大规模的群体单位也不是什么新鲜事儿。大帝国就是由一个又一个较小的城邦组合而成的，例如，罗马帝国曾经有过幅员辽阔的疆域。但是人类第一次在历史上**意识到**行星地球是渺小的，空间是有限的，本身是脆弱的，而且还是不可扩大的。在当今全球化背景下，以上这些特点尤为突出，并且令人耳目一新。

昔日的帝国是由强大的集权统治维系在一起的，集权统治运用恐吓利诱手段统治平民百姓。它们把自己视为与世界其他尚未被其征服，或者是不值得去征服的地区相对立的一方。在人类历史上的大部分时期，人类世界的外部边界不是固定的。早期狩猎人和果实采集者认为自己有着无限“自由的”空间。早期征服者或许在这方面和他们一样也认为，在某个地方还有无数欲被征服的平民百姓。帝国不乏开疆扩土、征服他人的机会，他们的想象力是无限的。

相比之下，**地球是渺小的、有限的，人与人之间是相互依赖的**，我们这一日渐清晰的意识把今天的**地球村**维系在一起。“虽然大家可能乘坐不同的船只而来，但是我们现在的处境相同”，小马丁·路德·金说。

地球只不过是茫茫宇宙中一颗小小的行星而已，已经发生变化的不只是地球这颗行星，人类也才刚开始比较深刻地了解，或者正处于比较深刻地了解自己现状的过程中。我们能有此认识，是借助于制造工具的悠久传统最终制造出了宇宙飞船、飞机和电话电缆——这些技术更新了我们对世界的认识。我们能从太空拍照，飞机的使用缩短了大陆与大陆之间的距离，通信技术使网络如互联网成为可能。

以上这些由技术创造的事实和景象深刻地影响了**我们**和**他们**之间的关系。这种

全球化统一的动力弥合了曾经分开过**我们**和**他们**的那一道道裂痕。**内部群体**和**外部群体**之间的融合构成了**单一的一个内部群体**。地球上不再有几个**村庄**，只有**单一的一个地球村**。

当然，意象先于现实。**地球村**里的邻居们是幸福的这一理想距现实还很遥远。最近，在人类学和相关的几个学科进行的几场辩论中，世界被描述为支离破碎的、自相矛盾的和模糊不清的。眼下，围绕着全球化思想[①]忙碌不堪的学术界，主要聚焦于增进跨国之间的接触、降低空间距离的重要性这一技术推动过程，其目的是尽快作出有影响的贡献。专注于这一无限的过程有助于我们重新认识这个群居的地球：它不是固定的，而是运动的、变化的。这些是规则，不是例外。[②]

任何一堂历史课对我们都没有什么帮助，因为**一个地球村**的观念把**这颗小小星球**上的全人类变成了**单一的一个内部群体**（其内部具有多样性），这是亘古未有的。在这紧要关头，人类的任务是研究新的现实状况中潜在的**有益的**和**有害的**成分，找到强化**有益**趋势、减轻**有害趋势**并使之边缘化的方法。

你是我们中的一员吗？全球化能引发新的屈辱感

人类趋向于把**内部群体**（in-group）和**外部群体**（out-group）区分开来，把**我们**和**他们**区分开来，把道德上**包含的内容**和道德上**排斥的内容**区分开来，这一客观事实对**全球化**的未来举足轻重。坦率地说，有两种道德行为准则，一种是“对内的行为准则”，另一种是“对外的行为准则”。**我的**民族应该得到的和**你的**民族应该得到的不能是一样的。这一行为准则范畴还被称之为**公平正义范畴**。彼得·T·科尔曼（Peter T. Colemen）对此定义如下：“把能纳入我们行为准则范畴的个人或群体，视为和我们一样应该得到相同公平待遇的人，在行为准则上也是和我们待遇相同的人。把不能纳入我们行为准则范畴的个体或群体，视为不应该得到相同待遇的个体或群体。”[③]

---

① 见费瑟斯通（Featherstone）编，1990。

② 埃里克森（Eriksen），2001。

③ 科尔曼（Coleman），2000，第 118 页。

大量的社会心理学研究与**内部群体**和**外部群体**的分类现象有关。**社会认同理论**，这是一门热议的专业，仔细分析了与**我们**相对应的**他们**的情况。穆扎费尔·谢里夫（Muzafer Sherif）做了一个知名度很高的罗伯斯山洞（Robbers Cave）实验，夏令营中的一群男孩儿参与了这个实验。[①] 男孩们被分成两组，之后要求他们参加有冲突性目标的竞赛活动（例如，足球赛一类的零和博弈）。（零和博弈指的是参与博弈的各方，在严格竞争的情况下，一方的收益必然意味着另一方的损失，博弈各方的收益和损失相加总和永远为“零”，双方不存在合作的可能性。——译者）在小组内部，几乎是自发生成的敌对情绪的发展速度之快，令人惊讶不已。实验证明，同样的驱动力对成年人也一样有效。更糟糕的是，这一分裂趋势发展速度如此之迅猛，根本就不需要使用什么冲突性目标来引发**内部群体**或者**外部群体**之间的截然对立。

在这种情况下，跨越底线造成分裂之后是否还会再度**合作**？研究表明，在势均力敌的人们之间，有一个确定无异议的、可实现的、大家能为之共同奋斗的高级目标，是治疗人类**分裂倾向**的最佳方法。为了使**地球村**的公民弥合分裂，达成合作，必须满足以下三个条件：（1）认可**共同奋斗的高级目标**，（2）**实际上**，这些是**可以实现的**目标，（3）在实现目标的过程中，**必须千方百计地避免造成社会不公**。[②]

达成合作的第一个需求：共同奋斗的高级目标

香港跨文化心理学家彭迈克（Michael Harris Bond）在《创造共同的高级目标》一书中写道：

> 只有各群体及其成员围绕着一个共同的目的或者目标（谢里夫和坎特里尔 Cantril，1947）紧密地团结起来，才有可能跨越社会上的两极分化。这可能包含建设社区设施这类地方性事务。社区服务项目，尤其是涉及来自其他族群的青年学生时，旨在为各族群服务的他们会

① 谢里夫（Sherif）等，1988。
② 例如，见 http：//www. intractableconflict. org/docs/appendix_ 6. jsp。

跨越族群之间的裂痕，卓有成效地建立彼此之间的信任和善意。……国家的任务，比如保护共有的环境，或者更贴切地说，抵御入侵之敌，能实现同样的团结。然后，他们从共同的工作经历中、从随之而来的实际成就里积累的自豪感中，获得社会资本。[①]

我们居住的地球是脆弱的，对它的深入了解意味着鼓励**全球公民**认同保卫这个脆弱的、共有的家园这一共同的高级目标。地球是渺小的、生物圈是脆弱的，我们这一逐渐清晰的意识和**全球化**的过程相结合，为人们之间的密切联系，为推动人们之间的合作提供了经验。从这个角度认识**全球化**，可以说它代表了进一步促进全球合作的**良性**发展趋势。不仅如此，如果能让人们在这些新发现的目标前感到**谦卑**，**全球化**则有可能会以更**良性的形式**发展。起码到目前为止，大多数民众还未能洞悉宇宙的本质。日常经验告诉我们，地球是扁平的，丘陵和高山只是它微不足道的变化形态，而人们却很难理解地球是球状的，以前很难获取这方面的证据。相比之下，实际上直到最近，地球上的我们才能亲眼看到这颗转动着的星球的照片，它们都是从太空拍摄到的。

具有讽刺意义的是，人类使用的旨在提高我们身份地位的成套工具，最终却要达到使人谦卑的目的。望远镜的出现和使用告诉我们，说智人是傲慢的说法是不正确的。智人是上帝的选民，还是仅仅在太空迷路了，这样的思考令任何一个有才智的人惴惴不安。所有按照这样的思路考虑问题的人，即便对此产生过丝毫疑虑，都将对已经确立的秩序失去信念。统治者不再肯定自己**处于上层社会**的地位是否真是神定的；平民百姓则质疑神定给自己的是否始终是卑贱的地位。没有人居住的地球情况可能会更好，这种想法也许是对人类的莫大侮辱。或许我们会像恐龙一样灭绝，大自然也会因此而如释重负。**全球化**的方方面面凸显出的人类的无足轻重和脆弱不堪，让我们感到卑微，让我们更加小心谨慎，让我们更不轻易进行**傲慢的征服**和**不计后果的入侵**。

有一位朋友在斯堪的纳维亚当兽医，他在 2002 年 10 月向我讲述了下面这件事：

---

① 邦德（Bond），1998，第 32 页。

> 最近，在一次学术会议上我听到了一段关于人工授精的发言。美国的一位发言人解释说，他的研究表明，公牛使用人工阴道比使用电刺激采精射出的精子质量更高。电刺激采精是让公牛接受小量的电击而引发的射精。使用人工阴道的弊端，是得训练公牛学会使用人工阴道射精。
>
> 这位美国人的发言结束后，他和他的同事们表示将继续使用电刺激采精技术。我听后瞠目结舌。首先，这位发言人说得很清楚，使用人工阴道射精能产生质量更高的精子。随后，他又宣布推荐使用电刺激采精这一非善待牛的方法。我问他是否知道挪威和瑞士出于伦理道德上的考虑，已经禁止使用电刺激采精技术。这位发言人和他的同事回答说："我们想怎么做就怎么做，这是我们的自由！"
>
> 这时，告诉我这件事的朋友几乎是扯着嗓子喊道："砍断自己坐着的树枝是傻子所拥有的自由，怎么能把这么愚蠢的行为称为自由？在大自然面前的狂妄自大使这些人丧失了判断力，他们没有认识到些许的谦恭更符合他们自己的切身利益！这些人侮辱了他们的公牛，在我看来也侮辱了他们自己。"

新型的谦恭颠覆了已经确立的秩序，它使傲慢无礼成为一种不合时宜的做法。斯堪的纳维亚的兽医了解这一重要思想，而他的美国同行则不了解。后者妄自尊大地认为，"自由"意味着主宰大自然的局限性。全球化的过程汇集了人们诸多思想认识上的变化，新型的谦恭强化了这些变化，把傲慢的征服行为看作是不自量力的冒犯。

我们可以得出这样的结论：地球脆弱的真相和意象推动了新的共同高级目标的出现，而这些目标又在全球化过程中蕴含着一种**良性**发展趋势。然而，有一个可能会转变成**恶性**问题，即应对新发现的高级目标所需要的谦恭——尽管全球化进程推进了它，但是——并没有在人们心中和思想上同步萌发。谦恭缺乏之隅，即为屈辱感肆虐之地。美国的孤立主义分子受到了不可一世的指责，面对这样的指责，他们可能会觉得受到了侮辱和伤害。美国正式拒绝了加拿大总理保罗·马丁（Paul Martin）提出的有必要听从"世界人民的良心"的建议（2005 年 12 月 9 日，蒙特利尔）。那些指责他们的人们觉得美国人定义的“自由”冒犯、侮辱了他们，他们因此而义愤填膺。屈辱感会削弱人与人之间的合作关系，因此虽然急需新型的谦恭，但若不对等的方式获得的谦恭，则会在短期内带来恶性的，或者至少是**有害的**倾向。如果要达成合作，就必须减少这些有害倾向。

第二个需求：共同的高级目标必须是能够达到的

萨缪尔·L·嘎特讷和约翰·F·德威迪奥（Samuel L. Gaertner，John F. Dovidio）[①] 阐明：人们期望建立在双赢基础上的环境有助于合作，而零和环境则会增大分裂的可能性。正如我早些时候提到的，尤里（1999）把全球信息社会描述成一种可以扩大的文化资源饼。不同于土地，知识——想法、新思想以及创新——是无穷无尽的。农耕者依靠土地为生，被迫采用了输赢博弈策略。另一方面，具备现代信息的人们发现自己处于双赢局面，永远有另一个发明在那里等待被发明出来。（反之，我在这里不谈什么经济净增长的问题）。创新思想驱动现代技术，现代技术反过来又促进**全球化**，创新思想还为迈向合作、达成良性双赢提供助力。

因此，我们假设促成合作的第二个需求——**可实现性**——作为良性趋势存在于当今世界。强化**良性**趋势，鼓励创新意识似乎是有益的。

第三个需求：高级目标的实现必须和平等的条件相结合

社会心理学强调平等（我更愿意称之为尊严平等），并把它作为合作的前提条件，因为不平等会引发恶感。理查德·G·威尔金森（Richard G. Wilkinson）[②] 发现，社会不平等销蚀了社会纽带的黏合力，给大家尤其是给社会地位低的人们造成了心理压力。

《地理辞典》把被剥夺定义为“缺乏人们所需要的、渴望实现的目标或目的”：

---

① 嘎特讷和德威迪奥（Gaertner and Dovidio），1999。

② 威尔金森（Wilkinson），1996。

在欠发达国家，被剥夺现象可能十分严重，生活必需品如水、住房或食品匮乏。在发达国家，能为穷人和老人提供基本的食物，但是和富人相比，穷人和老人很可能会产生被剥夺感。这里采用的**相对剥夺**概念蕴含着比较的意思，而且通常情况下是用主观术语定义的……**剥夺循环**观念指的是通过家庭行为、价值观和习俗，把被剥夺从这一代人延续到下一代人身上，这引发了大规模的论战。[①]

只要人与人之间相距甚远，对彼此之间的情况不甚了解，他们始终也不会意识到什么是不平等，那些不知情的穷人也意识不到自己被剥夺了。在这种情况下，**相对剥夺**不易被察觉到。要认识到**相对剥夺**，人们必须住得更近一些。拿自己和他人进行比较的机会越多，对存在着的不平等的认识也就越多。住在埃及沙漠绿洲地带的人，第一次有机会看电视就看了一出美国肥皂剧，等于上了一堂速成比较课。在电视这一技术手段的帮助下，以往的**绝对剥夺**，现在变成了**相对剥夺**。

正如前面讨论的那样，只要那些穷人相信不平等是一种自然现象，是神定的，他们就可能不会产生什么恶感。如果他们认为相对剥夺是正当的，他们就会接受它。那些穷人创造了一种文化，即把自己处境中的某些特征解释为**名誉财富**（honorable assets）的时候，**剥夺循环**会变得根深蒂固。只有当这种辩解说辞受到人权思想削弱的时候，人们才会开始质疑不平等，才会把自己所处的卑微境遇归咎于压迫他们的对立面，即那些有权有势的人们，才会起来保护自己的自尊和身份。[②]莫顿·多伊奇总结道：

一个人认为自己和他人应该享有的权利至少受到五个重要因素的制约：(1) 公平正义的意识形态和迷思，在社会上占据主流并受到官方支持。(2) 在多大范围能够接触到与官方冲突、但能为被压迫者伸张权利的意识形态和迷思。(3) 经历了满意和不满意的变化。(4) 了解我们认为可以进行比较的其他那些人正在得到什么。(5) 对被压

---

① 梅休（Mayhew），1997。

② 海德（Heider），1958；凯利（Kelley），1973。

迫者与压迫者讨价还价的能力的认识。[1]

全球化——全人类的相聚——为彼此进行比较提供了新的机会，与此同时也把**绝对剥夺**变成了**相对剥夺**。人权思想把相对剥夺视为不正当，全球化和人权思想携起手来，旨在消除为不平等所做的各种辩护，不过也会引发人们的怒不可遏和愤懑。

用**人权侮辱**（human rights humiliation）的话来说，西方的肥皂剧把现代社会的舒适便利展示给了人们，邀请人们进入这个平等的人类大家庭，但是与此同时他们却又被剥夺了享受那些舒适便利的机会，这就是侮辱。人们理所当然地认为，在这种情况下，恶感，包括屈辱感，一定会增加。

总而言之，制订符合实际情况的、可实现的高级目标，运用团队精神应对**全球化**，才是**良性的**处理问题的方式。实际上，可以把**全球化**看作为人类提供的、为实现共同高级目标而采用的一个步骤。通过实现高级目标，有望跨越相互对立的群体之间那一条条界线。无论如何，为阻止正在浮出水面的屈辱感从**良性**趋势演变成**恶性**趋势，大家必须精心培养尊严平等意识。

你是敌人！外部群体使用的过时语言是怎样造成侮辱的

在**地球村**，所有以前与**外部群体**分类有关的概念、想法以及情感都失效了，在只剩下**一个内部群体**的时候，就不存在什么**外部群体**了。现在**外部群体**的概念“如无水之源，无本之木”，在现实中没有了以往的根基。一棵树死了，就不能再结果子。人们需要时间才能明白这个道理，但是却无法逃避这个新的现实。

诸如“敌人”“战争”“胜利”“士兵”这些词汇（还有已经提到的和“我们”相对应的“他们”）起源于人类居住的众多独立的**村庄**时代。在这种新情况下，**我们**都是同一个村的村民，根本没有来自**外部**帝国虎视眈眈的**敌人**，实际情况是根本不存在什么**外部群体**。同样的道理，根本不再有“他们”的存在，只有“我们”的存在。只有一句话适合所有村庄的现状，包括**地球村**的现状，那就是：“我们大

---

① 多伊奇（Deutsch），2002，第 25 页。

家都是邻居。我们当中有些是好邻居，有些则是坏邻居。为了维护社会和平，我们需要警察（不再需要战争中抗击敌人的士兵）。”

一个村庄由好邻居和坏邻居组成，而传统上，敌人在村庄的边界线以外，正如士兵、战争和胜利也是发生在村庄的边界线以外一样。当村庄里所有的居民都能融洽相处，不再诉诸暴力的时候，这个村庄才能享有和平，“战争”“士兵”“胜利”才会成为过时的词汇。唯一适合这种新情况的表达方式是维护治安，因为捍卫村里的社会和平需要一个由警察维持的、具有凝聚力的社会网络，而不是寻求能打胜仗的士兵。当下，我们目睹了很多诸如此类表达方式上的变化。当前，传统的**士兵**观念正在朝着**维护和平的人**与**实施和平的人**这一含义转变。[①] 为获得国家荣誉、个人荣耀以及声望，为取得胜利而离开家园的勇士/士兵已经是明日黄花。另外，**敌人**的说法也正在转向**恐怖分子**这一说法。**恐怖分子**属于**内部敌人**，他们是**令人胆战心惊的邻居**，是**内部**可能存在的唯一的一小撮**敌人**。[②]

有些人依然使用不合时宜的语言，这种做法可能会对他人产生非常有侮辱性的效果。美国和伊拉克交战的时候，来自非西方国家不同地区的、支持美国政府的那些朋友们，经常给我写信。我把他们在 2003 年 4 月这个时期的一些看法，总结、复述如下：

> 我赞同一定要解放伊拉克。但是因为萨达姆·侯赛因威胁到了文明自由的世界就必须除掉他的说法是猥劣的。难道这是在说有一个“文明的世界”，还有一个“不文明的世界”吗？难道这意味着伊拉克人不文明？印度尼西亚人不文明？难道只有你们美国人文明？在世界几大文明中，美国只是一个婴儿而已！伊拉克人是美索不达米亚人的后裔，是世界上最伟大的几大文明的发源地。
>
> 如果萨达姆威胁到的仅仅是那个不文明的世界，难道就允许他继续掌权，随意杀戮他那些不文明的同胞？如此荒唐的说法对这个自由世界意味着什么？任何一个持有富裕国家护照的人都是自由的。富裕

① 见《公民-士兵和男子汉勇士》，斯奈德（Snyder），2000。

② 见基恩（Keen），《敌人的面孔》，1986。我感谢戈登·费尔曼（Gordon Fellman）给我提供这一线索。

国家的人，甚至连那些游手好闲、无所事事的人以及寄生虫都是自由的。但是，所有出生在贫穷国家的穷人都没有自由，他们受到了种种限制，而这些人可能要比任何一个富人都能数百倍地吃苦耐劳，但他们依然不是自由身。富裕国家把他们叫作非法移民，还把他们遣送回国，为此他们遭受了莫大的侮辱。

如果布什总统想赢得这个既“不文明”又不自由的国家的民心，想赢得他们的理解，那他就不要再大放厥词，说什么独裁者威胁到了我们这个文明自由的世界！独裁者威胁到了全世界！句号！他永远也不要谈什么发动**战争**！哪怕是发动**正义的战争**！维持秩序描述的是需要做什么事情时所使用的词汇。**他永远**也不要祈祷说：“愿上帝继续保佑美国！”而是要说：“愿上帝继续保佑美国和全世界！”只有全世界得到了庇佑，美国才会得到庇佑！

朋友们的这些评论说明，**维持秩序**可以是正义的，也可以是非正义的，但它绝对不是发动**战争**。一旦有关的制度被民主地合法化，又把目标仅仅指向罪犯的时候，至少从人权组织的角度来看，维持秩序是**正义的**，但是当旨在击败竞争对手的统治集团主宰了警察队伍的时候，这就是**非正义**的了。西方很多关于战争的表达方式不仅是过时的，而且是侮辱性的，尤其是在那些赞同人人尊严平等、憧憬人权的人们听起来更是如此。这令人感觉不快。它不仅冒犯了人的尊严，还嘲弄了受到鼓励担当这些**使命**的人们的胆识。同样的事，如果用警方的话来说会更妥帖，比如要**把罪犯绳之以法（既不是将其杀死，也不是将其赶走），人质**（包括**敌兵**）**必须予以释放**。

即使面对重重阻力，**全球化**进程依然在向前迈进。例如，世界各地的保守分子可能坚持说，就该把坏人叫作“敌人”。敌人这个称谓以及和“战争”“士兵”“胜利”有关的词汇，不会像那些心慈手软的梦想家们所希望的那样消失得无影无踪。这些词汇正在失去它们的含义，因为它们不能再描述现状了。一棵树死了，就不能再结果子。同理，不论我们是否能顺应历史的发展，诞生了“敌人”“战争”“胜利”这些词汇的那个时代，正在全球化的过程中消失。

紧急状态已经结束！全球化把侮辱置于醒目地位

我认为，人类的核心问题有四个方面：

（1）资源是否能扩大与在何种程度上能扩大的问题（如哲学领域提出的**博弈理论**）；

（2）**安全困境**是被弱化了还是被强化了的问题（政治学提出的**国际关系理论**）；

（3）远见卓识或目光短浅能在多大程度上起主导作用的问题（正如学术界很多专业如**跨文化心理学**所描述的那样）；

（4）人类是强化还是弱化了在认同上的分歧，这个问题是怎样准确估量的（社会心理学提出的**社会认同理论**）。

博弈理论广为人知，这里无须赘述。双赢的局面比输—赢的局面更良性化，这几乎是常识。正如前面章节里所讨论的那样，全球知识型社会提供了双赢局面（尤里，1999 年），我们可以从中见微知著。

当人们相距更近并支持人权的时候，**社会认同**能洞悉侮辱在社会关系的各个层面制造出来的一道道裂痕。屈辱感引发的愤怒情绪极具破坏力，即使是在万事俱备即将产生合作之际都能引发暴力事件。侮辱会把本来可以创造出来的**良性**过程变成招致灭顶之灾的**导火索**。

在下面的几个段落里，我还要稍微详细地探讨另外两个问题。

安全困境

只要资源丰富，族群之间住得相距甚远，人们互不相识，就不会出现任何问题。然而，一旦人们在地理位置上住得近到可以互相掠夺，但是彼此之间的心理距离却相距甚远，远到无法建立良好的沟通和信任关系的时候，他们的首领们就会陷入**安全困境**的泥沼而不能自拔。他们别无选择，只能准备打仗。现在随着众多村庄合并成**一个地球村**，安全困境问题会随之复又烟消云散。唯有村庄与村庄之间保持在一个既不算远、也不算近的距离，才不会出现安全困境问题。太近会威胁到地缘政治安全，太远又不能够保证人类的安全，太近或太远，安全困境都会出现一些严重问题。

国际关系理论对安全困境作了如下描述："因为我惶恐，所以我得揽权。我储备武器的时候，你胆怯了。你储备武器的时候，我又畏惧了。"① 就这样，先是挑起军备竞赛，最终导致战争爆发。在这种背景下，即使是最"仁慈的"统治者也迫不得已变得好战起来，因为他们都是安全困境的牺牲品。

出于相互之间的不信任，即使任何人对发动战争都不感兴趣，安全困境也会强行导致血腥竞争。先发制人造成的威胁在传统的安全困境中是最终似乎不可避免的结果。为了解释彼此没有伤害意图的国家之间为什么最终以军备竞赛和战争而告终，约翰·赫茨（John Herz）② 发明了"安全困境"的说法，其实质是悲剧性的。很多作者详细叙述过安全困境问题。③

两种早期的国际关系理论，传统现实主义和结构现实主义，都认为安全困境是不可避免的。然而，历史表明：安全困境的程度既能加深，也能减轻。当众多的社会成员参与到制订政策或做出决定的时候，就是减轻安全困境之日。当村与村之间比以往更加相互依赖，更能以容易理解对方行事的动机开始交流对话之时——也就是不同村庄之间的村民建立信任关系之时，安全困境才会得到明显改善。当地球上只有一个村庄的时候，安全困境就可以完全退出历史舞台了。

时间跨度

弗洛伦斯·洛克伍德·克拉克洪和佛雷德·L·斯托特柏克（Florence Rockwood Kluckhohn，Fred L. Strodtbeck）④ 详尽地阐述了文化分类的六种方法，其中一个方法探讨了时间流动的方向——未来、过去和现在。在强调过去的文化里，创新是充满着艰辛的，而在把着眼点放在未来的社会里，创新是受欢迎的。这两位作者讲述了一个美国人和一个巴林人在一家餐馆相遇的故事。他们发现餐馆里的牌子上写着：此后 6 个月厨房不供应饭菜。美国人对此事的反应是生气，而巴林人却

---

① 贝沃利·克劳福德（Beverly Crawford）1997 年 7 月 20—25 日在德国洛库姆"和平与冲突研究暑期学院"的讲话。

② 赫茨（Herz），1950。

③ 例如，见杰维斯（Jervis）、勒鲍（Lebow）和斯坦因（Stein），1985。

④ 克拉克洪和斯托特柏克（Kluckhohn and Strodtbeck），1961。

说："我们过了几千年没有厨房的日子，在今后的六个月里没有厨房我们照样能过！"

把着眼点放在未来比放在当下似乎更有利于人类。热带雨林是地球的肺，砍伐树木的企业家有保持股东价值的短期利益。然而，他还应该意识到他还有长期利益，即让他的子孙后代能继承一个值得生存的世界。

参与巴以冲突的人们在复仇中可能只看到了短期利益，但是他们都要牢记在心：给子孙后代提供和平、安宁的世界是他们共同的长期利益。一旦人们转变着眼点，把它放在未来，就能"化解"很多冲突。

通常情况下，有选举权的群体指望领导人能解决问题、能及时化解危机。然而，当今的领导人面对很多错综复杂的社会、经济、政治问题，或信息匮乏、或信息过剩，甚至信息常常相互矛盾，需要他们拿出大量的时间对这些信息进行有效分析、作出规划并付诸实施。而且，通常情况下，堆积如山的问题——也许和要处理的问题有关，也许无关——都需要给予同等的关注。因此，领导者们经常被迫（也因此获得回报）迅速提出不能完全对症下药的解决问题的方案。[①]

总而言之，长期目标的定位着眼于未来，为人们提供了共同的奋斗目标，因此它更良性，而短期目标或着眼于过去的目标则不然。技术进步和**全球化**相结合推动了全球化进程，这意味着全球化正在向着良性的长期目标迈进，因为这有助于公众了解长期目标的进程——对气候的研究就是一个例子。只有当一个强大的公民社会能与短期视野抗衡，并能捍卫着眼未来这个长期目标的时候，民主，即使有与之俱来的短期政治视野，也会是**良性的**。

四个问题

表 3.1 展示的是四个基本问题：（1）那张饼，（2）安全困境，（3）着眼未来，和（4）社会认同，它可能已经引领了（a）自豪文化、（b）名誉文化和（c）尊严文化的发展进程。大约在 10，000 年前，规定了人类生活的这四个基本**问题**发生了巨变，以**淳朴的自豪感**为本的人类面对着这突如其来的变化——一张张吃不完的饼突然之间变成了一张张有限量的饼，据此形成了这个表格。对上述变化，人类用焕

---

① 科尔曼（Coleman），2003，第 16 页。

然一新的道德风貌和情感创新作出了回应，即**名誉创新**。名誉创新把人的价值和重要性垂直刻度表合理化了。然而，当下的变化正激励着未来另一个崭新的精神风貌和情感的创建，即**尊严平等**的创建，但在它的初始阶段却具有破坏性，因为在全球知识社会的初期阶段就把那张有限量的饼变成了一张可以扩大的饼，“第二轮”**全球化**邀请人类进入**单一的内部群体**。**安全困境**弱化，放眼未来的思想将成为行动准则。这一发展变化会使**侮辱人**和**贬低人**的做法成为不合情理的陋习。

表 3.1 人类的处境①

		着眼未来		社会认同	
		短期（或遥远的过去）	长期	尊重	侮辱
那张饼	有限量的	（b）			（b，名誉侮辱）
	可扩大的		（a，c）	（a，c）	（c，尊严侮辱）
安全困境	强	（b）			（b，名誉侮辱）
	弱		（a，c）	（a，c）	（c，尊严侮辱）

我在 2000 年曾写道：

> 最佳方案是把那不堪一击的安全困境、那张可以扩大的饼、着眼未来的视野和尊重人的环境相结合。反过来，最糟糕的方案是把那张代表有限资源的饼置于短期目标环境中，再和强大的安全困境相结合，置身其中的个人或群体则暴露在遭受侮辱性攻击的境遇中。正如前面已经提到的那样，屈辱感及其后果无坚不摧，它会使事态急转直下，它能在暗中破坏本来可以生成“有利因素”的方案。人类的处境这种模式可能会对分析世界不同地区在未来较长一段时间内的社会变化、对辅助政府和国际组织作出未来的策略规划起到重要作用。这表明侮辱的驱动力所具有的毁灭性越明显，转向良性方面的参数就越多。②

① 改写自林艾雯（Lindner），2000a，第 439 页。

② 改写自林艾雯（Lindner），2000a，第 439 页。

侮辱引发的冲突

在不久的将来，我们所遭遇的可能不是**文明之间的冲突**[①]，而是**侮辱引发的冲突**。

文明冲突论的观点是：**村庄**和**村庄**是在彼此相距十分遥远的地方发展起来的，在千姿百态的文化信仰体系中，它们之间的文化差异在“实际存在的”种种差异中有着坚实的基础。用尽可能简单的话说，就是有的文化被视为适应山民生活的文化，有的文化则被视为适应渔民生活的文化，还有的文化则被视为能满足商人需求的文化。“文化”可以被看作一个个“容器”，而这些容器壁都不太透明。它们可以“释放（diffusion）”一小部分文化，这意味着不同文化之间可以互相接触、互相学习，但是这并没有改变其为被隔绝的“容器”这一基本性质。后现代思想以这一观点为基础，假设不同文化之间在本质上是难以渗透的、不可知的和高深莫测的。只要我们这样看待问题，那么除了筑高墙、修篱笆、造盔甲保护自己以外，我们对缓解文化冲突几乎是束手无策。我们可以谋求尊重多样性，尊重不同点，希望把来自“其他”文化中潜在的敌对情绪最小化。然而，尊重是有度的。当别人朝我们开枪射击的时候，我们则有可能开枪还击。

我认为，这幅图景既错综复杂，又充满希望，因为文化差异远不像释放假说和后现代思想所认为的那么绝对。人们能觉察到他人的敌对情绪，或许，很多可以观察到的文化差异正是对这种敌对情绪作出的反应。文化差异很有可能是关系恶化时人们使用的一种**说辞**，任由单方面把自己的行动和决定合理化。

1998 年至 1999 年我在索马里和卢旺达做了实地考察，期间我看到了文化差异这一驱动力发挥的作用。语言、文化和对伊斯兰教的虔诚曾经把索马里各民族团结在一起。然而，殖民国把索马里的领土分成了五个不同的地区。1960 年索马里独立的时候，很多人梦想着建立一个统一的索马里。然而，事情却走向了反面，同宗同族并没有避免索马里四分五裂的局面。今天的索马里是一个分崩离析、一盘散沙的国家，十多年来，她饱尝了战争的蹂躏，充满了痛苦与辛酸。国

---

① 亨廷顿（Huntington），1996。

际社会和其他索马里领导人不承认在北方自己宣布独立的“索马里兰”。在索马里兰，我被人们团团围住，他们敦促我帮助他们实现国际上认可的、独立的共和国梦想。他们有充足的理由说明，从前的独裁者西亚德·巴雷（Siad Barre）、他的支持者以及南方的索马里部落对他们侮辱有加。他们不再可能成为统一的索马里国家中的一部分，他们坚持认为自己和其他索马里人之间“文化差异”太大，大到不可逾越。

就这样，索马里兰人的屈辱感使得他们和索马里人之间产生了文化裂痕，继而创造出了一种新文化，即属于索马里兰人自己的文化。以前曾经抱有统一梦想的地方，曾经有过“我们都是同胞兄弟”的观念，刹那间不再有一丝一毫的手足之情，有的只是分离的愿望。就这样，作为对侮辱的回应，他们构建了文化差异，而文化差异又把彼此之间深深的裂痕合理化了。

卢旺达没有图西族人和胡图族人共同接受的历史，1999 年我抵达卢旺达不久，就对这一事实感到无比震撼。有着很强图西族背景的人们坚持认为，他们数百年的少数民族统治使国家受益匪浅。他们说，图西族从未像胡图族那样实施过种族灭绝。与之相反，胡图族人则坚持认为，图西族的统治从来就不是宽厚仁慈的——图西族只是为给自己的统治进行辩护，而把自己想象成了宽厚仁慈的统治者而已。胡图族人，感觉受到了侮辱之后，便创造了自己的“文化”——包括属于自己的历史。胡图族文化是一种和图西族文化截然对立的文化，他们不想成为统治者定义的那种文化的一部分。

可以把卢旺达冲突、索马里冲突更准确地描述为**侮辱引发的冲突**，而不是**文化之间的冲突**。不计其数的实例说明屈辱感能怎样不费吹灰之力导致分裂。李亚·戈林菲尔德（Liah Greenfeld）以埃塞俄比亚和厄立特里亚为例，说明憎恨在建国中起着举足轻重的作用（戈林菲尔德，1992；戈林菲尔德，1996）。人们说：“我不想成为那个侮辱我人格、冒犯我尊严的民族和文化的组成部分。我情愿创造一个独立的身份——无论个人、文化还是民族都独立的身份。”

侮辱引发憎恨，侮辱是制造分裂、造成文化差异或民族差异的帮凶。当人们怀揣着统一的梦想时，发生侮辱事件的风险或许极大。索马里曾经有过统一的梦想，卢旺达依然抱有统一的梦想，**地球村**需要用统一的梦想培养人与人之间的合作关系。在**地球村**，当人们抗议侮辱通过各自不同的文化构建表达负面情绪的时候，统一的梦想就有可能破灭。我们必须谨防这种危险。

欢迎女性以平等的身份加盟！全球化使女性更有尊严

毫无疑问，男人和女人虽然在荷尔蒙、身体方面存在着一些差异，但是他们在本质上并不是不可以调和的。有充足的证据说明所谓的**性别相似性假设**（gender similarities hypothesis）[①]，女人可以担当男人的角色，反之亦然。女人并不比男人强，男人也并不比女人强。这两种性别角色模式既可用于建设，也可用于破坏，它们都受到了全球化的深刻影响。

在过去相当长的时间里，男人负责处理近期的危急事件，妇女则负责长期生计问题。我重新对男人和女人的传统角色进行了定义，把通常被称为**家庭领域**的地方改称**内部**领域，把通常被称为**公共领域**的地方改称**外部领域**。按照传统分工，女人负责在**内部领域**抚育下一代，而男人则负责守卫位于内部和**外部**之间的边界，负责保障内部的安全。结果，妇女能相对自由地在家里或村子里走动，但是她却不怎么敢冒险跨出村庄的围墙，因为那里潜藏着种种危险，有劫匪，也有强盗。**全球化**，或者人类的相聚，慢慢地会使"村里一堵又一堵的围墙"形同虚设，这就扩大了女人可使用的**内部**活动区域。

传统上，人们希望女人持家、洗衣、打扫卫生、修理破损的家什、规划长期的生活费用，以及考虑维持家庭运行所需要的相互依靠关系。这一原则也适应于社会内部环境——希望女人照顾好家人的身体健康，从情感和社会层面维系家庭生活，创造和谐，安抚受苦受难的人，维持社会凝聚力。

然而，除了对女人抚育子女角色的描述以外，"女人"还有一个传统角色——这已经被证明是极具毁灭性的**清洁**角色（参看道格拉斯的著作《清洁与危险》，1984 年）。在最简单的层面，从生态学的角度来看，清洁卫生常常是不妥当的——例如，当妇女使用去污性很强的洗涤剂把衣服洗成白色的时候。从社会层面看，清洁能蜕化成伤害、毁灭乃至暴行，比方说，像投身于种族**清洗**的族群一样。需要把

---

① 海德（Hyde），2005。

某件东西从**里面**扔到想象中的**外面**去的比喻，就在环境方面和社会方面把暴行合理化了。[①] 德国军队在二战中卷入了种族灭绝的勾当，他们曾经试图否认此事，或许他们认为这活儿对于军人来说还不够“男人味”。屠杀手无寸铁的百姓蕴含着“女人”搞清洁的性质，不属于能为士兵赢得勇士勋章的那类行动。在集中营，屠杀犹太人等于铲除“污垢”或者根除“害虫”这类活，这虽然是不可避免的，但却是“女人”干的清洁类的活儿，令人憎恶。

男人的传统角色既包含了建设的成分，也包含了破坏的成分。人们期望担当着传统角色的男人走出去探寻未知的世界，敢于征服不熟悉的领域，敢于冒着生命危险去捍卫内部领地。一个德国谚语说得好：“男人就是要外出进入敌人的生活。”有些神话故事讲述了英雄们在那遥远的地方，为准备迎娶公主，统治、保护自己的臣民，面对重重困难，披荆斩棘。“男人”要处理的急迫任务并不是全方位的，他们用剑劈、斧砍消灭敌人，剑劈、斧砍是两种高效率的军事行动，这种高效甚至有时意味着摧毁一个纵横交错的网络。历史上，男人所涉足的地方是单向的，或在马背上，或在航船上，或在飞机上，或在火箭上。男人开拓了新视野，他们的男子汉行为结出了珍贵果实，最终导致了现代技术的诞生。然而，这也带来了长期的问题，因为这一心态易于忽略物理定律中脆弱的相互依赖关系和保持平衡的必要性。

然而，另一个或许更严重的弊端和男女传统的角色分工有关。不可否认，一个处于安全困境中的族群除了用可以描述的方式构建自己的文化以外，几乎没有其他选择。让男人“早点死去”更有益于社群的生存。从人口政治学的角度看，男人在小时候是“多余的”。然而，一旦一个社群决定用男人进行防御，男人的主宰地位几乎就是不可避免的了——因为处理危机事件的重要性胜过维持生计，甚至我们的身体也遵循这一规则，当我们处于危险境地的时候，荷尔蒙便进入我们的血液，把维护身体健康的任务推到后面。然而，这是要付出代价的。太长时间地忽略必不可少的保健，使身体经常处于紧急状态，会把身体搞垮，心脏病——典型的突发性疾病——是其后果。同样的道理，男人总是持续不断地展现着自己的威风，处于这种男人掌控中的世人，一定是生活在四面楚歌的社会里的人。这种局面可能潜藏着**恶**

① 巴灵顿·莫尔（Barrington Moore）解释说，人们迫害那些他们认为由于其“不纯洁的”宗教、政治或经济观念而污秽的人（小莫尔 Moore Jr，2000）。

性因素。

全球化可以把世人从“心力衰竭”的境遇中拯救出来。危机事件、恐惧、压力以及派人出去守卫边境的必要性，会随着安全困境的好转而减少，安全困境解除后，所有这些情况都会大幅度降低。**单一的地球村**的出现不仅消除了持续不断的紧急状况，铲除了压力，还为人类的正常生活开辟了空间。**单一的地球村**的出现削弱了男性主导文化——一种忽视了人类正常生计的文化——的必要性，人类以男性为主导的特征在过去的10,000年里几乎遍布世界各个角落。在**地球村**，女人、男人都会把重心放在正常生计上，谨慎地规划探索新领域，而不是规划如何处理危机事件。女人和男人都有长大成人的机会；女人不再像孩子一样依偎在男人怀里寻求保护，男人也可以释放掉多余的自信。

确实，在生态层面和社会层面，更需要“女性化的”整体思维模式。我们需要更具“女性特征”的个人——懂得生物循环、愿意为社会和平而努力奋斗的人。像谈判这样的事情，需要传统的“女性化”服务，而不是军事进攻；需要深思熟虑，而不是独裁命令；需要通过法庭、律师和警察这一复杂的系统去维护社会，而不是通过纯军事力量这一单向制度去维护社会。但是，我们还需要“男性”单向的思维技巧，因为这是创新不可或缺的要件。

确实，一份令人满意的维持生计的工作，正在当下社会的各个部门获取更高的社会地位。现在的管理课程试图培训管理者懂得人的“软”因素的重要性，这里的软因素包括动力、对工作的满意度、合作精神以及创造性解决问题的能力。今天，在各个层面，从小公司到联合国都在提倡通情达理的“女性型”合作模式，而像军队一样的“男性型”等级制度则被视为是落伍的。疯狂的西部开拓风格适合拍电影，不再适合现实生活。传统的女性角色特征正在世界范围内发展壮大，还赢得了一席之地。

然而，文化上的变化既不迅速，也不一致。男人以其特有的身份统治女人长达好多个世纪，并具备了自己的坚韧性。随着**安全困境**的减缓，男人至高无上的统治地位可能会在现实中失去根基，但是文化不会很快跟上它的步伐。尽管如此，女子不再为穿军装的男人喝彩，很多女子不再有受到至高无上的男人保护的感觉。有些男人和女人还在维护男性是至高无上的这一旧秩序，对此她们觉得受到了侮辱；有些人还没有明白在这个变化无穷的世界里，变化是不可避免的这个**道理**，对此，她们也感觉受到了侮辱。

尊严平等化还是侮辱

技术和我们对技术的运用推动了**全球化**进程，而我们在日常生活中体现出来的道德情操和符合道德规范的决定又推动了**尊严平等化**进程。**尊严平等化**是关于我们和他人之间的关系与如何看待我们自己的问题，是应该把尊重或蔑视他人和尊重或蔑视我们自己看作正确的，还是把相信一视同仁、尊重大家看作正确的。**尊严平等化**是关于我们是把恐惧作为强制性等级制度的“黏合剂”，还是更愿意生活在一个富有创造性的、由相互尊敬联结在一起的人际关系网里。为了区别平等（equality）、公平（equity）或平均主义（egalitarianism），我创造了**尊严平等化**的说法，因为其核心问题是尊严平等。**尊严平等化**这一术语避开了人与人之间没有任何差异这种说法。**平等**（Egality）可以和功能性的等级制度并存，功能性的等级制度视所有参与人为享有尊严平等的人，而等级制度明确规定有些人比他人**更有价值**，**平等**不能与等级制度并存。

全球民主，还是全球独裁？不公正的治安官员会造成侮辱

我们需要用**社会契约**来抵抗**无政府的自然状态**。1991年索马里流放了独裁者西亚德·巴雷，之后在长达十几年的时间里索马里始终处于无法无序的状态。现在，哥伦比亚（南美洲）只有设定“秩序！秩序！秩序！”和“法治！”的目标，才能根治那猖獗的社会**动乱**（哥伦比亚副总统弗朗西斯科·桑托斯 Francisco Santos 2003年5月12日说[①]）。

我们需要什么样的社会契约呢？霍布斯（Hobbes）在《利维坦》一书中把**无政府状态下的生活**描述为“持续的恐惧还有暴死的危险”，在无政府状态下，“人们的生活”是“孤独、贫困、污秽、粗野且短命的”。[②] 霍布斯把这种**自然状态**描

① 与迈克·恩布利（Mike Embley）在英国广播公司王牌节目《针锋相对》中的谈话。

② 霍布斯（Hobbes），1651。

述为完全无法无序的状态，仅仅得到实践者认同的社会契约无法挽救这种状态。根据霍布斯的观点，只有无限的政治权力，最好是**专制君主**，才足够强大。公民应该自动向强权屈服。

约翰·洛克（John Locke）[①] 对此则持怀疑态度。专制君主只不过是具有人的一切缺点的人。洛克认为，最终的政治权力应遵从**大多数人的意愿**。大多数人把政治权力委托给政府官员，条件是他们要为大众谋福利，一旦失去公众信任，就要被革职。

用交通做个比喻，**无序的自然状态**提出了一个问题。在**无序**状态下，大车在每个十字路口都把小车挤开，而小车几乎没有机会挤开大车，于是就会引发很多交通堵塞和持续不断的争执打斗事件。

为了解决怎样管理交通和如何实施交通规则的问题，霍布斯为**绝对权力**做了辩护。他相信只有有实力的人才能控制篡权者破坏安定和秩序。另一方面，洛克则相信大多数人会作出决定。**大多数人**有权决定能把每个人——强者和弱者——维系在一起的一套高级规则，大多数人会投票撤换掉滥用职权的交警头儿。

在未来的**地球村**，我们有两种维持法律秩序的模式，这就是或采用霍布斯提出的解决方案，或采用洛克提出的解决方案。第一个解决方案提议由**世界上有绝对权力的统治者征服**世界，第二个解决方案提议实行**全球民主**。霍布斯在深思熟虑后提出的意见是建立一个从上至下的权力金字塔，而洛克则建议创立一个人人平等的**地球村**。这两种解决方案都是要确保稳定和秩序。如果霍布斯所说的实力人物能动用足够的武力，那就没有一个平民百姓敢破坏法律或煽动革命。这会造成安定局面，不论这种安定是出于恐惧，还是出于不思进取而产生的满足。即使伊拉克人经常生活在惶恐中，萨达姆·侯赛因的严酷统治在一定程度上还是给平民百姓带来了社会稳定和秩序。洛克提出的由大多数人的选票来决定的解决方案，即由不是太难以驾驭的公民进行理智投票来决定的解决方案，同样会创造安定局面。不论是严厉的名誉标准，还是成功地运用尊严标准都能创造安定和秩序。

那么，怎样来建设我们未来的**地球村**呢？这个主问题包含很多下列的子问题：联合国是否有机会得到所有谦恭的人们的支持？或者会有一个来自上面的统治者来实行统治？今天全球的捍卫者——美国——是否依然是唯一的超级大国，而其余各

---

① 洛克（Locke），1690。

国统统都被归为“第二级层”？人们是否听到了**尊严平等化**和**全球化**相结合的人权思想的呼唤？谈到这些问题的时候，人们群情激昂。

如果霍布斯能在电视上露面，倡导他提出的绝对君权思想，当时的人们可能会默认他的解决方案，美国则有可能成为首屈一指的君主候选人。然而，现在看起来好像是洛克的观点占了上风。甚至美国也不愿意扮演世界绝对征服者的角色——只要美国人民继续信奉人权和尊严平等思想。这意味着解决问题的唯一方法是按照洛克的观点建造**地球村**，这是一个由民主决定的高级组织，它能确保人人尊严平等。

这样的全球性高级组织以联合国的形式出现至少是不完善的，人们对这种未发展成熟的组织的信心很容易动摇。比方说，世界联邦主义（World Federalism）思想引发了激烈争论，在众多讨论中，请参见约瑟夫·普雷斯顿·巴拉塔（Joseph Preston Baratta）2004 年的著作。民主和建立在民主基础之上的资本主义指的是交通灯和由大多数人投票同意的交通规则。民主思想代表了每位司机，不受车子大小的限制，享有在交通路口把车开过去的同等权利。大车和小车（资本主义允许有大小这样的差异）都要红灯停，绿灯行（尽管有差异，尊严是平等的）。这一系统是由官员掌控的，而他们可经由大多数人投票来替换，不论是开劳斯莱斯车的人，还是行人，每个人都有投票权（民主）。在现阶段的转型过程中，设想中的最高统治阶层及其制度还没有在全世界确立稳定的地位，很多人会问，开大车的司机是否真的愿意放弃自己的“自由”而服从大家制定的规则。当一辆大车把另一辆车挤出道路的时候，对**地球村**的未来产生的疑虑则会油然而生。

西方电影生动地说明了这一转变过程，还用我们已频繁使用的交通来比喻。大部分西方电影的故事情节并不复杂。匪徒们在城里实行恐怖统治，不同的帮派争夺对城市的管制权。赤裸裸的强权、暴行和武力，再加上对财富和金钱的承诺，决定了谁能在特定的时刻成为老大。普通公民根本不能享有和平，所有的人都被拖进争权夺利的游戏中。这时代表普通公民利益、反对施暴人的治安官员来了。他代表着保护公民、反对强权这股重要的公正力量。他不渴望个人名誉。在他到来之前，每个歹徒都有一个名字。这伙人是血腥的吉姆、肮脏的哈里和邪恶的杰克，每个人都把对方称为**敌人**，并威胁利诱其他人。治安官员获胜后，就只有**公民**和**罪犯**了。血腥的吉姆和肮脏的哈里都是被收监的**罪犯**，人们希望能把他们改造成谦卑的公民。共同的利益超越了对手之间各自不同的利益。治安官员的胜利创建了**唯一的城市**，或者**唯一的国家**，大家聚集在公民制定的**唯一的**法律、秩序的**屋檐下**。人们要求有野心成为匪帮首领的那些人放弃梦想，支持治安官员的工作，甚至邀请至真至诚的解放者，拿出时间和精力来支持治安官员的工作，而不是像罗宾汉那样行侠仗义。谁也不再单枪匹马地捍卫自己，每个人必须帮助治安官员捍卫、确保大家的安全。

治安官员以**法律**和**秩序**的名义而战，这是唯有国家才可以动用武力的行为准则。在过去，公民被国家强权和野蛮行径所压制、侮辱。在现代，只要这些高级机构在民主制度上是合法的，公民们会主动表达发自肺腑的谦恭，是因为它们了解公民的利益。

在我们对**地球村**的憧憬中，从前的**村庄**——残酷的伊拉克和傲慢的/仁慈的美国——在国际法和改革后的联合国机构这一高级制度的屋檐下，合并成了**一个村庄**。萨达姆和其他罪犯一样，是被绳之以法的**罪犯**。世界公民受到了"治安官员"联合国秘书长的保护。没有人只是为了单方面保护自己而采取行动的，大家都在给治安官员帮忙。如果治安官员所属的高等机构太弱而无法妥善处理问题，那就要加强它的力量。它需要支持的时候，没有人奚落它，也没有人侮辱它，没有人为了摆脱困境而全神贯注于一己之利。即使有不同意见，也会在同一个屋檐下得到解决，以免大门向落伍的军阀主义敞开。在这样的世界里，**我的**安全就是**大家的**安全。

有这一梦想做背景，当最富有的公民执意按照自己的意愿行事的时候，担忧就会出现。难道他们是想按照霍布斯的方式对世界实施严酷的统治吗？他们为什么不协助治安官员尽其职责，让自己的人民去实施法律？由此产生的后果是否是对全世界人民的侮辱？

概而言之，现在洛克似乎赢得了这场竞争，但这只是在理论上，在实践中并不总是胜利者。尽管以人权为基础的全球高级组织发出坚定政治承诺会产生**良性**效果，但是对**地球村**未来组织的忧虑和迷茫说明这种情形下依然存在着**不良**因素。

你那"花言巧语"是什么意思？

人权版本的**地球村**是受到西方国家的精英、个人主义提倡者和组织正式支持的地球村。他们认为人权思想在道义上是正确的，从内心深处也认为它是对的。当种族隔离落下帷幕的时候，白人的最高统治受到了致命打击。这并不意味着每个人都“皈依了”人权思想——只是说明那些想恢复旧秩序的白人只能在私下，甚至只能秘密地表达自己的愿望。

那些享有最高权威的词汇不再主宰官方对公众的话语。旧名誉标准使用的语言已经过时。在不久前还作为文化特色被接受的名誉谋杀，现在已经被视为对人的侵犯。在巴基斯坦有一种叫作“华尼”（vani）的风俗，它以婚姻形式把姑娘献给受害人的亲属，这种风俗在2005年1月被定为不正当。曾经一度作为有文化特色而“受到尊重”的印度种姓制，如今已经被谴责为“印度种族隔离”[①]。印度政府在思想上还没有转过弯来，很多印度人可能同意南非白人的观点：“种族隔离”是可以接受的，是仁慈的。然而，“印度种族隔离”这一说法一经作为大型国际会议的题目赫然出现，这一事实本身就说明事情已经发生了变化。

接受人权思想的人不仅限于世界精英阶层（我认为，他们涵盖了西方国家大部分公民，包括那些认为自己经济上也不富裕的人们）和宣传人权思想的人。世界各地的绝大多数穷人被人权思想所吸引，愿意与西方国家的人们共享高质量的生活。穷人们渴望有干净的饮用水、住房、食品和自己孩子们美好的未来。今天的流行话语包括持续发展、和平、保障、稳定、自由和授权等等。如果我们把它们付诸实践，就会完成向以人权为本的世界的过渡。

然而，虽然看上去善意能使人权赋予每个人一种有尊严的生活，但是穷人和富人之间的差距还是扩大了，穷人看到精英们过分地沉溺在奢侈品中。这是否意味着我们尊崇的流行话语都是没有内涵的花言巧语？问题在于这些流行话语有两层潜在的意思，一层是霍布斯式的**地球村**，另一层是与之相反的憧憬人权思想的**地球村**。专制君主用这些流行话语确保对平民百姓的铁腕统治，他们为自己的利益集团呼吁“自由”，目的是“保障”能向选民提供“稳定”“和平”和“授权”的“假民主”制度。另一方面，人权提倡者把听到的这些同样流行的话语，作为不仅是向精英们发出的号召，而且还是向全人类发出的号召。话语是靠不住的，只有行动能说明话语所描述的公平正义的实际范畴。

---

① “关于种族主义、种族歧视、排外等相关问题的世界大会”，南非德班，2001年8月31日—9月7日。

这样，屈辱感在言辞与现实的冲突中、在对**地球村**两种不同的想象中以及和比它更小的单位的较量中萌生了。平民百姓感觉受到了压迫者的侮辱，也受到了给他们带来过希望、又使他们希望破灭的人们的侮辱。西方国家宣传人权思想，与此同时又维持与之相左的现实状况。可以把人权理解为向世界上的穷人们发出的邀请函，邀请他们加入到西方国家中来，但是当那些贫穷的求婚人千里迢迢想把家搬过来和富人“结婚”的时候，却被拒之门外。就这样，一船船满载着寻求兑现尊严平等承诺的人们被遣送回国，那些试图在全球范围内践行公平规章制度的谈判者一次次受挫。人权说和人权现状之间出现的鸿沟是失望、挫折、遭遇背叛的情感以及屈辱感产生的根源。双重标准让那些希望把人权思想变成现实的人们遇到了挫折，因此他们感觉受到了伤害和侮辱。另一方面，遭受侮辱的还有那些用人权说掩盖其追求至高无上的愿望的人们，因为他们认为其慈善庇护神的身份应该得到承认。

统治者经常对自己酿成的屈辱感视而不见，这致使问题进一步恶化，玛丽·安托瓦内特（Marie Antoinette，法国国王路易十六的妻子，死于法国大革命。——译者）就是一个有力的佐证。科尔曼（Coleman）[①] 描述了有权有势的人的习性：无视给平民百姓造成的屈辱感，甚至当平民百姓的屈辱感达到白热化的程度时也视而不见。大权在握的人和强势群体（HPGs）成员经常低估无权无势的人和弱势群体（LPGs）成员的力量。科尔曼明确指出，**屈辱引发的愤怒**可能会在那些弱势群体中积聚，尤其是当他们觉得自己“没有什么可以再失去”的时候，当失去生命，甚至连失去自己的生命都无所谓的时候，侮辱引发的愤怒情绪很可能会一触即发。

埃德娜·阿丹（Edna Adan）是已故的“索马里兰”总统穆罕默德·易卜拉欣·埃加勒（Mohammad Haji Ibrahim Egal）[②] 的遗孀。我在 1998 年 12 月 3 日在哈尔格萨（Hargeisa，索马里西北部城市——译者）采访了她。对于**地球村**她说出了下面这段话：

> 国际组织怂恿独裁者，教唆压迫者。我就不指名道姓了，有的独裁者在银行里有数百万，甚至数亿美元的存款。那数亿美元的存款不

---

① 科尔曼（Coleman），2000。

② 埃加勒（Egal）在 1967 年还担任过索马里总理。

是工资收入，也不是他统治下的人民给予他的奖励。这数亿美元都是国际组织给老百姓用的钱。

国际组织应该采取智慧、公平和正直的行动阻止压迫者随意聚敛这么多本属于老百姓的钱财。他们不应该为压迫者提供武器，不应该给他们钱，也不应该帮助他们继续执政。国际组织在维护压迫者的统治地位。这些扔在索马里兰国土、炸伤我同胞的炸弹不是西亚德·巴雷制造出来的。这些炸弹来自世界各地，它们是美国人、巴基斯坦人、埃及人、俄罗斯人、捷克斯洛伐克人、南斯拉夫人制造的。任何制造武器、制造坦克、制造军火的人，还有把军火卖给巴雷或提供给巴雷的人都是在助纣为虐。

当统治者利用手中的权力镇压手无缚鸡之力的平民的时候，国际组织哪里去了？它本来应该说“不能这样做”，它本来应该阻止这些武器流入索马里，它本来应该制止政府对平民的杀戮。

埃德娜·阿丹得出的结论是，国际组织使用双重标准的做法是对人的侮辱。

我认为国际社会用的是不同的标准，它宣扬人权、公平等等，但只是在宣传品中！只是在欧洲！但是当侮辱、入侵、伤害发生在贫穷、遥远的发展中国家如索马里兰的时候，国际组织就没有人想操心费力了。那就任凭他们自食其果吧。

他们采用不同的标准，不公正的标准……这就是侮辱！这要归咎于国际社会。我希望有一个很结实的柜子能锁住你们的良心！因为在这片土地上，那一颗颗炸死平民百姓的炸弹都是发达国家制造的。

埃德娜·阿丹的话和我在伊拉克听到的很多话如出一辙，总结如下：

你们先是支持萨达姆·侯赛因，然后为了把我们从他的统治下解放出来，你们又轰炸我们？这是哪种解放？哪种帮助？你们先把我们推进壕沟里，然后又力图把我们从壕沟里拽出来？我们在壕沟里的时候，为了活命竭尽全力拼命挣扎。但是现在你们又想把我们拉出来，我们已经淹死了！难道你们还看不出来自己是在猫哭老鼠假慈悲吗？

难道你们不明白自己的做法是弄巧成拙？所有购买你们武器的人后来也都一个个地被炸死了！你们在创造一个什么样的世界啊？你们像一个来访的客人庆贺自己给癌症病人带来了果仁糖，却拒绝给他提供治疗癌症所需要的药品！这是对病人的莫大侮辱！你们应该为曾经支持过萨达姆道歉！还要许诺今后永远不再支持独裁者了！而且一定要信守诺言！

总而言之：**地球村**正在通往人权的道路上，它被困在这一转型的过程中，起码有三个群体的人觉得自己是侮辱的受害人——因循守旧者，他们认为自己的统治是国民的福气；拥护人权的人们，当他们看到人权话语被滥用的时候，他们感觉受到了侮辱；那些为了人权而真心实意努力奋斗的人，当他们的动机受到怀疑时，也觉得受到了侮辱。

不断抗议！人权运动在继续

人权给予权力金字塔底层的人们发言权。原则上，这不是什么新鲜事物。历史总能看到心怀不满的平民百姓起来造反。人权运动的特殊性在于它不仅号召终结**压迫制度**，而且还号召推翻**专制君主**。从前，平民百姓推翻原来的统治者后，只是用新的统治者把他们替换下来，但依然保留着等级制度。革命者和“自由战士”使用平等的话语发动群众，直到他们夺取统治者的宝座，就连俄国革命也是以这种方式告终的。如果没有外部力量介入，这可能会是革命的一个“自然”过程。

然而，**全球化**，更准确地说，全球**技术**妨碍了现在的革命进程，使这种伪善行为（这里指的是人们本来是要为自由而战，结果却导致了专制统治。——译者）更难有立锥之地。我认为，拉近人与人之间距离的移动通信技术，在人类历史上也是首次继续革命，即人权运动的传播媒介。www. rawa. org. （RAWA 是 Revolutionary Association of the Woman of Afghanistan“阿富汗妇女革命协会”的缩写——译者）是阿富汗妇女创立的网站，她们外出时把照相机藏在长袍里，拍好照片后发布在网上。美国妇女和人权提倡者注意到了这个网站，和她们结成了同盟，还献出了自己的资源与她们共享。[1]

人们可能永远也不会完全彻底地“实现”人权，而我们依然要为此作出不懈的努力，全球的人权组织网络也促使人们为此作出努力。只有那些发现自己处于社会底层、不断抗议僵化的等级制度的人们（有进行抗议的物质手段和技术手段）才会继续革命。

即使是在世界上那些以人权为依据，已经“建立”了民主的民族文化地区，不论是过去还是现在，创造、维持这种文化依然不是一件容易的事。对于统治者来讲，继续努力维持权力（通过控制例如媒体或者胁迫）好像是一件很“正常”的事。统治者和他们所代表的群体，即使在失去了大多数人政治上的支持以后，依然没有放弃手中的权力。截至目前，人权运动在人类历史上是独一无二的，就是因为它代表了第一次永久性的革命。

老师告诉我们，我们受到了侮辱——然后他们却对我们侮辱更甚！

在一个春光明媚的上午，艾格尼丝（Agnes）来到我的诊所。她的精神科医生不止一次强奸了她，而且是隔不久就强奸她一次。然而，这还不是她面临的主要问题，她内心深处的忧虑来自这样一个事实，即数年来她默认了这件事。她讲述了自己的故事：

> 12岁生日那天，我父亲强暴了我。我有些自豪，有些得意，但也感到有些害臊。他告诉我，我现在已经成为女人了，因为性是女人生活的组成部分。我不能把这件事告诉任何人，这是我俩之间的小秘密。他向我说明，孩子要顺从父亲。我左右为难，拿不定主意。
>
> 直到我18岁离开家后，他才终止了对我的强暴。我认为母亲知道这件事，但是她从未干预过。我刚上大学的时候，还没有意识到自己已经被强暴，也没有把自己当成受害人。后来，我读了一本一个女人写的书，我俩的遭遇如出一辙。她用清晰明了的语言理清了我那模

---

① 也见 MoveOn，www. moveon. org/。

糊的情感、朦胧的观点、晦涩的感觉和含糊的认识。令我诧异的是，我的很多问题忽然在一瞬间有了答案。我生活中的困惑得以梳理清楚。

我知道自己需要治疗。我决定在住所附近看精神科医生。他证实我是受到了强暴，而且我的尊严也受到了冒犯。我把父亲对自己的强暴作为某种赞美内化了它，这一事实掩盖了我心灵上的创伤，结果我就看不到自己的创伤了。精神科医生使我睁开了双眼，让我看到了自己那悲惨的青春岁月。

那个精神科医生的抽屉里放着一块毯子，每次治疗结束后，他就从抽屉里抽出这块毯子铺在地上。他解释说，我必须和自己的身体重新建立一种健康的关系，性行为是这个治疗方案的一个组成部分。我相信了他的话。我花了几年时间才去质疑他这种做法。我在痛苦中度过了几年的光阴。我失眠，注意力不集中，而且对人有疑心。我没有交到一个朋友，也没有得到任何一个群体的支持。我的学业受到了影响。我需要帮助，就定期去看精神科医生。我用了很长时间才明白，他像我父亲一样强暴了我，更确切地说，他有过之而无不及。我父亲把对我的猥亵定义为赞美，精神科医生则将其定义为治疗，我认为后者对我的侮辱更甚，因为他知道我需要帮助，尽管如此，他还是让我吃尽苦头。

认识到精神科医生强奸了我这一事实对我造成的伤害是毁灭性的。没有人指望一个孩子能站起来反抗自己的父亲，尤其是她母亲袖手旁观的时候。我可以找借口说，自己受害人的身份是父亲一手造成的，这不是我的过错。然而，去看精神科医生则是我自己作出的选择，没有人强迫我去找他咨询。我怎么能相信他那令人作呕的解释呢？我崩溃了。在这个精神科医生的帮助下，我曾经逐渐学会了对自己感到自豪。可是现在，我反倒比以往任何时候更厌恶自己了。我梦想着能把他千刀万剐，这样他就能慢慢地体会到他强加给我的痛苦了。

艾格尼丝讲的故事和我们现在国际社会的情况毫无二致。让我们听一听穆斯塔法（Mustafa）的反思吧。

> 我们，世界上的穷人，听说贫穷是对我们的人权和尊严侮辱性的冒犯。我们被告知我们应该得到适合生存的环境，这是我们作为人的权利。我们知道这些适合人生存的环境应该是什么样子的——有办法喝上干净的饮用水、获得医疗保障、住上公寓、有一份工作做、有电冰箱用、有电视机看，有朝一日还能买辆车，能去度假，我们的孩子们能上大学。所有这些东西，当地的精英和富有的西方人都应有尽有。西方国家的旅游者和肥皂剧是我们获取信息的丰富来源。
>
> 然而，我们的现状每况愈下，我们变得更加贫困不堪。我们被告知，我们的人性是恶的，而且比以往更恶。富有的西方国家的同一群人造成了这一糟糕的现状，而他们却声称是在捍卫人权。在我们看来，西方国家的人比道貌岸然的伪君子还要虚伪，这种做法是对我们的彻底背叛。

王斯福（Stephan Feuchtwang）作了一个为期四年的研究项目，研究人是怎样感到悲伤的。他在 2002 年 12 月 13 日写给我的信中说："你的两个论点引发了我的兴趣，其中一个是违背人权的承诺对人造成的严重侮辱。为什么不是背叛和虚伪，这难道和侮辱还不是一回事？"我的回答如下：

> 根据我的判断，人们绝对能感受到深深的背叛和他人的虚伪。但是又出现了如下问题，那些感觉遭遇了背叛和虚伪的人们会问："这些人为什么对我们进行空洞的人权说教，不就是想用他们的思想愚弄我们，好继续高高在上、继续盘剥我们吗？"
>
> 妄自尊大和继续高高在上的愿望是人们能觉察到的隐藏在背叛幕后的动机，而这就是人们认为的侮辱。

王斯福用下面的评论回答了我："先是虚伪地承认人性是善良的，然后又出尔反尔，否认人性是善良的，这种自相矛盾的做法是最侮辱人的。"他的评论对我产生了影响。(王斯福，2002 年 11 月 14 日私人笔记)

我的心被撕成了碎片！人是怎样在夹缝中生存的

有一个年轻的图西族人，我就把他叫作查尔斯吧，他在1994年的种族屠杀中生活在基加利（Kigali，卢旺达首都——译者）。1999年我和他谈过话，他向我讲述了一位胡图族朋友是怎样把他藏匿在自己家里的故事。每当胡图族士兵来他家搜查图西族人的时候，查尔斯就爬进花园里一堆垃圾掩盖下的洞里。他站在那里——用一块塑料覆盖全身，只把鼻子露出来换气儿——一站就是几个小时，直到士兵们走掉。这种搜查持续了几周，最后他总算保住了性命。在这段时间里，查尔斯的胡图族朋友为了保住自己的性命，不得不参与外面街道上杀害图西族人的活动。和其他搞**种族屠杀的刽子手**一样，他的朋友也参与了针对图西族人实施的种种暴行。查尔斯的全家被杀，被杀的方式令人毛骨悚然（后来，查尔斯得知他那90岁的祖母是被锁在一间屋子里被几条恶狗活活咬死的）。

查尔斯的故事交织着伟大与恐怖，善良与暴行——所有这些品行都体现在查尔斯的朋友一个人身上。他被禁锢在这样的现实中：要杀死图西族人，不仅要把他们从高处“拽下来”，还要对他们进行侮辱，让他们永远也抬不起头来。与此同时，在私下里他又恪守着与当时的社会环境截然不同的做法。这位年轻的胡图族小伙子藏匿图西族朋友这件事，需要他拿出超人的勇气，从禁锢自己的这所社会监狱中挣脱出来。

我已经和德国、卢旺达的几个友人谈过这件事。他们说，一个人迫不得已成为刽子手所遭受的痛是一种苦不堪言的痛，所遭受的屈辱是一种使人生不如死的屈辱，这是因为你太软弱，不能进行抵抗，太懦弱而说不出一个不字来，否则面对的是死路一条。

在肯尼亚，我听到过对藏匿中的胡图族刽子手有这样一种说法：他们在餐盘里看不到小孩子的手指就吃不下饭去，因此他们需要做心理治疗。他们虽然没有受到惩罚，但是却变成了“疯子”。很多胡图族人为了表达他们对胡图族事业的忠贞不渝，被迫杀死了自己的家人、杀死了图西族配偶、也杀死了长着图西族面孔的孩子们。国际名人专家小组证明：“嫁给图西族男人的胡图族妇女为了表明对胡图族政权的效忠，有时候被迫杀害自己的图西族孩子们。这种做法对母亲们产生的负面影响也是令人无法想象的。”①

种族屠杀结束后，胡图族政府被推翻，这些人发现自己处于灾难性的境遇：家人已经死在自己手中，他们不仅名誉扫地，还失去了尊严和自尊。他们受到了侮辱，而且是不止一次，而是多层面地、持续不断地受到了侮辱。首先，他们是被胁迫成为刽子手的，他们不是那种宁为玉碎不为瓦全的人，这一事实本身对他们就是深深的侮辱。第二，胡图族政府垮台后，世界人民出于道义，强烈呼吁反对种族屠杀，身为**种族屠杀刽子手**的胡图族人几乎天天都在遭受侮辱。或是有意识的，或是出于精神病症状反应，那些杀死自己家人的胡图族人似乎在呼喊：“我不想杀死家人，我是被逼迫的！他们告诉我说这样做没有一丁点儿错！我多么希望被杀死的是我自己，而不是家人！我懦弱！我就是那个令人深恶痛绝的**种族屠杀的刽子手**！我罪有应得！”

换句话说，人类被夹在从旧世界的统治/对世界的屈从向人权这一新世界的转变之间，这是人类体验到的最屈辱的一段经历。在第一种情况下，你可能会因为侮辱、杀害平民百姓而被誉为英雄；在第二种情况下，同样的行为会使你成为那个“千夫所指”的刽子手。让刽子手承担施暴责任是十分重要的，同样重要的是，所有那些没有处在这种道德困境中的人们理应深感庆幸，避免傲慢地让那些已经陷入道德困境的人背负“残暴”的罪名。让我们用一句话对本章做个概括，也对这一节做个概括：我们的任务是请求全世界公民一道去实现尊严平等化，共同赋予全球化以尊严。

小　结

- 可以把**地球村**建构成为一个具有严格等级制度的实体，独裁统治者居上位，平民百姓居下位，在这种情况下，即使没有**尊严平等化**，**全球化**也能存在。

---

① 调查卢旺达 1994 年种族大屠杀及周边事件的国际名人专门小组（The International panel of Eminent Personalities to Investigate the Genocide in Rwanda and the Surrounding Events），2000，第 16 章，第 4 段。

或者以民主的方式治理**地球村**，全体公民享有尊严平等，于是**全球化**和**尊严平等化**结合在一起。起码在说法上，后面一种情况所描绘的前景更接近当前世界大部分地区官方的观点。

- **尊严平等化**是一个和人权运动相关的过程，这或许代表着人类历史上发生的第一次继续革命。然而，这场革命的不均衡发展引发了各种情感——特别是屈辱感——的高涨。
- 或因争论者之间权力平衡（或不平衡）的变化，或因变化着的环境导致的权力的相对模糊性，冲突可能会浮出水面。[①] 冲突会引发深层次的不确定感，还会引发等级、权力的混乱；更有甚者，冲突会激发两种攻击性行为：昔日的弱势群体采取措施提出权利主张，而昔日的强势群体则采取措施保护自己的社会地位。[②]
- 答应给予人权，但又出尔反尔，这使得拥护人权成为纸上谈兵，这时最令人苦恼的侮辱事件就发生了。
- **可持续发展**、**和平**、**安全**、**稳定**、**自由**和**授权**都是靠不住的说辞，因为任何一方都可以使用它们，而各自的含义却有着天壤之别。
- 当下人类生活在转型期这一事实，被那些转型缓慢和不放弃旧模式的已经落伍的人们掩盖了起来。新秩序的维护者和旧秩序的维护者之间出现了对峙局面，敌对情绪加剧，合作受阻，信任丧失。
- 人权运动自身岌岌可危。

我们可以得出这样的结论：人权运动需要几代人持续不断的努力，它以零散的、不均衡的方式向前推进——步伐太快，同时又太慢——这种发展模式会把**有害**因素引入**全球化**与**尊严平等化**相结合的规划中。与此同时，一旦各方顺利完成转型，一个**尊严平等化的地球村**的愿景则会产生十分**有益的**深刻影响。

---

① 鲁宾（Rubin）、普瑞特（Pruitt）和吉姆（Kim），1994。

② 科尔曼（Coleman），2003，第 14 页。

第二部分

侮辱在世界上的作用

第四章　侮辱与误解

侮辱是导致很多事件发生不可或缺的要件。我已经概述了十六种情况，其中八种和实施侮辱的人有关，另外八种和蒙受侮辱的人有关。[1] 前八种情况描述了人会以哪种方式，为什么有可能着手侮辱他人，另外八种情况则从受害人的角度对侮辱进行了探讨。

我们习惯性地相信侮辱事件发生以后，就一定是在某个地方出了“坏”人，出了侮辱的施暴人，即那个侮辱他人的人。然而，如果单凭一方的观点就给他们贴上诸如坏人的标签，也有可能发生侮辱他人的情况，我们将会看到，这种情况可能是最糟糕的。

对人权精神的不同阐释会造成侮辱

> 你们谈论人权的时候，缺乏激情，也缺乏爱心。对你们来说，人权就是一个个枯燥乏味的抽象概念。你们谈的是制度上、理论上的权

---

① 林艾雯（Lindner），2000b。

利。我把人权理解为一封封热情洋溢、充满爱心，邀请大家进入人类大家庭的邀请函。可你们那漠然置之和超然的态度使我心神不宁，你们的缺乏爱心也侮辱了人类。

上面这段文字说明可以从不同的角度来阐释人权这个概念。阿兰·巴迪欧（Alain Badiou）[①]认为，康德哲学（Kantian）和莱维纳斯哲学（Lévinasian）的不同之处在于前者把人权解释为抽象原则，而后者则强调人权还有关心他人和尊敬他人的意思。人权倡导者经常使用**第一个**含义表达自己的看法，然而他们所发出的信息却常常被理解成**第二个**意思。事实上，所发出的信息和所听到的信息之间有相悖之处，这就有可能给各方制造屈辱感，尤其令人痛心的是尊严观念充满了模糊性。

康德哲学还是莱维纳斯哲学？积极权利还是消极权利？

《世界人权宣言》第一条第一句话这样写道："人人生而自由，在尊严和权利上一律平等。"这句话开门见山，直入主题，然而，尊严平等观念却是模糊不清的。它既能用康德哲学作出解释，又能用莱维纳斯哲学进行说明[②]。蕴含在尊严平等观念中的平等与莱维纳斯哲学有关。尊严平等观念是"潜入"康德哲学中含有莱维纳斯哲学特色的"特洛伊木马"。在下面的人权规定中蕴含着和"特洛伊"相关联的内容：人人享有均等的机会、适合生存的环境，这些都是保护人的尊严的必要条件。

康德的说法可以简述如下："尊严平等意味着虽然你贫穷，但是你完全可以拥有尊严平等。为了拥有尊严，你需要一个赋予自己政治权利的社会机制，比方说言论自由的权利。你可以贫穷，与此同时你也享有尊严和幸福。"莱维纳斯的说法则可以简化如下："你不仅贫穷，而且还生活在尊严受到侵害的环境中。但是为了确保你的尊严，你必须有一个适合自己生存的环境，为享有更有尊严的优质生活，它

---

① 巴迪欧（Badiou），2001。

② 康德（Immanuel Kant，1724—1804）是普鲁士哲学家，被看作是历史上最有影响的思想家和启蒙运动最后一位主要的哲学家，对 19 世纪浪漫主义哲学和理想主义哲学产生了重要的影响。莱维纳斯（Emmanuel Lévinas，1906—1995）是出生于立陶宛的哲学家，犹太人，移居巴黎，在巴黎写作了他的大部分著作。他的著作聚焦于他者伦理学：他者是不可知的，不是如传统玄学所认为的，他者是不可改造为主体的。

可以给你提供为此而全身心奋斗的机会。”这里对所谓消极权利和积极（“幸福”）权利的探讨都和我们关注的问题有关。

李·D·罗斯和约翰·T·约斯特（Lee D. Ross and John T. Jost）[①]对公平合理分配做了一些实验，他们想搞清楚人们是否愿意进行平均分配，结果发现“人的本性是贪婪的”这一说法并不准确。罗斯和约斯特发现，在**群体内部**有着强烈的平均分配倾向，但是对**群体外部**就不是这样了。因此，莱维纳斯哲学的人权观念和下面这个标准有着惊人的相似之处，即维持任何一个群体内部社会结构的凝聚力标准。这表明人权代表了**地球村内部**的行为准则。

莱维纳斯哲学对全球化的影响

人权时代伊始，人们主要是将各种政治权利和人权等同起来。[②] 从那时起，人权在越来越多的方面得到认可（除了公民权利和政治权利以外，在向经济、社会和文化权利扩大），其应用范围所覆盖的人群不仅比以往任何时候都更加宽泛，而且还在不断地向生物和无生命领域拓展。名誉谋杀不再被“尊崇”为有文化特性的事，人权工作者不再容忍它。最近人权名单上又增加了一项经济权利，贫穷违反人的基本权利，出于本能人们开始对这一观点产生共鸣。[③]

还有，我们才刚刚开始理解动物的权利。鲸鱼、海豚以及实验室的动物也逐渐被认为是我们的组成部分，它们也值得享有自己的尊严。有着自己生物圈的地球现在也被赋予“尊严”，甚至被认定为生物——“盖亚”（Gaia，希腊大地女神——译者）。

请读一下利物浦大学社会人类学家詹姆斯·乔治·弗雷泽爵士（Sir James George Frazer，1854—1941）写的一篇文章。他曾经就历史习俗撰文，用心想一想他的叙述是否能在你的内心深处引起本能的反感，而不是几百年前曾经给人们带来过的欢乐。

> 从前，仲夏之夜的篝火都是在巴黎格雷沃广场（Place de Greve，

① 罗斯和约斯特（Ross and Jost），1999。

② 例如，见 http://www.hri.ca/。

③ 博格（Pogge），2002。

> 即现在的市政厅广场——译者）点燃。在篝火中间高高的桅杆上挂着满满一篮子、一桶或者一袋子活猫，有时是一只狐狸，这里的习俗是把它们活活烧死。之后人们把篝火的余烬或者余灰收集起来带回家，是因为他们相信这些东西能给自己带来好运。法国有好几任国王经常目睹这种场面，甚至亲自点燃篝火。
>
> 1648 年，路易十四头戴玫瑰花冠，手拿一束玫瑰，点燃了篝火，随即在篝火旁翩翩起舞，接着他又参加了在市政厅举办的宴会。①

弗雷泽爵士的这篇短文清晰地再现了当时发生的那一幕，我们也越来越深刻地意识到应该把动物纳入我们同情的范围。有些组织，比如**动物天使**组织，为确保动物们受到有尊严的待遇，或保护、帮助处于困境中的动物，或监督运输动物的事宜。越来越多的人养成了不吃动物肉的习惯，素食主义在崛起。（有些媒体信息，如进取号宇宙飞船甚至已经使外星人存在一事深入人心，这表明我们有能力接纳来自整个宇宙的生灵。）

把全球化当作一个爱情故事

我的体会是，**地球村**的出现是一个爱情故事，它具有所有爱情故事的风险——当背叛爱情的时候，爱会变成仇恨，而且令人悔之莫及的鲁莽行为也会毁灭爱情。

人们通常羡慕、热爱甚至嫉妒精英，富有的西方人也不例外。法国宫廷之于欧洲，正如西方国家之于**地球村**。在欧洲，模仿凡尔赛宫的建筑物触目皆是，对西方生活方式的模仿，在地球的任何一个地方也是随处可见。精英们虽然常常对民众的真实情况孤陋寡闻，而民众却总是知道高高在上的精英们在做什么。精英们没有意识到羡慕者对他们的了解程度之深，模仿程度之甚，仿效他们生活方式的程度之广，更没有意识到这些羡慕者想成为他们中的一员。美国人并不以了不起的旅行家闻名于世——有的国会议员连护照都没有，他们可能对世界地理也是模糊不清的。然而，位于索马里沙漠的游牧部落每天都在全神贯注地收听英国广播公司的节目，甚至连生活在穷乡僻壤的阿富汗人也知道阿拉斯加飞机失事的事。

---

① 弗雷泽（Frazer），1922，第 64 章。

羡慕驱使很多人付出大笔大笔的钱财，为的是能偷渡到西方的“城堡”和“宫殿”里去。他们羡慕、渴望美国和所有的西方国家，他们每天对之表白爱慕之情。然而，这些被爱慕的对象还没有完全意识到羡慕者对自己的爱，他们倾向于相信世界是由独立的民族国家组成的，想当然地认为每个人的时间精力都花费在了自己的内部事务上，而不明白他们自己恰恰是整个世界事务的核心。

富人通过媒体把西方国家拍摄的肥皂剧送到世界各地，向穷人展示了宫殿里的生活是什么样子的，富人是怎样在地球上享受天堂般的生活的。然后，借由人权思想，把穷人作为和自己平等的人，邀请他们加盟。实际上，穷人听到这一信息的频率之高，次数之多，是富人所没有意识到的。简而言之，西方国家对穷人表白的爱不可抗拒，但却没有意识到穷人作出的回应是希望把家搬过来和他们“结婚”。

令人怀疑的爱情：一贫如洗的求爱者不受欢迎

面对不请自到、一贫如洗的求爱者——寻求庇护的人们愿意游过无数鲨鱼出没的大海，或爬过布满荆棘、带电的篱笆墙——西方国家风声鹤唳，惊恐不安。他们经常把求爱者遣送回国，向求爱者表明不要把他们示爱的信息真的当回事。这种做法在被拒绝的一方产生了恶感。当爱情遭遇背叛后，他们就认为自己受到了下等人的待遇，人权号召他们享有平等的待遇，他们已经相信了，而实际情况却不是这样。

当人们以莱维纳斯哲学方式理解人权的时候，又多了一个误解的来源。集体主义社会和西方个人主义社会给关怀下的定义是不一样的。西方人肩负着照顾世界其他集体主义社会的责任，但是他们却不明白自己肩负的责任有多大。

安讷格特（Annegret）来找我，因为她再也不能忍受自己的埃及丈夫把他们一起挣的血汗钱“挥霍”在他弟弟身上。她说：

> 我爱丈夫的家人。我以他妻子的身份从欧洲抵达埃及的时候，我受到了十分热烈的欢迎。我从未回首过往事，也从未有过思乡之情。可是，我的小叔子经济拮据，常常把他的妻子和孩子们送到我家和我们一起住。我不反对帮助家人，但是事情不能做得太过分。一次，他的一个女儿喜欢我家墙上挂的一幅画，我丈夫就把这幅画摘下来送给

她了。我惊呆了，愤怒了。但是他告诉我，敞开自己的家门欢迎家人并和他们分享一切，他义不容辞。

我丈夫指责我没有良心，还说我无视家庭责任。他解释说，在埃及，家是唯一的福利保障系统。他告诉我，西方国家为它们的国民提供的诸多特权使他们产生了自力更生的错觉，而且他还认为，我应该摆脱这种独立自主的错觉。

我听到了他说的话，但还是不明白他所说的关心是什么意思。我觉得小叔子在滥用我和丈夫对他的爱，他提出的种种要求侵犯了我们的尊严。我不认为因为缺少了我的关照，小叔子就有权利认为自己受到了侮辱。恐怕我和丈夫离了婚这件事才能得以了结！

安讷格特的经历说明，莱维纳斯哲学中的人权观念携带着另一轮引发误解的种子。对他人的关照必须做到哪种程度？穷人有多少权利要求富人为他们提供帮助？宣布人类属于**同一个家庭**意味着什么？安讷格特找到了挽救自己婚姻的办法，她利用自己在欧洲的人际关系网为小叔子找到了一份合适的工作。他现在能养家了，不用再把孩子们送到哥嫂家去住了，由此产生的一系列影响和自豪感取代了先前的愤怒情绪和沮丧。昔日的愤怒和沮丧造成的创伤得以愈合，她和丈夫又恩爱如初。

简而言之，同生活在地球上的密切关系、高期望值、压力与挫折相互交织，给人们相互之间造成的误解，催生了人们以暴力形式做出反应，起因是自认为西方人对他们缺少关爱，还有侮辱他们的意思。西方人还没有搞清楚其中的缘由，就指责他们前来寻求帮助，而未曾给予受害人以人性的关爱。

2003 年的伊拉克战争说明了从康德哲学对人权的阐释向莱维纳斯哲学对人权的阐释的转折。在战争期间和战前的讨论中，在五花八门的支持开战的理由中，曾经出现过摇摆不定的情况。这是一场摧毁萨达姆政权的战争？还只是一场解除其武装的战争？为什么解除萨达姆政权的武装如此重要？是因为萨达姆政权不仅屠杀了自己的同胞，而且还给他们使用了酷刑？还是因为它可能会威胁到西方国家？起初支持这位独裁者，还向他出售武器，这样做对吗？世界的公平正义何在？你是主权国又怎么样？难道入侵他国，先发制人“除掉”萨达姆政府就没有违反国际法？

不同的世界观拷问着这些问题。在有几个村庄的世界里，每个村庄的主权都不容侵犯，这和家长有权随意处置自己的孩子的旧观念相似。男人既可以打妻子，也可以强奸妻子，因为这些事情都发生在“不可触犯的”私人领域。这类人只有在对邻居构成威胁的时候，才会面对警察的干预。相比而言，在地球村这个唯一的村庄里，国家主权转换成了服从共同管辖的邻里之间的关系。

我的一些美国朋友依然坚持陈旧的思想观念，他们的观点如下：

> 美国人富有，不是因为他人给予过我们什么帮助，而是因为我们能吃苦耐劳！为什么指望我们把财富分给那些好逸恶劳的人？人权意味着民主制度，意味着新闻自由，可并不意味着终生供养他人的权利！
>
> 嫉妒我们财富的人们应该效仿我们的民主制度，学习我们的勤劳。但是如果他们想让独裁者统治他们，那是他们自己出了问题。如果他们不选择民主自由，不能与时俱进，那是他们咎由自取。
>
> 他们指责我们，说我们的颐指气使和帝国主义本性侮辱了他们。我们认为这些指责不仅是恬不知耻的，而且还玷污了我们的人格！美国人根本没有担负着什么“解放”伊拉克的责任！唯一一个对伊拉克开战的充足理由是萨达姆·侯赛因可能会对美国构成威胁。我们有权捍卫自己！

其他美国友人则站在另一个立场上：

> 父母无权虐待他们自己的孩子，丈夫也无权凌辱自己的妻子。社会要对这样的事情进行干预！对此，即使丈夫提出抗议，觉得自己因此而蒙羞，受到了侮辱，即使他对外人没有构成威胁，邻居也要叫警察来。同样的道理，即使萨达姆没有大规模杀伤性武器，我们也要予以干预，废黜他这样的暴君。我们有责任解放他的人民。

即使独裁者们没有威胁到其他国家的人民，对他们虐待同胞一事，人们会普遍本能地认为他们这样做不合法不合理。大家讨论的焦点是怎样最好地维护世界治安，是否能够阻止虐待同胞事件的发生。全世界对这个问题的讨论，标志着**地球村**的村民能在多大程度上把它变成**自己的村庄**。

失望

想象一下没有设置交通灯的路口。小车司机在十字路口把车停下来，等着那些强势的大车先开过去。后来大车司机签署宣言，宣称现在大家都是权利平等的一家人，要求安装红绿灯，坚决认为任何人都不能因为开小车就被当作下等人对待。

对此，小车司机欣喜若狂，他们曾经羡慕过大车，也嫉妒过大车司机。一部分年轻的小车司机还常常改装自己的小车，就是为了让它们看上去显得大一些，他们甚至还偷过大车。现在他们应邀要成为和大车司机一样平等的人了，要和他们平起平坐了！他们觉得受到了抬举，感觉荣幸，感觉到了尊重，也感觉到了爱。他们对强势权利的羡慕终于得到了认可。

然而，大部分大车司机忽视了新制定的交通规则，继续按照原来的做法开车。这种做法使那些小车司机的心中爆发出了巨大的失望——大车司机燃起了他们的希望，又背弃了他们的希望。于是，他们有些人开始捣毁交通灯。大车司机对这种“故意破坏行为”的反应是感到沮丧。他们宣传的是爱，收获的却是恨。他们没有意识到自己吸引了多少人的注意力，多少人的渴慕——他们没有意识到曾经唤起人们多大的希望，可是又没有做好实现这一希望的准备。于是，双方开始说对方是自己的“敌人”。这种局面需要几代人的努力才能缓解，因为双方都需要时间意识到自己错估了局势，作出了过度反应。

你邪恶的意图造成了我的连带损失！偏见会造成侮辱

当前的世界有许多“阵营”。在中东，以色列人和巴勒斯坦人水火不容；在斯里兰卡，泰米尔人和僧伽罗人不共戴天；在塞浦路斯，土耳其族人和希腊族人势不两立。人们常常认为“西方的”价值观和“非西方的”价值观不可调和，通常把诸如此类的争辩视为针锋相对的对抗。然而，社会心理学的研究表明：很多显而易见的分裂是以对价值观深层次的认同为前提的，几乎是蓄意地低估了“西方的”和“非西方的”价值观上的一致性。该问题出在**偏见**上，偏见扭曲了我们的观念，并在制造屈辱感中起到了至关重要的作用。**本质化**（essentialization，认为人与事物有一些不可或缺的本质，并据此为它们分类，认为其他的分类方式都是错误的。——译者）、**归因错误**（包括**基本归因错误**和**终极归因错误**，前者 fundamental attribution error 指把他人的行为归因于人格或态度等内在特质上，而忽略他们所处情境的重要性；后者 ultimate attribution error 指把问题归因于整个群体，而非群体中的个体。——译者）、**反应性贬值**（reactive devaluation，指贬低敌对者的要求或方案，或当敌对者在某事上让步时，觉得此时对方不再有吸引力。——译者）、**错误的极化效应**（false polarization effect），诸如此类，可以列出一个长长的偏见单子。简而言之，我们倾向于为自己和内部成员做无罪推断，而把其他群体的人视为十恶不赦。我们不假思索地否认外部集团成员的积极行为，仅仅因为他们是外部集团的成员而已。

到处都可以看到这样的例子。在当前的中东冲突中可以看到，在斯里兰卡的冲突中可以看到，在 2003 年的伊拉克战争中可以看到，在全球的**反恐战争**中同样也可以看到。我们只需要随便听一个发言人针对**对方**骇人听闻的行径所发表的言论，就会明白偏见所起的作用。发言人强烈谴责**对方**“实施的灭绝人性的暴行”，说明**对方的**罪恶目的是针对无辜的平民。“看，我们成了这一严重侮辱事件的受害人，我们对此不能不予以理睬，我们要以牙还牙！”这就是敌对双方传递给全世界人民的信息。与此同时，双方又各自证实对对方可能已经造成的平民伤亡，是自己在对对方采取军事行动时所致，但这并不是故意的行为，而是军事行动中不可避免的“意外事件”，是**连带损失**，**对方**对此要予以理解和谅解。以色列一方坚决认为，自己的士兵在竭尽全力保护平民的安全。以色列人说，巴勒斯坦人用同胞做盾牌再次证明了他们没有道德底线，罪大恶极。巴勒斯坦一方则解释说，人肉炸弹不是针对平民的，但是作为被压迫者，他们除了自己的身体以外，没有其他武器。

国际社会成员感到困惑不解，于是问道：“从根本上讲，难道这些敌对的各方不明白人人都想在和平、宁静中过日子吗？都想过一种相对高质量的生活，都想为自己的孩子们创造一个美好的未来？难道他们不明白相互曲解的看法恰好是恶化他们之间关系的罪魁祸首？他们为什么不改变自己的看法呢？”

“东方”与“西方”价值观之间的比较

很多“非西方国家”认为“西方国家”缺乏道德规范。在非西方国家旅游的任何一个旅游者很快会意识到，出于对西方国家高质量生活的羡慕和向往，那里的人们心中酝酿着大量的敌意。在非西方人眼里，西方人对老年人和孩子照顾不够，离婚率惊人的高，这一切都表明西方国家人与人之间没有什么发自肺腑的同情心，也缺乏足够的社会凝聚力。同样，西方国家把非西方国家作为攻击目标——西方人认为，非西方国家虐待妇女，压制个人自由，限制人们的自我表现。

其实，西方国家和非西方国家之间存在着更多的共同点，虽然乍看上去共同点不是那么明显。它们都重视社会凝聚力。在我的社会心理医学博士论文中[①]，我比较了德国和埃及这两个国家，比较了它们把什么视为高质量生活优先考虑的核心问题。两国都渴望把社会凝聚力与个人自由协调好。在西方国家，导致社会凝聚力发生裂痕的问题，诸如离婚，或者缺乏同情心，都是令人痛心的、应该抛弃的糟粕。这些问题都是实现享有更多的个人自由、本真生活和多姿多彩的生活要付出的代价。同样的道理，非西方国家的人们重视个人自由，任何限制个人自由的因素都被视为令人心痛的负能量，视为为维护社会凝聚力必须要付出的代价。

我们再次看到，在我们自己阵营里发生的那些令人遗憾的负能量，在其他阵营旦则变成了他人邪恶本质的表现，而诸多的共性——例如对社会凝聚力的普遍赞赏一定要和个人自由协调一致——则被淡化了。正如我还要进一步强调的，西方国家和非西方国家之间的重大分歧没有延续下来，但是各阵营里信奉原教旨主义的人们和稳健派的人们之间的重大分歧却延续了下来。世界各地的原教旨主义者之间有很多共同点，世界各地的稳健派之间也有很多共同点。不仅如此，原教旨主义者和稳健派之间通常也有共同点，即他们都关心集体内部的个人疾苦。他们之间的分歧主要在于他们都认为各自给集体主义和个人主义划定空间的标准应该被对方接受。

源于**偏见**的自以为是，使得侮辱粉墨登场。每一方都认为自己有权“帮助”另一方明辨是非，这种做法常常在不经意间产生了侮辱性的效果。这种侮辱是误解所致——对自己的误解，对他人的误解以及对现实的误解——这种侮辱是根植于人性中共有的特性，即对自己比对他人更宽容。

富人宣传人权的时候，诸如此类的种种误解导致的屈辱感通常会对人产生侮辱有加的效果，而这恰好忽视了侵犯人权这一事实：正是对人权的侵犯可能会在受到

① 林艾雯（Lindner），1994。

这种侵犯的受害人心里产生屈辱感。这种视而不见，在某种程度上来自于人性的另一个弱点，即信奉一个倾向于**责怪受害人**的**公平正义的世界**。信仰公平正义的世界为强势群体在世界范围内提供了一个无视弱势群体痛苦的“借口”，因为在**公平正义的世界**里“每个人都能得到他应该得到的”。当富人对不公正和令人憎恶的贫穷视而不见的时候，当富人没有认识到在不能保障他们推动的人权变成现实的情况下，给穷人增加了多少苦难的时候，情况就恶化了。对于只听了空话的一方来说，**双重标准**很快变成了对他们的**双重侮辱**。

是对侮辱作出的回应，还是邪恶本质的表现？

世界上享有特权的人们需要认识到，对他们表达的那些不满常常是受辱者对亲历的侮辱作出的明确回应——既不是什么深不可测的，也不是什么不透明的、不可解释的邪恶行为。例如，恐怖主义在很多情况下可能是对侮辱的回应，而不是什么邪恶本质的表现。在后面的章节里我还要回到这个问题上来，但是现在我只想说，屈辱感比“不可解释的邪恶本质”更容易“治愈”，这是个大好的消息。

统一后的德国是一个典型的例子。1989 年下半年柏林墙倒塌，东德宣布“我们是一家人了！”于是，他们在柏林一条条大街上和西德人一起跳舞庆贺。西德和东德终于统一了。这本应该是其乐融融的一家人进行内部文化交流的开始，然而，事情发展得并不是很好。东西德统一之后没几年，T 恤衫上就出现了“我要恢复拆掉的那堵墙！”的文字。弗雷德·埃德蒙·简特（Fred Edmund Jandt）写道：

> 德国统一所具有的讽刺意义在于它制造了一个东德人身份，而这正是几十年的共产党宣传都未曾达到的效果。东德制造的产品作为维护其独立身份的途径，正经历着一场复兴。……眼下存在的那堵无形的墙则需要几代人的努力才能倒塌，因为同质社会的再发展需要时间培养。[①]

东德人几乎是满含歉意地解释说[②]，在德意志民主共和国的环境下，他们拼死

① 简特（Jandt），1995，第 272 页。

② 这个声明是由作者的家庭关系网络提供的，但也是通过密切监视媒体得到的，例如，政治脱口秀中这个话题会“悄然混入”，呈现出其互相理解和不理解的各个方面，在前东德和前西德的参与者们之间犹豫徘徊。

拼活只是为了生存，西德人知道东德人离不了自己的帮助，但西德人期望东德人承认自己“先天愚蠢”，并以此作为提供帮助的交换条件，东德人认为这种做法是对他们的侮辱。东德人陷于受辱的境遇，贫穷又把他们推向自取其辱的境地，他们的亲身遭遇说明了什么是侮辱。东德人回应道：

> 我们是有价值的人！我们在前德意志共和国的生活并非毫无意义！实际上，没有你们的帮助，我们照样会过上幸福生活。顺便说一下，你们给予我们的帮助并不像你们想象的那么了不起！平心而论，难道你们没有从为我们提供的帮助中受益？或许，我们宁可生活在柏林墙后面过一种有尊严的生活，也不愿意在你们的帮助下过一种寄人篱下的受辱的生活。我们有弥足珍贵的、带有明显东德烙印的文化，对此我们感到自豪。我们懂得什么是忠诚，在这方面和你们不同。[①]

因此，起初在西德人看来是“居心叵测”的事，实际上在东德人看来则是对西德人的侮辱行径作出的可以理解的回应。双方都忽视了彼此渴望尊敬。西德人没有明白自己无意间对权力的炫耀可能已经侮辱了东德人，而东德人又把西德人“偶尔”表现出来的这种盲目性错误地理解为在本质上包藏祸心。

如果我们反思一下“东方国家的”——尤其伊斯兰教的——价值观，并把它和“西方的”价值观作个比较，就会发现它们之间有着相同的驱动力。富有的西方国家对这样一个事实闭目塞听：他们在不经意间炫耀的权力可能对他人产生了侮辱性的效果；另一方面，在非西方国家阵营，我们看到了一种本质化倾向，即相信西方的强权行为证明他们不可言喻的险恶用心。

实际上，无论是在东西德之间，还是在伊斯兰国家和西方国家之间，各方都有着令人瞠目结舌的一致性。只要看一看奥萨马·本·拉登这样的人就知道了。他们说话轻声细语，呈现给世人的是一副苦行僧的面孔，而不是渴望权力、欺弱凌小的形象。尽管有重重险阻，为了保卫自己，他们展现出的是不畏艰险的受害人形象。他们是否真诚，是否信奉自己宣传的教义，不是这里要讨论的核心问题。这里需要注意的一个重要问题是，很多追随者被他所表现出来的这种外在的谦恭所吸引。我

---

① 这一段缩写自12次辩论的报告和媒体报道。也见毕利格（Billig），1991。

个人对阿拉伯国家的深刻了解也说明了同样的问题。有趣的是，西方国家的人权积极分子和宗教激进主义者都认为世界需要改善。人权倡导者和宗教激进主义者都有忧患意识，即都认为这个世界是一个不公正的、可憎的金钱至上的世界，都具有矫正这一糟糕局面的远见卓识。这两个阵营之间的不同之处在于如何认识公平正义和采取什么样的改进措施。西方的人权提倡者从他们自己生活的那个社会、文化环境中得到的思想，即人权思想中看到了出路。本·拉登是在另一个世界长大成人的，他受到的是另一种解决问题的方法的耳濡目染。在当今世界，并不是所有的文化环境都培养殉难者。举例说，中国的儒学就不为人们提供这种来世的梦幻以奖励殉难的神勇之士。对比之下，在伊斯兰和阿拉伯的历史上则留下了英勇殉难的各种素材(请参看例如萨拉丁 Saladin)。(萨拉丁是埃及阿尤布王朝开国君主，曾领导阿拉伯人抗击十字军，以其领袖风范和卓越的军事才能闻名于基督徒和伊斯兰世界，是埃及的民族英雄。——译者)。阿拉伯国家有崇拜“高尚的勇士”（noble warriors）的传统。阿富汗人和也门人（这是奥萨马·本·拉登的家庭背景）都是“高尚的勇士”，索马里人也是如此。我对索马里做过几年研究，熟知索马里人为自己未曾被征服过而感到由衷的自豪。索马里人告诉我，他们没有体验过侮辱，因为“索马里人可杀不可辱”。就这样，奥萨马·本·拉登和其支持者可以倚赖几个文化“素材”作为对勇敢和殉难的注释，这在好几个方面都有悖于人权学说思想。

那些有益于发展合作而无益于制造暴力的共同点怎么样了呢？当我听到你错误地认定我的意图时，曾经有过的屈辱感就驱散了彼此之间的共同点。只要各个不同的共同体之间住的相距遥远，也不知道其他共同体对他们有什么误解，就不会出现任何不愉快的事情。当大家美化自己的内部群体、丑化所有的外部群体时，心理都会感觉舒坦。然而，当人们得知他人对自己的判断有多么大的偏见时，问题就出现了。

当我得知对我的评估是从置我于劣势的角度进行的，尤其是当我觉得那些强行作出这种判断的人缺乏道德权威的时候，就构成了对我的侮辱。因此，归因错误，或者说人类对内部的人比对外部的人更宽容的特性，可能会给那些本来已经准备融入内部群体的外部群体带来屈辱感。**地球村**的出现，即一个个外部群体融合成同一个内部群体，使得这些令人不快的外部群体的种种偏见降临在人们身上，它们是前所未闻的、也是侮辱人的。只有成功地完成向同一个内部群体的转变，才有望弱化群体之间存在的误解，并缓解这种对峙状态。

在这种不对称的局势中，当一方运用最终武器——屈辱感——进行战斗的时候，就能让广大民众心甘情愿地支持人肉炸弹，甚至他们本人会成为人肉炸弹——这时候给他们贴上例如“不名誉的”标签的行为是注定要失败的。走向互相尊重的唯一途径，是各方都要承认他们之间存在着共同点，有着同样的勇气。这种认同并不意味着宽恕人肉炸弹这种做法，相反，这是向终止人肉炸弹事件的发生迈出的第一步。种种偏见“遮蔽”了彼此之间的共同点。实际上，大家都在为自己所爱的人们寻求高质量的生活，大家都是“勇士”，没有谁是“懦夫”。

日本的例子可以帮助我们阐明这个问题。如果日本孤立于世界其他国家——像德川幕府时期那样闭关锁国——日本当前的“内部事务”就不会为人所知。然而，在这个相互依存的世界里，日本在2005年对教科书的修订（“为了使我们的孩子们对日本感到自豪”）在中国、韩国引发了愤怒的群众示威游行，他们认为日本试图“粉饰过去”。弗洛伊德·鲁德民（Floyd Rudmin）对这事（在2005年4月11日的个人留言中）作出了这样的解释：“这是对历史的侮辱。日本的邻国感到怒火万丈，是因为日本想再次掩饰它侮辱邻国的历史，但是反过来看这个问题，日本发现只有它自己需要不断地对过去进行解释，不断地为过去赎罪，这么做对它也是侮辱。”

这些深奥的见解对建立一个没有恐怖主义的世界十分重要，使用常规武器要赢得一场反恐战争是异想天开。不可否认，导弹发出的是有震撼力的信息。然而，接受者可能不“明白”该信息预期的含义。他们可能不把这些视为促进谦恭的信号，而视为侮辱，视为一怒之下奋起反抗的理由。有朝一日动用更多的常规武器可能意味着灭绝人类，而不是救赎人类。赢得这场战争的唯一方法是赢得信任，化敌为友。一定要获得民众理解，赢得民心，千万不能让他们和那一小撮煽动、组织恐怖活动的侮辱人的鼓动者产生共鸣。当大众脱离了这几个恐怖分子的领导以后，可以放心地监督他们，不用担心几分钟之内会有人取代每一个死去的或者被捕获的恐怖分子。

抱歉！跨文化中的误解会造成侮辱

错误造成侮辱，尤其是不同文化之间交流时产生的错误更容易造成侮辱。不同文化之间的交流与具有相同文化背景的个人与个人之间的交流相比较，前者的含糊不清更容易引发歧义。至关重要的是要知道当无意识的侮辱发生以后应该怎样做——或可能冒险启动不必要的侮辱循环。

傲慢中流露出的粗心会造成侮辱

如果用Du或tu（德语和法语中的“你”）而不用Sie或vous（德语和法语中的“您”）称呼德国人或法国人，德国人或法国人会认为这是对他们的侮辱。有英语背景的外国人习惯于使用一个简单的you（“你”“你们”“您”）来称呼人，根本体会不到在欧洲一些地区使用错误的称谓会产生怎样的侮辱效果。举例来说，法国或德国的警官可能会使用“你”这一称谓来侮辱罪犯，而外国人仅仅因为不知情就在不经意间使用了“你”而侮辱了德国人或法国人。关于这种情形，一个来自美国的不具名的评论员，对德文Du和法文tu的问题作了如下评论[①]：“我倒希望被用tu或Du称呼过的大部分法国人和德国人意识到，那些一眼看上去就是外国人的人还没有完全掌握你们的母语，因此你们也不要因为称谓上的错误而感觉受到了什么侮辱。”

这位评论员希望能从受到冒犯的欧洲人那里得到支持——然而，未必。他相信自己会得到谅解，这有可能被贴上傲慢和侮辱人的标签。假设这位评论员在招待一个德国知识分子，为了欢迎客人的到来，他在客房里摆了一面美国国旗，不料这个德国人却把这面美国国旗扔进了垃圾桶里，这个美国评论员会作何感受？这个评论员会“明白”这一举动的含义吗？他是否会感到这种做法践踏了自己的民族尊严？希特勒的遗产（指纳粹标志——译者）已经玷污了自己的民族符号，尤其是德国知识分子不能容忍房间里出现任何这种符号，不管它是哪个国家的。即使身为主人的美国人能理解这一点，他也可能会认为这种做法激怒了他，因为他认为德国客人本应该花些时间收集一些资料了解了解美国人。客人是不是真的这样说就够了：“噢，我不知道你们对自己国家的国旗有这么深的感情！我不明白你们为什么要这样大惊小怪。我是外国人！”

信奉世界自由主义的美国人或许会作出平静的反应，还可能会作出国旗是美国的首要标志的解释，而那些极度认同自己国旗的人们可能就不会这么宽宏大量了，

---

① 我对这一评论致以谢意。

他们可能会感觉受到了奇耻大辱，受到了莫大的嘲弄。首先，客人把他们的国旗扔到了垃圾桶里，之后是客人被告知这样做是失礼的时候，客人又作出了自以为是的回应。

无知可能会产生侮辱效果，尤其是当他人认为“你们的文化对我无足轻重，你们没有必要告诉我关于你们的事。原谅我的无知是你们的责任”。客人拒绝和主人一起产生共鸣而引发了屈辱感，仅仅指望他人原谅自己的无知还远远不够。已经被告知失礼，还指望他人轻易地原谅自己的无知，可能会造成失礼本身都没有产生的侮辱效果。

没有根据的自信会造成侮辱

为培训人们能在跨文化背景下进行交流，有关组织和人士办了不计其数的培训班，发了无数的培训手册。成千上万的商人为了做好在外国做生意的准备，想学会应该怎样做，应该避免什么。他们要学会明细单上列出的长长的“应该做”和“不应该做”的很多事情：在一些地方，他们不应该把脚掌伸给别人看；在另外一些地方，他们不能拍小孩子的头；而在其他一些地方，则要小心谨慎别踩在钞票上，等等。这些培训班旨在把跨文化之间的误解最小化。然而，在很多情况下，这种做法实际上却造成了误解。此刻我们看到的是这样一个情景，一家日本银行的主任伸手和他的法国同行握手——他已经知道这是法国人的见面礼，而法国银行的人只是鞠了一躬，还把双手放在背后——因为他知道这是日本同行所期待的见面礼。这一“偶然的误解”倒容易消除，两个人一笑了之，反而都觉得受到了对方的尊重，皆因为对方愿意接受自己国家的习俗。然而，误解往往并不总是这样轻而易举地被人们觉察到。

我作为临床心理学医生和咨询者在埃及工作了七年之久。期间，我目睹了数不清的无心的侮辱。我告诫人们不要从《在 X 国应该怎样做》的手册或培训班上获取太多的自信心。很多曾经依赖这类“跨文化交流培训”的人，以病人的身份来到我的诊所，因为他们受到被他们称为“文化冲击”的震撼而被搅得心神不宁。培训手册或培训班把“他们的”行为和“我们的”行为逐一进行了对比，其结果常常是破坏而不是促进了人们所追求的相互之间的了解。这类培训手册或培训班应该在教会人们在忍受不安全感和恐惧的同时，还要教他们学会谦恭、自我控制的方法以及培养和他人建立良好关系的能力。想学会另一种文化简直是天方夜谭，尤其是在短期培训课上。想象一下我们的祖国，需要举办多少次培训班才能覆盖其丰富的文化内涵。乡下人和国际大都市的人对事情的反应不同，这个山谷可能和距它最近的另一个山谷有着天壤之别，如此等等。你或许还不能真正了解自己的父母、配偶和子女，有时候，你或许也对自己感到困惑。简而言之，如果你相信自己在任何时候都知道如何完美地对待所有人，那不过是一种幻觉。

只要我们进入属于自己的文化圈，进入那个相互定义为“我们”的人们中间，自以为了解一切的幻觉还不是特别危险。在这种情况下，内心深处潜在的一致性掩盖了彼此之间的不同。谋求一致使彼此能够完全理解的幻觉变得切实可行，或许还有益处。然而，当你拜访“他们”的时候，情况就不同了。这里的问题不是你必须学会“他们”多少条文化准则；你虽然不了解自己文化多样性的详细情况，但你还是做得很不错。你要学会怎样协调“我们”和“他们”之间的关系，正是这种关系骤然增大了相互侮辱的可能性。

谦卑的对话是解决问题的途径

尊严平等化在跨文化交流中意义十分重大，和尊严平等化有关的问题渗透在“文化”交汇中的各个层面。正如前面所讨论的，那场正在上演的爱情故事，西方国家能提供自由和高质量的生活，世界上其他地方的人对此产生了迷恋。这和所有爱情故事的初级阶段一样，它包含着极度的恐惧、情感上的敏感以及必须小心谨慎才能成功跨越的不安全感。

不必把其他民族的文化准则牢记在心。然而，当被告知出了差错之后，要学会以一种尊重大家尊严的方式提出问题，怀着尊敬之心作出反应，这才是十分重要的。无知不是失礼，但狂妄是。无知是增进彼此之间关系的出发点；提出问题不仅能表达兴趣、表示尊敬和对他人的认可，还能引发热情的解释。我们的足迹可以踏遍全球的每一个角落，我们还可以提出问题，礼貌地提出问题，可以谦卑地承认自己的无知。这样待人，人们才愿意向我们敞开心扉，欣赏我们的兴趣爱好。我们的失误和随后的道歉反倒有可能加深彼此之间的关系。

然而，如果我们游遍世界各地，面面俱到地被告知每个国家所有的文化规则，这种妄自尊大的做法反而会恶化我们与他人之间的关系，也会给他人造成很大伤害。我们发现有人蓄意捣乱、甚至遭人仇恨的时候，才会注意到妄自尊大这一强大的驱动力发挥的作用。那些到我诊所就医、正经受着“文化冲击”的痛苦的西方人往往就是这样的。另外，下面的故事可能会说明妄自尊大的实质：

> 大概在1950年前后，有一个比利时人（我们叫他罗伯特）在墨西哥拥有一个很大的农场。他和墨西哥的雇员相处融洽，他为此感到自豪。这些人自食其力，珍视自己的名誉。有一天，工头曼纽尔向罗伯特借了一笔钱。比利时人对这种信任感到十分荣幸，就把钱借给了工头曼纽尔，工头答应3个月还钱。

一晃几个月过去了，另一个墨西哥人走近罗伯特，警告他说：

> “当心，工头要杀死你！”
>
> 罗伯特闻言大惊失色，问道：“为什么？我们的关系很好啊！我还借给他一笔钱呢！”
>
> 墨西哥人解释说：“工头不能按时还你的钱，他不能容忍自己给他人留下不可靠的印象。这件事对他是莫大的侮辱，所以他只能杀死你。”
>
> 罗伯特脱口而出：“为什么曼纽尔不和我把事情说开？我又不是什么恶魔！”
>
> 墨西哥人回答说：“他的名誉感不容许他这样做。”

一个暴虐成性、飞扬跋扈的主人是不可能接到这样的警告的，他可能因为不了解对方的文化早就变成冤魂野鬼了。当你遇到来自不同文化的人时，你的生命维系在自己所能展现的谦卑上。

最后，重要的是要明白权力差异引发的侮辱的驱动力——包括**地球村里**存在的权力差异——这样你就能敏锐地感觉到**尊严平等化**过程中暴露出来的问题。如果你是世界精英阶层的一分子，你就必须要明白弱势群体会认真地审视你，因为他们担心你会利用自己的优势。实际上，仅仅是怀疑你在运用双重标准就会招来屈辱感。另一方面，如果你是世界上弱势群体中的一分子，你就应该尽量懂得有些精英可能是与人为善的，但是你对他们的不信任可能会让他们有屈辱感，明白这个问题是划得来的。双方都应该做好准备，说一声“对不起，我不知道自己的做法侮辱了你。”

爱心、帮助和侮辱

产生侮辱效果的误解案件处理起来很棘手，被“误解”为侮辱性的帮助和献爱心的案件处理起来更棘手。我们在一方发现的是一些乐善好施的施助人，他们根本就不是什么包藏祸心的施暴人。尽管如此，帮助和爱心有时也会在受助人一方引发莫大的屈辱感：仅有其中**一方当事人**将其视为**侮辱**，而**其他当事人**则把它贴上了或是提供**帮助**、或是献**爱心**的标签。下面的这篇短文可以说明提供的帮助以及由此产生的侮辱的案例。

> 我得了癌症，我没有钱买药。你们来帮助我，你们给我带来了巧克力。你们感觉良好，我感激你们的这份善意。然而，难道你们看不出来我需要的是药品吗？难道你们看不出来你们带来巧克力的做法与其说是为了我好，倒不如说是为了满足你们个人的私利？你们就已经用行动向自己和朋友证明了你们是乐善好施的人。
>
> 但是这些巧克力对我来说是什么？你们花钱为自己买了一个问心无愧，而我却要为此付出代价。你们的轻率和无知使我受到很大的侮辱，我很痛苦。我知道你们的见识不过如此。你们认为自己纯朴，心怀善意，但是对我来说，你们不是愚蠢，就是邪恶。只要稍微做一点努力，了解一下我的情况，就能提供我所需要的帮助！顺便问一下，你们从导致我身患癌症的农药中赚了多少钱？

侮辱是一种情感上的体验，它取决于至少两方面当事人所处的关系如何。侮辱是不能仅通过一个人或者一方做出的反应就能说清楚的事情。问题是：“我想帮助他人，可是我那盛气凌人的行为举止却侮辱了我想帮助的人，那么，我就做了侮辱人的事吗？”从我的角度看，我没有做侮辱人的事，但是从对方的角度看，我就是做了侮辱人的事。

所谓的“施暴人”可能忽略了以上分歧，他们生活在一个虚幻的世界里。他们坚信，为了使所给予的帮助真的奏效，让所献的爱心真的充满爱，只要有善意就足够了。这种盲目的坚定信念会使“受益人”感觉受辱。有些人可能会作出过激反应，不信任甚至拒绝施助人，尽管他们竭尽全力调整自己提供的帮助和支持，以满足受助人的需求。不论是哪种情况，当施助人和献爱心的人遇到缺乏感恩之心、缺乏理解的受助人的情况时，他们通常的反应是惊讶和愤怒。他们一味强调自己作出的努力和良好的意愿，把对他们的不认可视为玷污、侮辱他们的邪恶企图，由此他们也可能产生屈辱感。

为了避免发生这样的悲剧性后果，施助人和献爱心的人一定要规划自己的行为，避免“蔑视”受助人，避免侮辱他们的情况发生。健康的爱是**相互依靠**的，既不是独立的，也不是**孤立**的。另一方面，受助人需要牢记：健康的爱不是依赖性的爱，不能被这份爱所吞没。处于爱河或帮助关系中的双方都可能有做事出格的地方，不是“蔑视”对方，就是允许对方蔑视自己。下面一节要探讨的是后面这种情况。

你假装爱我，可你却强奸了我！允许自己被假爱所骗会造成侮辱

爱丽丝来自欧洲，她受过高等教育，是一位知性聪慧的妇女。1991 年她结束了和罗伯特的关系后，以病人的身份找到了我。她说：

> 10 年前，我遇到了比我大 18 岁的罗伯特。我刚刚结束了和虐待狂前夫的关系，他不能容忍一个知性妻子。那时我渴望遇到一个善良的人，渴望不再每天遭受几次伤害。当罗伯特说他需要我的时候，我动心了，也很高兴。前夫从未对我说过需要我这样的话，他只会说我又老又丑。罗伯特的话让我为之振奋，我做好了为他付出一切的准备。我很高兴能找到一个爱我的人，一个不因为我所受的教育和我所拥有的智慧而感觉受到威胁的男人。
>
> 罗伯特生活、工作在印度尼西亚，我搬到那里和他团聚。他和欧洲的妻子处于分居状态，他说他那个国家的法律不允许离婚。尽管如此，他说他现在已经把我当成他的妻子了。我也接受了这个身份。我宁可要一种未婚同居但是幸福的感情生活，也不愿意要一桩痛苦的婚

姻。我到印度尼西亚的时候，满脑子计划，计划着做研究，计划着再拿一个学位，还计划着生儿育女。

可是哪一个计划都没能实现。现在，除了又年长了10岁以外，我一无所获。我把10年的光阴都荒废在这个男人身上了，竟然没有意识到自己是在白白地浪费时间。每当我想实施自己的计划时，他准会遇到生存危机，不是工作遭受了挫折，就是家里出了问题。我们生活在没完没了的突发事件中，我几乎未曾松过一口气。我总是忙着帮他处理接二连三的问题，希望眼前的紧急状态一过，我们就能开始过属于“我们自己的”生活。可是这种生活从未开始过。

我努力保持乐观的态度！我觉得自己还不够乐观的时候，心中会感到内疚。母亲曾教导我，一个称职的妻子是一个把自己的生命献给丈夫的女人。我就是这么做的，这让我感觉很好！不过现在我一想起自己的所作所为就觉得恶心。罗伯特躲在一桩又一桩突发事件的背后，利用它们回避要对我承担的责任。实际上，他对我的需求、我的梦想和我的幸福不感兴趣，他需要的是我的存在。是的，他喜欢我待在他的身旁，把我当成他公寓里一件漂亮的摆设，一件没有任何自身需求的摆设。

我感到羞愧难当。我以往自视甚高，可在罗伯特面前，我却自取其辱。我认为罗伯特利用我为他自己谋取私利，他操控我去给他帮忙，我为他牺牲了自己的生活。我认为他强奸了我，我允许他对自己实施了一次漫长的、侮辱性的强奸。罗伯特强奸了我，居然还让我相信他给予我的是爱情。

爱丽丝的案例或许和下面这个希特勒时代的案例一样，也可以纳入相同的理论框架之下。希特勒在花衣魔笛手之城哈梅林（Hamelin）附近的布克伯格山（Bückeberg）做过一次蛊惑人心的演讲。花衣魔笛手这个故事流传最广的版本是来自罗伯特·勃朗宁（Robert Browning）的一首诗和格林兄弟（Brothers Grimm）的童话。“在众多的版本中，都是讲老鼠肆虐于哈梅林，这个城市就雇用了一位游方捕鼠手（即花衣魔笛手——译者）去灭老鼠。可是在他灭掉老鼠之后，国王，也许是市长或什么头头，决定不付给他工钱。结果，捕鼠人就把城里的孩子们拐走作为报复。”① 2003 年 7 月 22 日，我的德国同事弗里德里克·弗拉斯巴特（Friedrich Flachsbart）给我写信说：“在哈梅林，花衣魔笛手受到了侮辱，于是他们就这样把一个捕捉老鼠的人变成了一个捕捉孩子的人。这个意象在我的脑海里一直占有突出位置。我爷爷曾经住在哈梅林，他在那里看到了名副其实的捕鼠人〔希特勒〕。”

德国民众，所谓的**小人物**，在从前德国等级森严的社会里常常受辱，他们是侮辱的牺牲品。在这些小人物的历史上，是希特勒第一次让他们感觉受到了尊重。希特勒为这些从未被当回事的小人物们提供了精英身份和明确的奋斗目标，他甚至安排交响乐团在工厂为他们演奏音乐，② 赋予小人物以重要性，把他们包括在肩负着国家重要使命的德国雅利安人的精英队伍中，使他们变得尊贵起来。1999 年 8 月 3 日，我在德国的实地考察中收到了贵族阶层成员们提供的一份证书，据此得知，有很多德国贵族曾经反对过希特勒，称他为“魔鬼”，因为他是一个能把小人物的情感煽动到为他发狂的天才。贵族中那些和他合作过的人也感觉无地自容，备受侮辱：他们被迫和希特勒这个魔鬼共事，因为他控制着德意志民族的情感。第一次世界大战后德国签署的《凡尔赛条约》给这个民族造成了侮辱，和贵族相比，为日常生存忙碌的德国民众最初不太关注其具体细节，直到希特勒向他们“和盘托出”，还让他们扮演了主角。

小人物也卷入了希特勒一手制造的其他社会驱动力中。毕竟，分享族群情绪、卷入族群热情是诱人的，与此同时，孤立于族群情绪之外则是令人不愉快的，而且还越来越危险（更不用说积极反对这种族群情绪会带来的种种危险）。我在此处的解释不是把大众视为**心甘情愿的刽子手**，而是把他们视为**受到诱惑的心甘情愿的参与人**。然而，他们在受到诱惑的过程中，遭遇了自己深爱的父母或爱人的背叛和抛弃，还将他们置于凄惨的境地。他们别无选择，只得承认自己被“强奸”了。德意志民族用了几十年的时间才克服了由此带来的震撼，他们承认“强奸”，这里既包含着他们自己曾经遭遇的被强奸，也包括他们认可的对数以百万计的邻国公民实施的强奸。

---

① 引自 http://www.straightdope.com/mailbag/mpiedpiper.html。

② 我把这一细节归功于 Odd-Bjørn Fure and Jorunn Sem Fure。

和德国的小人物一样，爱丽丝追求炽热的爱，可托付终身的爱。他们都放弃了大部分独立的自我，而沉浸在他们所爱的人的世界里。罗伯特和希特勒把自己视为爱的给予者和救世主，然而，他们带来的却是满目疮痍（可以列出一个长长的单子，他们是民族的或种族的救世主、诱惑者、强奸犯等等）。爱丽丝依然被禁锢在爱情的旧观念里，坚定不移地认为妇女应该为自己的“男人”献身。德国的小人物因缺乏在民族层面面对“诱惑”的经验而被爱所吞没。这一结局对大家都是严酷的。

爱丽丝和德国的**小人物**都把自己的生命和灵魂托付给了自己所爱的人，他们最终都不得不承认自己所爱的人并没有给予自己真挚的关心和爱情。他们爱的人是孤立的人，生活在与世隔绝的梦幻世界里，在这个梦幻世界里，他们用自己的话语定义爱和帮助。罗伯特和希特勒都忽略了这样一个事实：现实情况和他们的梦幻世界并不吻合，为自己那些所谓爱人的福祉能做些什么好事，在这件事上他们作出了错误的判断，结果给所爱的人带来了侮辱。爱丽丝和小人物有充足的理由感觉被所爱的人背叛了，并为允许自己被利用这一“愚蠢”行为而感到羞愧，罗伯特和希特勒则为自己没有遇到知恩图报的人而感觉受到了侮辱。希特勒在临死之前得出的结论是德国活该灭亡。

这件事的教训是，献爱心的人、施助人以及受助人都有责任参与到积极的**协调**（attunement）中来。献爱心的人、施助人需要确定自己所给予的爱和帮助是否真的符合受助人的意愿，而受助人则必须确认献爱心的人和施助人是否真的心甘情愿，是否具备施助能力。

莫伤害！援助可能会支持和平，也可能会支持战争

美国威斯康星大学密尔沃基分校赫夫特中心（the Hefter Center at the University of Wisconsin-Milwaukee）在 2003 年威斯康星研究所第 19 届年会上向与会者呼吁：

> 已经失败的和正在走向失败的国家或许对美国和国际社会以及那些国家数以百万计的居民的安全造成了最大的威胁。然而，在世界上很多极度贫困的地区，国际社会还没有找到一条可靠的途径来构建持

续的和平与发展……（引自威斯康星和平与冲突研究所，威斯康星大学密尔沃基分校和平研究项目，威斯康星大学密尔沃基分校国际教育中心，2003 年）。主讲人玛丽·B·安德森（Mary B. Anderson，1999 年）是《莫伤害：援助是怎样支持和平或战争的》一书的作者。

1998 年我到非洲后，出于怀疑我开始进行此项研究。我偶然听到过下面这些抱怨：

你们先把我们的国家变成了殖民地。随后，你们又留给我们一个陌生的所谓的民主国家。之后，你们又眼睁睁地看着独裁者来统治我们。再后来，你们又给他们提供武器杀死了我们半数的同胞。最后，你们又来“测量”我们总共受了多少苦，遭了多少罪，还口口声声地说这样做是在帮助我们!？你们疯了吗？

我能作出怎样的回应呢？我的善意得到的是侮辱，是挑衅性的谩骂，难道我就不感觉受到了侮辱？对此我是应该完全不予理睬，还是应该给批评我们的人贴上过于敏感、不能齐心协力摆脱痛苦的处境、不能忘记旧伤疤的标签？应该把这些过错归咎于谁呢？这会有益于研究吗？应该怎样规划才能有益于大家，而不是进一步侮辱他人？我想多听一听人们的看法。

你们西方人对我们遇到的困难幸灾乐祸。你们国内的家里应有尽有，你们过着奢侈的生活，对此你们视而不见。当你们不能洗澡，或要等上两个多小时的公交车的时候，你们就觉得自己在受罪！你们四个轮子的小轿车弄得我们满身尘土！在我们的国家，你们快活得像个国王，而在你们自己的国家，你们也不过是普通人而已。你们想要的是享乐和高工资。为了能继续行骗，你们给国内的什么组织或撰写一些空洞无物的报告，或发表一些什么毫无意义的文章。你们是伪君子！你们知道我们需要帮助——如果我们能不需要你们的帮助，我们会有多么高兴！如果你们真能听一听我们的心声，而不只是听我们中间那些贪得无厌的人们的话，结果可能会更好一些。那些人为了他们的一己之利，利用了你们的狂妄和愚蠢！你们那不可一世、自鸣得意

> 的帮助是对我们极大的侮辱！（来自1999年1月2日在肯尼亚和一位非洲知识分子的谈话，而这一观点恰好代表了非洲知识分子的观点。）

多年的援助项目失败之后，很多观察员认同这一观点：捐赠人有责任确定自己提供的帮助是否能满足受助人的需求。他们在虑事不周的情况下提供的帮助让受助人感觉受辱，这一判断是“正确的”。我在非洲经常遇到人们对联合国或非政府组织活动近乎嘲讽的描述（但也包含一定的真实性）：

> 你们这些给我们帮忙的人来了，挖掘水井（或是修建一些其他设施，或是提供一些其他服务，而从长远的观点看，这些在自然生态上很可能是有害的或是不具备操作性的），你们为司机、秘书以及安全保卫人员创造了短期的工作机会，然后你们再次人间蒸发了。[①]

当帮助失败，或未能提供足够的帮助时，是不是要说这是施助人的责任？当提供的帮助出了差错的时候，难道“过错”就总在施助人一方？情况不是这样的。他们提供的帮助不仅是善意的，而且也是经过周密筹划的，但是却遇到了不知道向付出了辛苦的施助人充分表达谢意的人。在这种情况下，一定要把施助人的行为评定为正确的，要把过错归咎于受助人。1998年我去索马里做实地考察之前，我和非政府组织的人谈过话。他们曾经与索马里难民一起工作过，他们告诉了我不支持我强调索马里受害人地位的说法：

> 这些索马里人不仅盛气凌人，而且还不懂得感恩。你在难民营里看到过他们的所作所为了！他们把我们给予的帮助视为自己应该享有的权利，特别强人所难，蛮不讲理，十分挑剔。凡是能骗我们施助人的地方就骗。他们指责我们侮辱了他们，但是，如果你想和真正受辱的人对话，那么，你就和我们这些施助人对话吧！

在这种情况下，我们能怎么办呢？究竟谁是“对的”呢？或许这个问题问得不得体，或许重要的是不仅要说清楚指责和反指责之间的复杂性，还要说清楚二者之间的相互影响。在这个事例中，研究和科学的作用是什么呢？联合国人道事务主管

---

① 也见马伦（Maren），1997；安德森（Anderson），1999。

萨姆·恩格斯塔德（Sam Engelstad，1994 年在摩加迪沙做过几次人道主义代理协调员）给我写信说（1999 年 9 月 28 日和萨姆·恩格斯塔德的个人通信，经他许可引述如下）：

> 1994 年我在索马里工作期间，侮辱是公开化的。实际上，侮辱几乎弥漫在联合国成员和全体索马里人之间的关系中。在索马里人和像我们这样的联合国救援人员之间的日常交流中，侮辱像一团乌云一样笼罩着我们的工作。虽然帮助恢复索马里秩序的过程不是那么完全被人理解，但是这一过程却鲜有恶意。

萨姆·恩格斯塔德又补充说："对索马里实施政治上、行政上的领导是联合国的重要任务，不过，他们对侮辱及其后果了然于胸，还常常把侮辱当作政策工具使用。撇开其意图不谈，侮辱对我们很多人来说，既是有害的，也是无礼的。"

恩格斯塔德说这段话的背景是：美国在 1992 年 12 月 9 日发起"恢复希望行动"（Operation Restore Hope）（由联合国索马里维和部队 the Unified Task Force，UNITAF 实施）。联合国第一次在索马里行动（UNOSOM，简称"联索行动"）失败了，这是对此作出的回应。然而，与联合国第一次**联索**行动一样，联合国维和部队的这次行动也没有成功，尤其是追捕索马里将军艾迪德（Aidid）一事被广泛地认为是在削弱联合国的公正性，是在把联合国和美国变成索马里不信任的对象和复仇的目标。1993 年，在索马里，一群愤怒的索马里人拖着一具美国士兵的尸体穿过摩加迪沙一条又一条街道。美国主动给一贫如洗和遭受蹂躏的索马里提供帮助，索马里人却用"不敬""缺乏感恩之心"和种种侮辱行径回应了作为施助者的美国。

1998 年元旦前夕，我采访了索马里军阀奥斯曼·奥托（Osman Ato，艾迪德将军的前盟友），他坚决认为实施联索军事行动是对他们的侮辱，他持这种看法，很多索马里人亦然。他认为，当令人尊敬的长老们在屋子里集会时遭到攻击和轰炸的时候，就是名副其实的侮辱，尤其是当美国人对轰炸事件作出嘲讽的、侮辱性的辩解——说长老们集会的屋子是军队司令部的时候，他确实觉得受到了更大的侮辱。他争辩说："当美国人因为自己士兵的尸体在街上被示众而感觉受到侮辱的时候，他们应该扪心自问，这种事为什么会发生在他们身上？他们应该意识到，举例来说，在索马里屠杀长老是对人极大的侮辱。"他认为，动用直升机进行狂轰滥炸，所有这些侮辱人的行径把索马里人团结在一起来反对联合国。奥斯曼·奥托的观点表明，他，一个军阀和暴力事件的“组织者”，是在用侮辱和“反侮辱”的思维方式思考问题。在以“必要的”侮辱反抗侮辱的旗帜下，很多索马里人团结在他的身边。

一个美国人读了前面那段话后反应如下（2002）：[①]

> 美国炸死了几位索马里长老，这是一起侮辱性事件，索马里军阀把杀害美国维和人员和侮辱其中一个士兵的尸体一事归咎于此（虽然没有任何理由认为，美国人知道这栋房子里有“令人尊敬的长老”）。这听起来显然比仇恨、杀戮欲或宣示的权力更符合道德层面的解释。在这里，研究者的偏见出现了：一些比较中立的采访人可能问过这个人，为什么在攻击美国人之前，大概已有十几名巴基斯坦维和人员被害？这些被害人很可能和那些长老没有任何关系，他们也是信仰伊斯兰教的穆斯林，无论如何他们也不是索马里的殖民压迫者，等等。

这一评论直接把我们带进侮辱循环。这位美国评论员想当然地认为，不应该把不知情的人当作侮辱的施暴人（**他们**应该知道**我们**是不知情的，应该知道这是一个令人难堪的错误），而没有意识到这样的“误解”恰好是经常造成侮辱循环的核心问题。美国评论员这么说话就没有保持中立立场，而是使自己成了潜在的侮辱循环中的一方。他希望不知情能防止引发侮辱事件，在这个问题上他显然错了。

然而，这位美国评论员也没有错。事实上，一个军阀有可能想使用**侮辱这套说辞**来掩盖自己的权力欲。奥托可能在使用、也可能没有使用侮辱来掩盖自己的险恶用心。实际情况也可能是二者兼而有之——或许有时候他真的感觉受到了侮辱，有时候可能仅仅是为了自己的政治利益而拿侮辱说事。对此，我们不得而知。我们所知道的和研究人员要报道的是，他是否真的把侮辱作为根据。公正客观的研究人员必须严谨地叙述所发生的一切，没有丝毫的夸张，也没有丝毫的隐讳，也不能忽视一个人感觉受辱时提出的诉求。

此外，这位美国评论员希望不要对索马里的观点进行报道，因为索马里的观点

---

① 我感谢该评论人的评论。

和美国的观点不一致，他这样做是不对的。我确实就杀害巴基斯坦军人的事问过奥斯曼·奥托和其他人，然而，询问的结果并没有满足美国评论员的期望，即让索马里人开始做自我批评，减轻美国人的屈辱感，不管美国人是否真的有过这种感受。

即使这本书旨在“帮助”世人作出高水准的学术研究，它依然有可能在无意或不经意间卷入侮辱循环，也可能会对一些读者产生侮辱性的效果，这些人可能会严厉地批评这本书。因为处于冲突中的美国方面不欢迎媒体对这些观点的报道，美国评论员就谴责这些观点“不科学”，借此想把**科学**引入侮辱循环。虽然需要公平公正才能结束侮辱循环，但是他却要求研究工作仅代表一方的立场。然而，只有收集到各方的、没有经过审查的、也没有预先设定什么“真实性”的原始材料，才能中断侮辱循环。只有到第二步才会讨论真实性的问题。

或许对于受指责的一方来说，慎重的做法是，承认对方的屈辱感可能是真实存在的，甚至是“合情合理的”，而不是忽略对方声称的屈辱感。如果对方声称的屈辱感是真实存在的，即使这种情感是宣传造成的，那么，轻描淡写地一带而过只会火上加油。再者，如果屈辱感确实是真实存在的，但却是不合情理的，那么，理解和道歉也可能有助于消除屈辱感。相比之下，“杀戮欲”远比侮辱难以对付，因为它是没有约束的、自哺自育的、变态的，而侮辱滋生于相互之间的关系中，它也可以在各种关系中得到缓解。因此，杀戮欲应该是我们作出的最后“诊断”。

如果侮辱循环在索马里发生了，索马里人真切地感受到了侮辱（不论是宣传煽动所致，还是实际情况所致），他们就用侮辱美国士兵的尸体做出了回应，那么，我们就有了一个迫切需要分析的情况：如果因为有关侮辱的报道可能会引发不真实的宣传就遭到查禁，这种做法不仅是科学上的错误，也是政治上的错误。

联合国在索马里的军事行动以受辱告终，这给在全球多边关系中处于痛苦中的另一个国家卢旺达造成了深深的影响，它为此付出了高昂的代价。1994 年卢旺达开始了种族大屠杀，国际社会袖手旁观，任凭卢旺达人互相残杀，因为谁也不想出现“第二个索马里”。[①] 当我们意识到仅仅需要 5,000 名军人就可以挽救大约一百万人的生命时，我们更是震惊不已：

---

① 例如见奥哈洛伦（O'Halloran），1995。

在1994年4月7日至4月21日期间，如果派遣一支5,000军人组成的现代化军队……进驻卢旺达，则有可能从根本上扭转这场冲突的结局。……如果有一支受过适当训练、拥有适当装备、指挥得当的军队及时进驻卢旺达，就有可能制止在该国首都和附近地区发生的暴力事件，阻止它向农村蔓延，创造出有利于终止内战的条件。……①

什么是有益帮助？行为研究

帮助、爱护、关心、解放以及释放犯人都是服务性工作，如果把它们和妄自尊大联系在一起，这些都可能被视为侮辱。深刻地意识到主体间性（intersubjectivity，拉康提出的主体间性，即人对他人意图的推测与判定。主体间性有不同的级别，一级主体间性即人对另一个人意图的判断与推测。二级主体间性即人对另一人关于其他人意图的判断与推测的认知的认识。——译者）和为协调作出的成功的努力，是真心帮助和爱的核心问题所在。只有本着谦恭的精神，把帮助和爱从一个平等的人给予另一个平等的人，而不是从上到下的给予，才是成功的帮助和爱。在这里用得上人权所包含的授予权利（empowering）和培养能力（enabling）这两个流行术语了。未来的施助人有责任授予受助人并培养他们表达自己的观点的权利和能力。仅仅授予权利还是不够的，德国的小人物恰好是在刚刚被授予了权利后不久，就运用新获取的权利选举出了一个充满幻觉的骗子希特勒。很多人尤其是刚获得选举权的妇女，还没有能力作出明智的选择。

格根（Gergen）提倡**参与行为研究**，尤其是在跨文化背景下进行的**参与行为研究**。他在《走向文化建构主义心理学》一书的《对多元文化传统影响的敏感性》一章中写道：

为支持这种努力，已经出现了试图解构研究等级制度的新方法，

① 费尔（Feil），1998，第3页。引自调查卢旺达1994年种族大屠杀及周边事件的国际名人专门小组（The International Panel of Eminent Personalities to Investigate the 1994 Genocide in Rwanda and the Surrounding Events），2000，第10章，第9段。

用更多的协作调查形式代替传统的研究人员的自主研究方式（这会招致文化上的盲目性）。或许，最醒目的协作研究形式是参与行为研究。（参看例如雷森 Reason 编《参与人权调查》1994 年版，和格根《走向文化建构主义心理学》2000 年版）。

我在非洲期间（1998、1999 年）所到之处，看到“索马里遭受战争蹂躏的社会项目”[①] 受到称赞，因为它有别于援助机构主持的很多项目。“索马里遭受战争蹂躏的社会项目”聚焦于**行为研究**，努力与有关的社会团体一道工作，制定出一套发展议程，使受助人既有能力，又有权利，最终目的是把他们从**受助人**转变为**共同参与人**。授权治愈侮辱——无论是智识上的，还是心理上的——**施助人如何看待受助人需要的帮助和当地人实际上所需要的帮助**。这种量身定做的方法看上去是成功的，主要原因在于它不具侮辱性。

小　结

误解和侮辱是本章的题目，乍看上去这个题目没有什么意义。然而，即使是出于无意，侮辱所产生的后果也可能是毁灭性的，侮辱确实能树敌。毫无戒备心的“施暴人”对自己一手制造的恶感毫无察觉——核心问题是，误解和交流不畅使人们在无意间失去了相互理解，而又没有做好迎接不利局面的准备。结果，大家都成了正义的牺牲品。没有人做过故意伤人自尊的事，也许大家都想助人，都想示爱。当人们受到挑衅性的“报复”时，会感到怒不可遏。报复会引发肆无忌惮的愤怒，还会导致超乎人们想象的恶性侮辱循环。

为了阻止这一悲剧性的结果，在内心深处与他人小心谨慎地保持适度的距离是划得来的。重要的是能够容忍当下所发生的事情没有现成的解释，更重要的是能够忍受伴随着不确定因素而来的恐惧和不安全感。在匆忙作出有偏见的判断、发出正义的怒吼之前，要学会提出问题，带着敬意提出问题是阻止悲剧发生的关键。[②]

---

① 见 http：//www. unicc. org/unrisd/wsp/index. htm。

② 关于这个问题的全面讨论，见松本、勒鲁等（Matsumoto，Hee Yoo，and LeRoux），2005。

第五章　侮辱与冲突

本章一定得删去几个侮辱已经发挥作用，而它们却可能正是读者愿意包括进来的实例。本章中的几个实例都是精挑细选、能起到警诫作用的案例，只是想让读者体验一下侮辱可能会引发什么样的后果，以及在何处能发现侮辱事件。显然，世界上有关侮辱的案例能列出一个长长的单子，人们还可以对每个案例进行争论、磋商和批评。使用这些实例的目的是想促成更广泛的讨论——它们是引玉之砖，以侮辱视角为出发点，进入有趣的新视野，其他的引玉之砖也会增加其他因素的权重，对达成更广泛的对话同样难能可贵。这里绝没有暗含着下面的陈述是“唯一真理”的意思。

或许可以拿两次世界大战为例，它们为下述论点提供了依据：侮辱导致战争、导致1939—1945年间纳粹对犹太人的大屠杀、导致种族灭绝和种族清洗，而尊重则促进和平——《凡尔赛条约》引发的侮辱成了第二次世界大战的导火索，而马歇尔计划传递的尊敬则带来了和平。今天，这几个问题依然排在世界政治议程的首要位置。近年来，发生在卢旺达和布隆迪的种族灭绝，前南斯拉夫的种族清洗，东帝汶和其他很多地方的种种暴行，直到“9·11”事件的爆发才让全世界意识到“全球恐怖主义”无处不在，这反过来又导致了“反恐战争”。通常情况下，一个个局部的侮辱循环并没有停留在局部，它们趋向于把不安全因素带给邻国，并影响到国际最高层。蒙蒂·马歇尔（Monty Marshall）就旷日持久的冲突和**不安全因素是怎样扩散的**[1]问题写过不同凡响的文章。全球范围的恐怖活动是不安全因素扩散的最终结果。只要我们能更好地把握这一转型期，在社会方面和生态方面建设一个可持续发展的世界是绝对可行的。这就是本书的设想。

在家里遭受侮辱的例子

我们明白这一点很重要：侮辱不仅活跃在国际舞台上（虽然侮辱要成为群体现象还需要几个额外条件，即群体动员和组织），也活跃在个人生活里。根据我多年的国际经历，我认为当你被贬低或受到侮辱时会感觉很糟糕，这是人类的普遍感受。我相信，如果你的示爱遭到侮辱性的拒绝，那么对你的侮辱就格外明了了；假如你同时希望得到爱的回馈，而这一愿望又遭到断然拒绝，那么对你造成的侮辱更是无以复加。

我有过这样一个病人，她的婆母喜欢用带着厌恶的口气当着全家人的面数落她："你想成为我们家的人？你以为你是谁呀？"我的病人向我诉说了她第一次遭遇婆母这种行为时的感受："我大吃一惊，随后呆若木鸡；我感到浑身发冷，呼吸困难。我连一个字也说不出来。"她来找我，是她觉得自己沉溺在痛苦中不能自拔。侮辱如影随形，她无法培养自己闲云野鹤般的兴趣，或轻松的业余爱好。她把全部的生命都消耗在了处理和公婆之间的关系上，这是一种充斥着不间断的无数个侮辱事件和反侮辱事件的关系。发生的每一桩侮辱事件，有时不足挂齿，有时却邪恶异常。她痴迷地想着各种复仇的方法。丈夫死后，公婆企图骗取她那份遗产。多年来，她与公婆对簿公堂，这令她痛苦不堪。她一次一次地绝望，结果总是做"傻事"（她把自己做的事儿说成傻事）——或写一些"歇斯底里的"信件，或在法庭上对公婆大喊大叫——这种行为并没有赢得她渴望得到的法官、律师以及参与这个案子的其他人对她的尊重。请参看表5.1。

---

① 马歇尔（Marshall），1999。

表 5.1　在家里遭受侮辱的例子及其后果

侮　辱	我的病人受到公婆的侮辱。
遭受侮辱的后果	• 我的病人沉浸在复仇的梦想中。她偶尔“发疯”，或写一些“歇斯底里”的信件，或对公婆大喊大叫。 • 结果，她得到了不值得同情或帮助的名声。
和解	还没有完全达成。

在国际舞台上遭受侮辱的例子

1945 年战败后的德国，没有重蹈 1918 年遭受侮辱的覆辙。德国得到了重建工业经济的帮助，它没有面对严厉的赔款要求，还加入了北大西洋公约组织（NATO）和欧洲共同体（the European Community）（现在的欧盟，the European Union）。马歇尔计划对遏止侮辱重演起到了不可估量的作用。请参看表 5. 2。1972 年 6 月 5 日，德意志联邦共和国总理威利・勃兰特（Willy Brandt，德国政治家，1969—1974 年任联邦德国总理，曾获 1971 年诺贝尔和平奖——译者）在哈佛大学的演讲证实了这一点。为了纪念 25 年前乔治・马歇尔（George Marshall）的讲话，勃兰特发表了题为《1945 年不同于 1918 年》的演说。勃兰特，这位有发表历史性演说才能的政治家宣称：

> 胜利也可能会是痛苦的，尤其是 1918 年的胜利还携带着未来冲突的种子。虽然打了胜仗，但是由于战胜者和战败者双方都缺乏理性，这一方对那一方执拗的不信任，那一方对这一方的侮辱满怀愤恨，于是丧失了和平……乔治・马歇尔和其他人认为，胜利并没有免除其祖国的责任。美国从未宣布由自己承担责任，而是和盟国分担了责任。……通过实施马歇尔计划，乔治・马歇尔唤醒了欧洲已经被扼杀的自信。他采用具体措施激励旧大陆的很多公民去天堂摘下欧洲那幅永久和平、团结的美景，……马歇尔计划充分证明，美国需要一个能够培养共同政治意愿和自信的欧洲……它等待着欧洲

成长为一个能在国际事务中和它一起分担重任、平等的伙伴……1947 年成为冷战开始的标志，不是马歇尔计划导致的，而是马歇尔计划未能阻止冷战。[1]

表 5.2　在国际舞台上遭受侮辱的例子及其后果

侮　辱	《凡尔赛条约》侮辱了战败的德国——再加上经济困难——德国为希特勒走上历史舞台做好了准备。
遭受侮辱的后果	• 世界大战爆发和纳粹对犹太人的大屠杀。 • 结果，所有的德国人都背上了施暴人、“心甘情愿的刽子手”的恶名，他们不配得到同情或帮助，丧失了痛悼个人痛苦和受害人地位的权利（例如，几十年来德国人在西里西亚、波美拉尼亚或东普鲁士为自己失去家园进行哀悼几乎成为禁忌）。
和解	马歇尔计划给予德国新的尊严，德国人不再是被驱逐的贱民，德国成为北大西洋组织和欧盟成员国。

两个在国内遭受侮辱的例子

为了说明侮辱的驱动力所起的作用，可以把卢旺达加进不幸的实例名单。表 5.3 为侮辱的驱动力提出了一种可能的说法。这次和德国的情形不一样，它不是发生在国与国之间的侮辱事件，而是发生在单一的国家内部的侮辱事件。不过，这个例子也可以放在国际和多边关系中，用来说明那些因为当时未加干预而事后令人追悔莫及的事件。

表 5.3　在本国遭受侮辱的例子及其后果

侮　辱	在卢旺达，在传统的图西族王国里，胡图族是昔日的“平民百姓”，胡图族统治阶层的极端分子担心，如果昔日的图西族统治者东山再起，他们可能和过去一样再遭侮辱。

① 勃兰特（Brandt），1972。

（续）

遭受侮辱的后果	• 实施种族大屠杀。 • 结果，胡图族人，不管他们的内心是否感到愧疚，背上了搞“种族大屠杀的刽子手”的恶名，他们不配得到同情和帮助。
和解	还没有完全达成。

和卢旺达相同的是，也可以把南非和种族隔离的例子放在全球层面。和卢旺达不同的是，纳尔逊·曼德拉把侮辱转变成了和平。参看表5.4。

表5.4 在本国遭受侮辱的另一个例子及其后果

侮　辱	种族隔离代表了制度化的、有步骤的侮辱。
遭受侮辱的后果	• 为和平而奋斗，不诉诸种族屠杀——纳尔逊·曼德拉本来完全可以对白人统治者实施种族大屠杀。 • 在不诉诸种族大屠杀的前提下，怎样把侮辱变成一场社会变革，这是一个给予世界人民希望的例子。
和　解	真相与和解委员会试图进行协调。

两个在全球、在多国层面遭受侮辱的例子

索马里提供了很多发生在本国的侮辱事件。然而，索马里的事情也说明了在多国最高层（参看表5.5）发生的侮辱循环。索马里人感觉受到了侮辱（不论这种情感是否合情合理），他们对此作出的回应是侮辱美国士兵的尸体。这一结局让联合国在索马里的军事行动声名狼藉，并在全球很多国家产生了深刻的影响，正如下面这段引文所述：“国际社会对索马里的干预已经在四处蔓延的内战冲突中，成为反对国际社会干预、反对把维和扩大成‘建国’的军事行动的同义词。这已经成为主流情绪，也成了在一般意义上反对联合国的同义词。”①

卢旺达为这种“反对国际社会介入的情绪”付出了高昂的代价。国际社会任凭

① 1996年1月第1页。

卢旺达人互相杀戮，因为大家惧怕出现“第二个索马里”。[①]

表 5.5　在全球、在多国层面遭受侮辱的例子及其后果

侮　辱	旨在帮助索马里人的某些军事行动，成了国际干预的组成部分，为此索马里人感觉受到了侮辱（不论这种情感是否合情合理）。
遭受侮辱的后果	• 索马里人杀害联合国维和部队人员，公开侮辱美国飞行员的尸体。今天，西方国家的旅游者冒着在世界一些地区被绑架或被杀害的危险。 • 结果，在世界其他地区，穷人背负着不知感恩、不配得到同情和帮助的恶名。例如，国际社会对是否保护卢旺达人免遭种族屠杀曾经犹豫不决。
和　解	还未完全达成。

如今，侮辱循环的后一个阶段和所有的旅游者有关，尤其是和那些来自富裕国家的旅游者有关，因为担心被绑架、遭轰炸就限制了他们在世界各地旅游的自由。甚至人道救援工作人员，如红十字会和红新月会的工作人员都未能幸免遭绑架的结局，例如 1998 年 4 月在索马里发生的绑架案。[②] 这类事件又在伊拉克重演。举例来说，1997 在埃及卢克索（Luxor）发生的反对西方国家的暴力事件；1998 年，在肯尼亚首都内罗毕、坦桑尼亚首都达累斯萨拉姆发生的美国大使馆遭炸弹袭击事件，都是曾经一度充斥媒体的例子。“9·11”事件、2002 年袭击巴厘岛迪斯科舞厅、2003 年袭击巴格达联合国总部事件，这些暴力事件表明只要侮辱循环还在泛滥，恐怖分子还在使用侮辱手段，就没有一个人是安全的。2004 年 3 月 11 日发生在马德里的爆炸案和 2005 年的伦敦爆炸案震惊世界。无辜的平民生活在恐惧中——不仅在西方国家是这样，在阿富汗、伊拉克，在中东、非洲一些国家，以及世界其他地区也是如此。表 5.6 试图从侮辱角度剖析全球恐怖主义。

---

① 例如，见奥哈洛伦（O'Halloran），1995。

② 8 名红十字会和红新月会的工作人员在摩加迪沙北机场被绑架。1999 年 1 月 4 日，在内罗毕，本书作者采访了该组织的领导人、来自挪威红十字会的奥拉·斯库特拉德（Ola Skuterud），之后又采访了两名被释放的人质以及促成人质释放的红十字会首席谈判专家。

表 5.6　在全球、在多国层面遭受侮辱的另一个例子及其后果

侮　辱	很多人感觉受到了西方国家及其“亲密朋友”的侮辱（不论这一感受是否合情合理）。
遭受侮辱的后果	• 恐怖分子绑架并杀害西方人以及那些被当作他们“亲密朋友”的人们。 • 结果，惧怕恐怖事件的发生导致世界范围内人权力量的削弱。
和　解	还未完全达成。

与美国和世界的关系有关的遭受侮辱的例子

很久以前我拿定主意
永不亦步亦趋
我可能成功，也可能失败
可我起码按照自己的信仰生活过
无论他们从我身上拿走什么
也拿不走我的尊严①

写这段文字是为认可一个历史事实——美利坚合众国是迄今为止世界上最强大的国家。美国对世界的影响具有特殊意义，因此，邀请美国人一起承担世界责任是有益处的。

我想先讲一个故事作为本段的开篇，以此说明我是怎样搞清楚这个问题的：我记得一些在埃及工作的美国同事，他们认为自己的做法最符合埃及病人的利益，但我看到他们并没有意识到自己是怎样“侮辱”那些埃及人的，此事令人非常忐忑不安。举例说，有些年轻的埃及姑娘咨询我的美国同事，应该怎样处理出了问题的家庭关系。这位美国同事建议姑娘们购置自己的住房，“离家自立”，“依靠上帝，独立自主，自力更生！”我的那位美国临床医师同事不愿意了解：在埃及，大部分情况下，对年轻姑娘来讲，单独搬进自己的住房有百害而无一利，最好建议她和祖母、姑姑或其他什么亲戚一起搬进去住。而我的同事则坚持认为，埃及人生活条件

① 惠特尼·休斯顿（Whitney Houston）演唱的妇孺皆知的歌曲《伟大的爱》。

差是因为“他们还没有机会”充分了解美国人的生活方式，埃及人被“剥夺”了了解正常人做法的相关知识。当这些处于困扰中的姑娘们没有搬进自己的住房时，临床医师会得出“姑娘们不希望改善现状”的结论，她还会说姑娘们在浪费她的时间，“当她们真把这当回事的时候，会再回来找她”。

这个例子已经在表 5.7 中系统地进行了归纳，它为跨文化方面存在的侮辱的驱动力提供了佐证。

表 5.7　与美国和世界的关系有关的遭受侮辱的例子及其后果

侮　辱	美国咨询师所做的一些“有益的”介入，不太适合埃及文化，本来想提供帮助，结果却构成了对他人的侮辱。
遭受侮辱的后果	• 一些埃及病人不再接受美国以施助人的身份提供的“帮助”。 • 结果，这些埃及病人背负着忘恩负义的受助人的恶名，他们不配获得同情和帮助。
和　解	还未完全达成。

1981 年，我访问了美国中部地区明尼苏达州的一个小镇，很多挪威人早已经在那里安家落户。我陪同一个名叫热格纳的挪威朋友去看望他的叔叔索尔。大约 70 年前，索尔移居美国。现在，他已到耄耋之年。热格纳从未见过自己的这位叔叔。我们到他家门口，按响了门铃，老人的妻子为我们开了门。她亲切地迎接我们，随后把我们带到她丈夫住的那间屋子里，躺在床上的老人弱不禁风，已经奄奄一息。屋里到处是氧气瓶、心电图设备和打点滴用的瓶子。我们轻手轻脚地靠近床头，唯恐惊醒或者打扰老人。突然，传来了痛苦的声音：“你们不要我了！”他吭哧出了这么一句话，再也没有哼唧出其他话来。叔叔对我们说出来的只有“你们不要我了！”这一句话。没有一句问候，也没有和我们说一声再见。

我们离开他的房间的时候，都很震惊。他妻子对发生的这一切作出了这样的解释。她告诉我们，索尔 16 岁时同一个哥哥一起离开挪威。在挪威，长子继承农场，其他儿子什么也没有。挪威在找到石油之前是一个非常贫穷的国家，因此，没有农场的那些人前途渺茫。这让索尔感觉自己是一个多余的人，后来他就这样在愤愤不平中度过了自己的一生。他的美国妻子一直和远在挪威的家人保持着联系，是婶母邀请我们在叔叔临终前去探望他的。然而，冰冻三尺非一日之寒，他已经无法从这深深的痛苦中解脱出来。

我在埃及做临床心理医生和咨询师的时候，很多美国病人找我做过咨询。我被某种程度上和索尔一样悲惨的家庭故事所震撼。那些背井离乡移民到美国的人们并不总是最幸福的群体。很多人是逃出来的——或因忍无可忍，或因受到镇压，或因受到虐待，或因遭受侮辱。对很多美国公民而言，先辈们馈赠给他们的最大礼品是所遭受的苦难。被领养的孩子们会纠结于为什么生身父母抛弃了他们，同理，在身份认同这个问题上，美国人也会纠结于为什么先辈们的祖国遗弃了他们。

这巨大的痛苦和英雄主义至上的遗产一起沉淀在美国人的集体历史记忆里。美国不仅只是“另一个国家”，它还是一个拥有特殊历史和独特民族精神的国家。重要的是我们要去了解美国人的认知模式和情感状况，邀请他们以主角的身份和我们一起参与到缔造一个在社会上、经济上都能持续发展的**地球村**中来。

美国人经受住了2001年“9·11”事件的考验，他们向世人展现出了非凡的勇气、坚强的意志力和英雄主义情怀。美国人的先辈们给他们留下了英勇无畏的遗产，展望未来，很多美国人不畏逆境，众志成城，他们为此而深深地感动。

> 我们的祖先并不是因为临时需要一次夏季远足才移居到美国来的。他们是从不受欢迎、被误解，甚至被侮辱的地方逃出来的。他们凭借着超人的勇气和锲而不舍的精神建立了一个更加美好的国家，一个令全世界人民羡慕的国家。Envy（羡慕，嫉妒）一词既有消极的含义，也有积极的含义。反美是envy消极的一面，而向美国学习则是它积极的一面。这两种截然不同的反应都证实了美国的卓越。我们的先辈虽然受过侮辱、遭过迫害，但是最终还是取得了胜利。当下，我们受到了侮辱和迫害，我们也能取得胜利。我们把世界上那些欣赏我们成就的民族视为朋友，把那些做不到这一点的民族视为懦夫或敌人。

手术治疗还是加强预防

医学上，有两种基本治疗方案，传统学派常常强调通过**手术或者药物治疗抗击致命的癌症或者细菌**，其他学派则侧重**强化全身免疫系统使疾病不太可能找到生存**

土壤这一偏重预防的措施。

把以上这两种治疗方案的不同之处和2003年的伊拉克战争进行比较，引发了一些令人关注的看法。奋不顾身地打击敌人（包括先发制人），团结一心、勇敢地抗击敌人，这些做法符合美国人的心愿，也符合美国的民族精神。这很像传统的医学治疗方案。而在“旧”欧洲（和其他地区），人们认为，另一种做法才是“正确的”：把小心谨慎的遏制，保持平衡以及在世界范围内加强可持续的互相依靠结合在一起。第二种方案等同于另一种预防性的保健思维。

显然，很多美国人站在欧洲人一方。本文中使用“美国”一词，指的是一些而不是所有美国人中出现的某些倾向。使用“欧洲”一词也是如此。

并不是每一次手术都能成功

20世纪80年代我学医的时候，上文提到的两种治疗方案有各自的支持者，他们之间进行过数次辩论。然而，我们知道这两种治疗方案并用、互补的时候病人受益最大。在国际舞台上，建立一个以人权为基础、可持续发展的世界等同于采用预防性的**强化**措施，劝阻、孤立以及把极端分子——例如，恐怖分子——边缘化，等同于**做手术**。眼下的分歧好像集中在应该怎样精确地测量这两种治疗方案的有效性上。

欧洲人的犹豫不决证实了美国人的重重疑虑：欧洲人办事优柔寡断，畏首畏尾；而美国人则是全人类高瞻远瞩和意志力最坚定的领导者。不妨打个这样的比方：美国人是最棒的外科医生，而欧洲人则是见血就发晕的懦夫。从欧洲人的角度看，美国人采用的策略有南辕北辙的风险——在错误的时间做了个错误的手术——不但没有治愈疾病，反而让疾病恶化了。

令人无地自容的傲慢

一旦我们选中了那颗最合适的子弹（或者决定进行稳操胜券的打击），我们必须采取得体的方式把这颗子弹射出去。欧洲人认为（阿拉伯国家也持同样的观点），美国人，尤其是鹰派，似乎趾高气扬，而不是乐善好施。谁的看法是正确的？美国的鹰派是趾高气扬，还是乐善好施？欧洲人和阿拉伯人是否应该作出更大的努力，去看一看美国人做事动机中助人为乐的一面，忘记他们提出的那些不可一世的主张？美国人是否也应该作出更大的努力，把自己的做事动机解释得更清楚一些？或许，大家唯一能达成共识的是各方在沟通上出了问题。或许，第一步是各方要承认，他们内心深处所信奉的崇高理想并没有自动传播到世界其他地方去。即使在**内心**深处，他们对自己所信奉的崇高理想是深信不疑的，是不言自明的，而人们从**外面**解读出来的却是他们的不可一世。这么多诸如此类的误读一旦发生之后，很容易演变成不可更改的事实，人们开始深信确有其事。人们越相信这样的解读，就越能煽动敌对情绪——包括大家避之不及的恐怖主义。在这种情况下，无论是用于**打击**还是**遏制**，投入的**勇敢**和**魄力**不仅会付诸东流，而且还会产生事与愿违的效果。人们也有可能排斥有益的策略。正如英国首相布莱尔表述的那样，如果我们希望“让和平成为比发动战争更划算的事”，那么，我们就要澄清误解，避免误解，做到防患于未然。要达到此目的，各方都需要做更多的解释工作。

为确保实现预定目标所采用的策略能够得以贯彻落实，或许我们大家都同意，妥贴的解决方案是因势制宜，更划算的办法是把有魄力的行动有时用在预防和遏制上，有时用在打击上。有时为了捍卫理想进行打击也是必要的；有时进行预防和遏制则更容易达到目的，而无须更多的人付出生命代价。一旦决定实施打击，千万不能产生事与愿违的效果。无论如何，没有实现世界和平的原因在于各方自动误解了对方的做事动机，像这样的误解可能会在全球范围内激发屈辱感。

孩子、疯子、罪犯、敌人还是畜生？哪种说法最适合恐怖分子？

2001 年 9 月，几个人驾驶着两架飞机撞上世贸中心的双子塔，此事震惊世界。这件事把美国人置于哀恸之中，他们怒火万丈。之后，美国人把战机开进阿富汗和伊拉克领空。“9 · 11”事件催生了铲除恐怖主义新法律的出台。没有人希望疯子开着飞机进入邻国的领空，然后撞进人家家里。下面这个问题很重要：恐怖分子是**可恶的畜生**，还是**疯子**、**罪犯**或**敌人**？如果是**罪犯**，他们是否还能改过自新？他们是否像孩子或者青少年一样，如果给予帮助，就能成熟起来？或者就是不可救药的人，最好结束他们的生命？

孩子的模式最合适

保守主义分子（在美国被称为**保守主义分子**的那些人）从道德上厌恶触犯法律的人，其中包括恐怖分子。那些在美国被叫作**自由主义分子**的人看不起触犯法律的人，但是又对他们怀有同情心。保守主义分子可能会说："罪犯的社会地位比**我们**的低，于是**我们**划出一条清晰的界限用以区分**彼此**，因为我们相信**他们**在本质上和**我们**不同，**他们**性本恶。"自由主义分子则回应说："**我们**在**我们**和**他们**之间划一条可逾越的界线，把**他们**当成误入歧途的孩子，如果他们肯花费力气作出有益于身心健康的努力，就能把自己提升到我们这么高的道德水准。"蒙蒂·马歇尔是这样描述**现实主义者**和**理想主义者**人性中的意象的："现实主义者除了使用棍子和篱笆把狼群挡在外边，还没有从眼前的混乱状态中看到出路；理想主义者虽然在隧道的尽头看到了一束光芒，但是根本就没有如何抵达那里的明确规划。"①

斯坦福的李·D·罗斯（Lee D. Ross）研究了**情境**（situation）和**建构**（framing）的作用。当老师告诉学生们这份作业不容易做之后，他们会经常体验到老师预测到的重重困难。然而，当老师把同一份作业说成是不用费力气就能完成的时候，学生们真的会感觉容易。老师要求学生们做一个可以选择合作、也可以选择作弊（**囚徒的困境**游戏）的游戏，还告诉他们这是一个**群体游戏**的时候，他们会选择合作。但是当同一个游戏更名为**华尔街游戏**时，学生们就作弊。莫顿·多伊奇（1973）阐释了他称之为"多伊奇社会关系原生态法则"（Deutsch's Crude Law of Social Relations），该法则认为："由特定的社会关系引发的特有的过程和结果（合作或竞争），也往往引发这类社会关系。"简而言之："合作导致合作，竞争导致竞争。"②

换句话说，我们所信奉的东西塑造了我们的现实世界——虽然肯定不是全部如此，但在很大程度上的确是这样。我们用自己的希望和建构锁定现实。

玛丽娅以病人的身份来找我，因为她觉得自己没有任何价值。她叙述说：

> 我出生在一个信奉正统派基督教信仰的家庭。我还是个小孩子的

---

① 马歇尔（Marshall），1999，第 62 页。

② 多伊奇（Deutsch），1973，第 367 页。

时候，就竭尽全力去按照基督信仰行事。我5岁、6岁、7岁时，每天祈祷一个多小时。9岁的时候，我开始如饥似渴地学习《圣经》。不幸的是，这是结束的开始。我逐渐产生了“宗教怀疑”，问了下面这个问题：“为什么所有那些只是碰巧没有听说过耶稣的人们必须下地狱？这不是他们的过错！这对他们不公平！”我不想用那种丧失尊严的方式和上帝打交道，也不想成为其中一员，我是这么认为的。在我生活的那个社会环境里，上帝是一个能被贿赂的人，是一个需要给予关注的人。这样，他才能不会像嫉妒心强的情人那样生气。我需要的不仅是一种用来掩盖人的愚蠢的宗教、也不仅是人的思想化身的宗教，而是一种更高尚、更有意义的宗教。在某种程度上，我对宗教的信仰程度比家人还虔诚、还真挚。

家人对我的想法大吃一惊，不过他们以为知道我的问题所在。我只得做更多的祷告。如果上帝认为我值得他关注，他会给我答案的。大概在我12岁的时候，我每天还是祷告、祷告，结果我的疑虑却越来越多了。我忍不住思考这重重疑虑，但也不想装模作样。宗教信仰毕竟是关于真诚的。在经历了多年的思想斗争之后，大概在我12岁或13岁的时候，我还是没有找到能把我带入家人信奉的那个基督教世界的答案。我不得不得出结论：上帝认为我不值得他关注。

我的家人不知道我已经使尽浑身解数，他们不了解我每日祈祷数小时，也不理解我的真诚与宽厚。他们反倒认为我是邪恶的。他们认为我是蓄意地、存心不良地拒绝上帝——虽然我认为自己是被上帝拒之门外的！他们本来可以在我孤独无助的时候给予我帮助、支持和安慰，他们不仅没有做到这些，反而加深了我们之间的裂痕。因为我的家人属于上帝的世界，而他们又不接纳我，我知道自己就不属于他们的那个世界了。上帝谴责我，我也不配得到他关注，我成了基督教徒不共戴天的仇敌，还受到了家人的驱逐。每天我都尽力拒绝接受这个死刑判决书，但是它却在不停地渗入到我的心灵。我的自信心降到了零点。根据家人的“真传”教诲，即使死后，我也没有任何希望被他们接纳。父母把我叫作**不共戴天的敌人**，结果真的把我变成了他们的

敌人，而我只是渴望成为**家庭中的一员**！

几年来，我不怎么和家人说话。一说话，就咄咄逼人。我对家人非常失望。他们给自己树立了我这么个**敌人**。他们认为对我的评价是正确的。但是，**他们**对我、对他们自己都做了些什么！我只是想和家人团聚！

上面这段文字说明：如果我们希望缔造一个和平的**地球村**，运用开明的方法去构建地球村会更有益处，因为人们的期望影响着他们对现实生活的创造。

他们为什么恨我们？侮辱的作用

法国国际关系研究所副所长多米尼克·穆瓦西（Dominique Moisi）在 2003 年 3 月 30 日法国频道播出的伊拉克战争节目中说："美国人输出自己的恐惧，遭遇阿拉伯国家的侮辱。美国对历史的记忆或许太弱，而阿拉伯国家，尤其是伊拉克，对历史的记忆或许又太强。"他的话描述了 2001 年"9·11"事件之后的世界，当时的美国感到史无前例的脆弱。

我认为，美国和其他西方国家受到的威胁远比我们希望相信的多很多，受威胁的时间也比我们希望相信的要长得多。然而，有悖此理的是，西方国家所受到的威胁却又并不像我们当中很多人认为的那样严重。下面让我对此作出解释。

太随意炫耀的实力受到世人的仰慕和憎恨

我的国际经历和我对侮辱的研究表明世界各地到处酝酿着愤怒情绪。2000 年，我在题为《谈判人须知：了解侮辱》一文中写道：

> 西方国家是幸运的，人权–侮辱在第三世界还没有找到希特勒式的人物。如果希特勒式的领导人争辩说，例如，西方国家的人权说只不过是一个虚伪的手段，贫富之间的差异比以往更大是一个事实，人权说是用来从这个事实中转移人们视线的。如果因此而在全世界受辱的人群中诞生了一批追随者，那么结果将是毁灭性的。鉴于有出现新

希特勒的危险，纳尔逊·曼德拉的影响之大，威望之高，又是西方国家的幸运。（林艾雯，2000，第19页）。

2001年“9·11”事件之前，种种迹象已经清晰地表明美国已经大祸临头。1998年，在肯尼亚首都内罗毕、坦桑尼亚首都达累斯萨拉姆发生了两起炸弹袭击美国大使馆事件，也门也发生了对美国战舰的袭击事件，这些只不过是其中的几个例子而已。如果把“9·11”事件当作冰山一角，那么这就是数年来，暗流涌动的盛怒所产生的后果，这一盛怒或许不仅是针对所有西方国家，而且是针对美国**太随意炫耀自己的实力**做出的回应。美国可以对自己取得的成就引以为荣，它可以顺理成章地把对它的一些批评视为嫉妒心所致。然而，即使是以误解为依据产生的合理情感，也有可能会引发灾难性的后果。即使当今世界上的本·拉登们对美国产生了误解，可他们对美国的仇恨却是着实存在的。

起码，美国还存在着**形象问题**。“其余国家”相信美国的军事力量能把世界置于更加危险的境地。[①]

> 白宫宣布设立一个永久性的全球交流处，以提高美国在全世界的形象。与此同时，众议院批准了2.25亿美元的经费用于海外文化和情报项目，主要针对伊斯兰国家，目的是纠正众议员亨利·海德（Henry Hyde，R-Ill）称之为针对美国的、由“仇恨和错误情报而引发的不和谐声音”。[②]

世贸中心双子塔倒塌的那一幕说明世界很多地区仇恨美国。然而，如果我们不能对这种仇恨作出得体的回应，“9.11”事件才刚刚是一个开始，我们可以预见在将来还会有更严重的破坏事件：数百万人会命丧黄泉；几架撞毁核电站的飞机可能会产生毁灭性的影响；无数风景如画的地区会变成无边无际的沙漠。地球上任何一个人，如果他或她拿定主意这么做，都有可能摇身变成大规模杀伤性武器。

---

① 史蒂芬·库尔（Steven Kull）指导的国际政策态度/知识网络民意调查（PIPA/Knowledge Networks poll），这一民调调查美国公众的意见，见 http://www.pipa.org/about.html。

② 黑尔（Hale），2002，第2页。

那么，我怎么又说与此同时危险小多了呢？因为在世界各地到处还能发现对美国和西方国家的无限敬仰。正如前面讨论的那样，社会地位低的人们十分渴望成为人类**单一大家庭**中的一员。很多穷人和被边缘化的人们渴望受到邀请，去过一种有尊严的生活；他们把美国和所有西方国家当作这种**美好生活**的杰出典范。美好的生活包括一份工作、一个家、一台电视机、一台冰箱，或许还有一辆车、养老保险、健康保险以及孩子们能受到的良好教育。一言以蔽之，就是过一种有尊严的生活。所有这一切在西方国家都是“正常的”，但是对世界上大多数人来说，这种正常的生活还十分遥远。

惧怕侮辱，输光胜利果实

人类的两种特性——**盲目性**和**惧怕进一步遭受侮辱**。西方国家和“世界其他国家”之间发生了一个爱情故事，人们为使它有一个幸福的结局作出了种种努力，**盲目性**和**惧怕进一步遭受侮辱**威胁到了人们作出的种种努力。盲目性具有典型的主观特征，这一点非常容易理解。很多在世界各地旅游的西方人遇到的穷人只是宾馆的仆人，或是卖文化手工制品的小商贩。他们朝我们微笑，待我们很好。不过，他们并没有把自己的真实感受告诉过我们。如果他们要对我们说些什么，他们有可能会说：“为什么你们能买得起机票、付得起住宾馆的费用？你们买机票、住宾馆的这笔钱能维持我全家人一年的生活！为什么你们的孩子能上学，还能上大学，而我的孩子们却在卖苦力？你们宣传人权，但是却禁止我们的产品流入你们的市场！你们期望我们怎么看待你们？因为我们倚赖你们，难道你们看不出来是你们的财富迫使我们朝你们露出微笑？难道你们看不出来我们的微笑是自取其辱的微笑？难道你们看不出来我们的微笑根本不是‘发自内心’的微笑？”

美国人认为，使其他文化群体摆脱压迫、捍卫其公民权和政治权是一项崇高的事业。然而，文化、社会和经济方面的人权明确规定还有很多事情要做。像菲力普·雷格兰（Philippe Legrain）[①] 这样的专家呼吁世贸协会（the World Trade Association）不仅要致力于政治权利，还要致力于人权的方方面面。“适合人类生存的环境”这一说法不仅意味着摆脱政治压迫，还意味着在全球范围内实施公平原

① 雷格兰（Legrain），2002。

则。因为西方缺乏在全球范围内追求公平原则的热情，所以这会让那些用心倾听人权思想的人们感到失望。其中一个时髦词儿是在美国和欧盟实行的**农业补贴**：在欧洲和美国，一头牛每天能得到大约2.5美元的补贴，这比世界其他国家小农场主的日均收入还多2倍，更贴切地说，它高于世界上一半以上的人口的平均收入。这一令人憎恶的数据使“丑陋的美国人”和“丑陋的欧洲人”看上去很像那些实行侮辱性双重标准的人。美国人和欧洲人的盲目性恶化了这个问题。

盲目性能得到治愈。然而，最近新添加了第二个因素——惧怕有朝一日再遭侮辱——和各种情感融为一体，阻碍了目标明确的种种努力。突发事件的紧迫性，勇敢地捍卫自己的亲人和国家免遭恐怖分子侵袭的必要性，都转移了我们对更基本的任务——在全体世界公民中建立长期的信任——的注意力。

全球一家人！美国的安全取决于全世界的安全

或许，“9·11”事件留给人们最深刻的教训是相互依存。在这个相互依存的世界里，每个国家的自由和安全，包括美国的自由和安全，都取决于全球的自由和安全。在这个相互依存的世界里，侮辱会产生事与愿违的结果，因为大家住在同一个玻璃房子里。把当今世界各民族划分成敌人和朋友两个阵营是一件极度奢侈的事，有必要把大家转变成**和睦相处的——或起码是可以相互容忍的——邻居**。要做到这一点，必须弥合裂痕，永远不能加深裂痕。

美国人认为，武器核查在伊拉克没有发挥作用，而十几年的制裁肯定也从未发挥过作用。国际社会未能履行自己的职责，美国不得已才介入进来，去拯救那个软弱无能的联合国。但是，或许我们需要做的是加强国际警力，而不是因为联合国有败绩就架空它。

人类在越来越多的地区实现了和平。城市曾经需要城墙设防，旅行者不得不防范劫匪，后来又把城墙挪回原处用于保护全体国民。北大西洋公约组织以及世界上那些和联合国相同的组织又进一步把“城墙”扩展了很多。我们何时才能做好准备，把全人类置于**唯一一个警察部队**的保护下？我们何时才能放心大胆地强化现存的多边机构，以便能**逮捕那些犯了反人类罪行的暴君**？

警力无法驾驭危局的时候，有两种选择：每个人或者为了自卫拿起武器，或者帮助警察加强警力。无论是在局部，还是在全球，前者好像是历史的退步，而后者则是历史的飞跃。当警力不足、不能履行职责的时候，任何一个公民都不能说“警察失职”之类的话。反之，他要说：“我们没有为警察提供充足的资源。”美国可能愿意这么说：“我们没有为联合国提供必要的支持和人力资源。”联合国未能恪尽职守之时，便是各成员国未能恪尽职守之日。大家谁也摆脱不了自己应尽的责任。

联合国副秘书长沙西·沙洛尔（Shashi Tharoor）在2003年4月15日参与英国广播电台国际频道蒂姆·塞巴斯蒂安（Tim Sebastian）的《针锋相对》节目时表示，联合国的各项决议不会“自动付诸实施”，它们需要各成员国有实施各项决议的政治意愿。他引用丘吉尔的一句话：“除了所有其他制度外，民主是人类智慧设计出的最糟糕的制度。”现行的联合国制度被视为**地球村**民主制度的先驱，丘吉尔的这句话用在这里也是很合适的。

如果我们想获得一个稳定的、可持续的世界秩序，那么就有必要拿出行动来。预防、遏制、为维持世界的可持续性投入时间、精力——所有这些活动都是付诸行动的具体做法。行动不能限于事后的损失控制。必须建立信任，必须在全球范围建立信任，要达成这一愿望需要大家作出艰苦卓绝的努力。美国人具备勇敢行动的品行，全世界人民需要美国能把这一非凡能力投入到建立相互信任、尊严平等这一特殊的国际主义上去。查尔斯·库普钱（Charles Kupchan）[①]写过一本书，题目是《美国时代的终结》。2003年3月18日，他在英国广播电台国际频道的《针锋相对》节目中与蒂姆·塞巴斯蒂安一起做过一次访谈节目。在节目中，他预测美国或许有朝一日在听腻了“美国佬滚回去”这句话之后，还会回到政治上和经济上的孤立主义中去。他建议美国最好给其他国家更多的政治空间，自己稍微往边上靠一靠，让这个世界按照自己的节奏发展一段时间。

我认为，美国采用新型国际主义的时候到了，这是和多边主义相结合的国际主义，而不是和单边主义相结合的国际主义。必须维护**全世界**的安全——而不只是维护美国的安全。的确，**美国的安全取决于全世界的安全**。没有世界各国的安全，就根本不可能有属于美国自己的安全。请求美国放弃**美国的反恐战争**，加入到**全世界**

---

① 库普钱（Kupchan），2002。

监管恐怖分子的努力中来。与此同时，为在**全世界**创造一个在社会上和生态上可持续发展的未来而努力奋斗——而不是为**抗击**“敌人”而努力奋斗。

来自世界人民的道歉！世界人民能为美国做些什么？

反美言论和“美国佬滚回去”的呼声，对美国国民产生了侮辱性的效果，就连最坦率、最关心时政的美国百姓，当他或她遭遇到一连串敌意，在理智层面可以理解，但是在情感层面却不能完全理解的时候，他或她一定会感到些许的恐慌，一定会奋起自卫。

如果**地球村**的全体村民要享受和平、繁荣，那么在美国和世界其他国家之间达成和解则是关键问题。培养全球全体公民的权利意识、发挥其潜力是一种文化，美国既有实力推动这一运动的发展，也有实力阻碍它的发展；在着手建设可持续发展的**地球村**的时候，我们需要美国人民、美国政府和国际社会一道作出努力，而不是和国际社会唱对台戏。

我相信世界属于它自己，属于美国，也属于我们共同的未来，为了帮助美国和美国人民找到一条释放恐惧和痛苦的途径，美国可以以全方位合作伙伴的身份，全身心地加入到世界人民的行列中来。在寻找那看似是不可能实现的目标的时候，我采访了来自美国休斯敦的一位朋友，她叫凯瑟琳。凯瑟琳在和我的对话中谈到“9·11”事件之后，她的同胞们对所经历的敌对情绪的感受。凯瑟琳和很多美国人一样意识到，美国对阿富汗和伊拉克的军事行动不仅是卑鄙龌龊的，也是徒劳无功的。凯瑟琳和她的很多同胞一样，在寻求更有效的解决问题的途径。当今世界很多国家针对美国表现出来了强烈的敌对情绪，美国人对此不仅觉得受到了伤害，而且还感到困惑不解。下面这几段话是根据我们之间的谈话改编而成的。

> 凯瑟琳：实际上，美国人不太信任联合国，也不太信任任何人。如果你考虑一下这件事，那就是这个世界还没有给予我们充分的理由赢得我们的信任。美国人对世界的感受一直不是很愉快的。在16、17和18世纪，你们把我们美洲大陆当作垃圾场，一个流放你们不喜欢的人的地方。在20世纪，你们把我们拖进两次恐怖的世界大战。联

合国是一个谈理论的好地方，但都是夸夸其谈。这种讨论问题的形式让我想到了大学里举办的研讨会。美国人还没有看到世界其他国家确实需要和平的证据，但是我们却在世界大部分地区看到了大量以战争和仇恨为生活方式的证据。

林艾雯：什么样的证据？

凯瑟琳：生活在美国的人差不多都和我持同样的观点，因为世界上任何一个地方都不愿意收留他们。我们的国家是由被流放的人们——其他任何一个地方都不收留他们的先辈的人们——组成的国家。我的曾祖父母来到美国，是因为他们在爱尔兰快要饿死了，他们的英国主子蓄谋饿死他们。

林艾雯：可是，凯瑟琳，这是很久以前的事了。

凯瑟琳：波斯尼亚人还在为1,000年前发生的事打仗呢，我在美国的家族史仅可追溯到100年前。为什么美国人就应该比其他人健忘？你的意思是我们应该比其他民族更宽容大度，更有理性，更慷慨大方，更完美无缺？世界给予美国的只是被遗弃的人、两次世界大战和一系列遗留问题，可世界人民好像指望美国能调整好自己立刻解决这些问题。

林艾雯：凯瑟琳，统计数据表明美国人消费了世界上大部分资源。难道你们看不出来很多人对这一数据感到愤愤不平吗？

凯瑟琳：我知道这些统计数据。美国人大概占世界总人口10%，却消耗着世界上80%的资源。这当然令我惴惴不安，我希望人人都能满足自己的需求。可是，林艾雯，世界人民是否知道我们是怎样不辞辛劳地工作才拥有了现在的生活？我每天至少工作12个小时，世界上所有的人也工作这么长时间吗？我不明白他们怎么有这么多时间——更严格地说，不该有这么多时间琢磨着怎么去仇恨美国人。我有些不明白，世界人民对我们的同胞做出一次次骇人听闻的勾当后，还觉得理直气壮。之后，还期望我们彻底改变立场，给他们送钱、送食品，送他们百废待兴所需要的一切。所有的美国人都知道其他国家遗弃了自己的先辈，认为他们品行不端。随便旁听一个美国的什么社团，总会有人讲一个他的先辈来美国之前的遭遇。

林艾雯：你希望世界人民向你们道歉吗？

凯瑟琳：荒唐！谁会向一个自称为世界上唯一超级大国的国家道歉？

林艾雯：如果你们知道世界人民了解了你们的先辈被驱赶到北美之前所遭受的苦难，是否会感觉好受些？

凯瑟琳：他们永远也不会了解——因为他们**不想**了解。他们会津津乐道地讲我们是多么的邪恶。如果他们真了解我们，怎么会对我们这么恨之入骨呢？

林艾雯：你愿意听我们说一声对不起吗？

凯瑟琳：我认为道歉是礼貌。不过，这样做好像是在浪费时间。

林艾雯：我们，世界上的非美国人，为你们先辈遭受的苦难和被驱逐出自己的祖国向美国人民致歉。我们能看出来，现在你们还是害怕我们……

凯瑟琳：是的，我们害怕你们。因为我们不知道你们什么时候又会与我们反目成仇……不论我们做什么，永远是错的。

林艾雯：……你们蜷缩在自己的国家，因为其他国家对你们好像是如此的陌生、如此的充满敌意。你们认为要么退出这个世界，要么主宰这个世界。把我们视为同等的人，似乎令你们感到惶恐不安。我们愿意为造成你们这种痛苦的孤立局面的每一件小事道歉。不仅如此，我们还邀请你们成为我们的一部分。我们感谢你们在第一次世界大战和第二次世界大战期间和之后帮助欧洲摆脱了困境。我们经常像不知感恩的孩子那样做事，为此我们向你们道歉。你们采取行动，我们指责你们越俎代庖；你们不采取行动，我们又指责你们冷眼旁观，反正你们怎么做都不对。我们为自己这种自相矛盾的做法向你们道歉。我们嫉妒你们，为此向你们道歉。和你们的优点相比较，承认我们的软弱无能也不是一件容易做到的事。你们希望给世界其他国家带来更加美好的生活，为此，我们为你们喝彩。你们心胸宽广，你们愿意拿出行动来，而我们这些人却在坐观成败。我们也敬仰你们这种品行。还有很多重大问题——全球恐怖主义、贫穷以及濒临灭绝的生物圈有待解决。我们的队伍，需要你们来壮大；我们的活动，也需要你们来参与；像参与短期打击那样，也邀请你们频繁地参与到长期强化与预防中来。我们知道，你们现在觉得很难做到耐心地寻求安全感。我们知道，一直庇护着你们的两个大洋现在已经难以构成屏障。不过请听我说，假如“9·11”给你们的教训是世界各国是互相依存的，那么在不蕴含任何侮辱的情况下，谦卑地帮助他人则是比以往任何时候都更深刻的教训。让我们一起唤起马歇尔计划的精神，让我们一起走曼德拉的道路。尽管大家的民族身份不同，我们许诺要和你们风雨同舟。请你们学着像爱美国一样，爱我们的地球。请接受我们的道歉，并让这份歉意渗透到你们的心灵深处，或许到那时，你们就会把这颗地球当作自己的家园。请相信，我们理解贵国被贬低和遭受侮辱时的感受。心理受到创伤的人们需要康复，需要支持，也需要关爱。那就让我们给予你们这份关爱吧。处于压力中的人并不总是自身利益的最佳代表，那就让我们向你们伸出援助之手吧！请你们放下武器，参与到地球村的建设中来。

凯瑟琳：谢谢你，林艾雯。我欣赏你的真诚和智慧，你已经向和解迈出了第一步，我认可你为此作出的努力。

现在的世界需要彻底重建彼此之间的关系，仅靠一次谈话或一次道歉恐怕还不能达到这一目的。然而，如果我们都愿意拿出向和解迈进的小小的行动来，那么我们一定能实现重建彼此之间关系的目标。我们不能指望紧张的关系会自动缓解。美国和世界其他国家曾经有隔阂，花了很长时间才赢得了今天的局面。隔阂不会在一夜之间消除。但是，当一个人每次都感觉有人在倾听他诉说、在认可他的时候，消除隔阂的进程就踏上了一个新台阶。

随着隔阂的逐步消除，如果我们能把陈腐的、毁灭性的“我知道我们做过坏事，但是你们还做过更坏的事”用新的、建设性的对话替换下来，我们会从中发现快乐。可能这一天会到来，到那时，我们——全世界的公民——会坦然地作出承诺，不再轻视彼此遭受的苦难，也不再一次次地撕开他人曾经给我们造成的创伤。

一定要搞清楚我们大家既是受害人，又是施暴人，因为我们都在人类的现实生活中受苦受难。

在和凯瑟琳的另一次谈话中，她与我分享了她所理解的美国神话所产生的力量。自己的先辈们被其他国家驱逐，当她的同胞们对这段历史冥思苦想的时候，他们产生了深深的共鸣：

> 纵观美国历史，我们美国人和新来的人们挤在一起，不得不结邻而居。如果他们还在自己遥远的故乡，他们甚至有可能还在互相残杀。我们的邻里住满了波兰人、德国人、西西里人和北意大利人、犹太人和天主教徒，巴基斯坦人和印度人——这是个五花八门的杀人犯的组合体。这些邻居本应自毁自灭，可是他们却没有。他们不仅躲过了劫难，而且还在事业上兴旺发达起来。如果说有点神秘的话，那就是他们在过去的废墟上创建了一个崭新的、共有的身份。我们的祖父辈、父辈终身相互杀戮的事在这里不重要了。“在孤立中团结一心”的美国神话已经超越了这段悲惨的历史，美国神话使我们能在和平、和谐中共同生活，爱护彼此的孩子、组成社团、开办公司、修建教堂和创立国家。
>
> 全球的人都对我们有敌意，美国人需要作出重大牺牲才能克服这一想法，做到这一点绝非易事。美国神话讴歌英雄主义，难道还有另一个神话也会如此的美丽动听，如此的富有感召力、创造力，如此的欢愉，也能把很多不同的民族团结在一起组成一个完整的新国家吗？这个世界还能再献给我们另一首如此动人心弦的歌曲吗？

从某种意义上讲，这本书的所有章节都是针对凯瑟琳提出的质问作出的回应。我相信，凯瑟琳和她的同胞们能在日益崛起的地球村中找到他们渴望的新神话——一个比凯瑟琳的美国更年轻的世界，一个为了自由需要她的国家竭诚奉献，并能和全球积累起来的智慧融合在一起，共同创造一种——和她的祖国一样的——人类从未体验过的代表人类的新生活。

小　结

本章提供的几个例子使我们领略了侮辱引发的广泛后果。侮辱可能导致像大屠杀这样的极端反应，但是也有可能与悄然侵蚀的跨文化之间的关系有关，或许也会导致激动人心的曼德拉式的和平解决。而且，这些实例说明侮辱是怎样在各个不同层面发生的，侮辱既影响群体与群体之间的关系，又影响人与人之间的关系。

本章给予美国这个个案特殊的关注。应该邀请美国从被孤立的痛苦中走出来（“你们不要我们了，我们为什么还要和你们合作?”），加入到呵护我们的地球这一共同的事业中来。本章试图削弱萦绕在很多美国人脑海里、郁积在内心的痛苦，世界上的其他国家或忽略或没有考虑到他们内心的痛苦，无论是源于怀疑，还是无知。为了世界的未来，我们付不起轻视美国人这种思维模式的代价。众所周知，受害人常常成为施暴人，而施暴人又常常成为受害人——洞悉了这个问题的实质，那就让我们抓住沟通的契机吧。

第六章　侮辱与恐怖主义

现在人们普遍拒绝使用酷刑（torture），而从前的情况往往不是这样。在漫长的岁月里，残酷无情的惩罚，在不同程度上曾经是社会生活中正常的组成部分，不仅如此，它还被置于法律的神圣地位。这让我想起了宗教法庭——为了挽救人们的灵魂，中世纪的天主教会动用酷刑拷打他们。人们不仅认为这样做合法，而且还得到了神的恩准。宗教法庭的审判官们，甚至把圣水洒在各种刑具上拷打罪犯。早期希腊和罗马的法律规定：只对奴隶动用酷刑，自由人只在叛国的情况下才受到酷刑的惩罚，叛国罪会剥夺他们处于权力金字塔顶端的社会地位。1975 年，伦纳德 · A · 帕里（Leonard A. Parry）解释说，英国在伊丽莎白女王统治时期使用的酷刑比历史上任何一个时期都多。对若干种犯罪的惩罚是将罪犯关在笼子里吊起来示众，等到罪犯奄奄一息的时候，才被解下来大卸八块。虽然伊丽莎白女王通常会赦免贵族和高官，但她还是把叛国罪当成最严重的罪行之一。

你活该受辱：酷刑在等级名誉社会里是“正常的”

正如我们所看到的，（把酷刑合法化了的）统治精英们在对地位平等的人动用酷刑的时候会犹豫不决。地位卑微的人和犯叛国罪的人一样都更有“资格”受到酷刑，人们认为叛徒们的叛国行径使他们自己失去了和统治精英们相同的社会地位。在人类过去漫长的历史时期里，酷刑深深地根植于等级名誉社会。因此，上流社会在对付地位卑微的臣民时动用酷刑是合法的，也是正常的。威廉·V·哈里斯（William V. Harris）①解释了亚里士多德是如何把面对自己和家人的受辱都不生气的人说成是“没有骨气”和“不光彩”的人。然而，奴隶和妇女没有权利展示主人那样的自信——他们只有受气的份。

谁也不该受辱：人权把酷刑变成奇耻大辱，把侮辱变成头号酷刑

在人权体系中，人人享有尊严平等的权利。没有人再把他人当成低人一等的人，而且谁也不再具备遭受酷刑的“资格”。在人权背景下，酷刑令人感受到了十足的猥亵。按照法规衡量，酷刑和侮辱人的行为损害的不再是人的名誉，它们不仅重创了人性，而且还完全非法地贬低了人性。在人权道德领域里，酷刑会给人们带来良心上的谴责，甚至超过了在等级名誉社会里给地位平等的人用刑时所带来的良心上的谴责。酷刑因其亵渎人性而在道德层面引起了人们的深恶痛绝。

因为酷刑变得越来越猥亵，侮辱人的行径便获得了新的含义。侮辱成为酷刑的核心问题。我们看到，侮辱给人精神上带来的痛苦超越了肉体上的痛苦。现在，侮辱人和折磨人的肉体相比较，前者给人造成的伤害更大，因为尊严平等已经成为人性的本质。在人权背景下，无论是给人以没有尊严的待遇，还是让人隐忍没有尊严的待遇，既降低了，也侮辱了施暴人和受害人双方的人格。享有进一步贬低下等人的权利的施暴人不再是“高人一等”的人，平民百姓也不应该再受到如此这般的虐待。人权把酷刑变成奇耻大辱——它违背了不可侵犯的人人尊严平等的信条——把侮辱变成了头号酷刑。

---

① 哈里斯（Harris），2002。

“南方名誉”和酷刑

在当下这一历史时期，随着人权思想被接受，包括酷刑在内的名誉策略在世界范围内，已经不再是“自然的”或者“英勇的”行为，而是“令人厌恶的”恶行。更有甚者，随着人权运动赋予动物和大自然以尊严，“酷刑”的标签贴在了越来越广泛的领域。人类的消费形式千姿百态，以前被认为“正常的”消费形式，现在被人权捍卫者视为令人憎恶的酷刑。由于我们盲目地把人、动物和大自然作为低级类别对待，还把虐待他们视为常态，为此，子孙后代很可能把现在的我们视为野蛮的、麻木不仁的一代人。

等级名誉在两个领域里依然有着很强的影响力：在世界一些地区（例如，在那些妇女认为挨打是合情合理的地区）和在某些宏观层面，即国际上那些有权有势的统治精英彼此打交道的场合。名誉在处理与外交政策有关的事务中、在武装部队中、在外交人员中，常常比在社会地位较低的普通公民中起着更重要的作用。正如唐纳德·卡根（Donald Kagan）[①] 所言，保持国家“光荣的”杰出地位的热情，在过去适用，在当今世界依然适用，尽管人权说部分地掩盖了“国家荣誉”，并且人们也不像过去那样爱公开拿国家荣誉说事了。

美国政府（2005 年）深陷**南方名誉**中，这是历史学家伯特伦·瓦特-布朗（Bertram Wyatt-Brown）在他写的同名著作中描述的情况。在瓦特-布朗看来，南方对“勇士道德”的喜爱包含下列几个要素，即“世界应该认可一个国家的崇高声望；如果这一要求没有被给予充分尊重，该国会惧怕受到侮辱，渴望名誉；最后，一旦丧失了这种或那种德行的美名，丧失了自我辩白的权利，那么，无论是在个人领导的决策中，还是在集体或国家话语中，都会产生复仇的冲动。”[②] 大卫·哈克特·费希尔（David Hackett Fischer）告诉我们，南方人“鼎力支持了美国的每一次战争，不论战争的性质如何，也不论是在和谁打仗”[③]。社会心理学家理查德·尼斯

---

① 卡根（Kagan），1998。

② 瓦特-布朗（Wyatt-Brown），1982。

③ 费希尔（Fischer），1989，第 843 页。

比特（Richard Nisbett）和德芙·科恩（Dov Cohen）[①] 阐释了美国南方名誉文化中的暴力心理学。

概念化的东西诸如“‘他们’想摧毁我们的意志，但是‘我们’绝不会让他们得逞，”或者“‘他们’是懦夫”、是“敌人”，本能地与充满阳刚之气的名誉准则嵌在一起。这个名誉准则在“力量”的较量中，在“占上风”中，在“胜利”中，在避免看上去是“懦弱无用的人”或“胆小鬼”中，换句话说，在避免显得“女人味”中茁壮成长。在这种背景下，人们认为侮辱“这个敌人”是正当的，尤其是敌人没有表现出“男子汉气概”的时候，据此，他被认为在名誉上丧失了同一级别的人所拥有的社会地位。在这种心境下，恐怖分子是“不法之徒”，因为他们隐藏在“平民背后”，所以是“懦夫”，无论他们实际上可能投入了多大的勇气（即使是误投）。“非法参战者”“背叛”了传统的名誉准则，这使他们可以“随意”受到酷刑。我们从对诸如“非法参战者”这类人的介绍中得知，**南方名誉**虽然不再受到公开挑战，但是却依然渗透在美国的某些政策里。

对“敌人”动用酷刑能保护我们吗？

有一个观点认为，为获取抵御恐怖行动的情报而动用酷刑是必要的，这一论点——如果曾经起过作用的话——随着人权思想被主流所接受，会越来越不起作用。有些人本来能成为人权倡导者，但是对他们动用酷刑起到的是南辕北辙的作用。正如前面所阐释的那样，酷刑在本质上和尊严平等的人权思想相抵牾。一边宣传人权，一边动用酷刑，这种做法加倍地降低了施暴人的信度——首先，自相矛盾；其次，施暴人无视自己前后不一的立场。

大部分审讯权威人士认同，使用酷刑和几种较轻的肉体惩罚方式能从犯人嘴里获得口供，但是他们的供词并不一定真实可靠。举例来说，美军在阿布格莱布监狱（Abu Ghraib）的虐待伊拉克战俘事件，或许未能促进美国情报事业的发展。威利J·罗厄尔（Willie J. Rowell）在中央情报局军队刑事调查科当了 36 年特工，他告

① 尼斯比特和科恩（Nisbett and Cohen），1996。

诉西莫·M·赫什，对囚犯使用暴力或侮辱手段往往达不到预期的目的。“不管供词是否真实，你想听什么他们就告诉你什么……你得不到货真价实的情报。”[1] 加拿大的威廉·桑普森（William Sampson）[2] 在沙特阿拉伯受刑长达三年之久，他在自己的书中这样描述说：我的供词都是“灌输到我头脑里的”指控。

应该用以上事实来判断一下“定时炸弹”论，即如果犯人知道定时炸弹的藏匿地点，那么，为了避免定时炸弹爆炸这一暴行，对犯罪嫌疑人使用酷刑天经地义。问题是我们怎么知道有个犯人正是那个放定时炸弹的恐怖分子？为了辨认这个放定时炸弹的恐怖分子，我们不会迫不得已对所有的犯罪嫌疑人都动用酷刑吧？那样的话，我们不仅会得到很多假供，而且还会漏掉那个真正的恐怖分子。“恐怖分子不守规矩，为什么我们要守规矩”的论点，在本质上互相矛盾。如果我们都抱着“他们蓄奴，为什么我们不能蓄奴”的态度，就永远也不可能废除奴隶制度或种族隔离制度。

甚至更糟糕的是，动用酷刑的做法可能会引发更多的恐怖活动，而不是减少恐怖活动。2004 年 9 月 7 日，英国广播公司在其王牌节目《针锋相对》中采访了乔恩·索皮尔（Jon Sopel），他说关塔那摩监狱的辩护律师克莱夫·斯坦福-史密斯（Clive Stafford-Smith）得出的结论是，使用酷刑不仅是道德上出了问题，而且还是在做“蠢事”。“如果你得不到真实情报，就激怒了全世界人民。”他主张：“我们必须维护我们这个制度的文明，否则会发生更多的，而不是更少的‘9·11’事件。”并非斯坦福-史密斯一人持这一观点。设在伦敦的阿拉伯日报《圣城阿拉伯人报》（Al Quds al-Arabi）的编辑阿卜杜勒·巴里·阿特旺（Abdel Bari Atwan）告诉我们，美国人习惯对阿拉伯国家的人使用酷刑，他们这种做法引发了灾难性的后果。阿拉伯人认为，酷刑是美国的官方策略，“动用酷刑并不是几个美国士兵的事儿，它是美国官方文化蓄意羞臊、侮辱穆斯林的产物”。然而，这激怒的不仅是“全世界人民”。所谓的中央情报局秘密监狱允许虐待囚犯，《华盛顿邮报》对此事是这样报道的：“中央情报局官员对这种安排是否明智的争论还在继续，其中有些官员还围绕着这一安排能否持续保密也进行了辩论。”据报道，一名情报局官员说：

---

① 赫什（Hersh），2004，第 5 页。

② 桑普森（Sampson），2005。

“这简直是一个沉重的负担。”[①]

2004 年美军在阿布格莱布监狱侮辱伊拉克战俘的丑闻众所周知。美军实施了一系列侮辱行动，例如，强迫战俘头顶女人内衣赤身裸体地站着，男看守，还有女看守都拿他们取笑，有时还把这个姿势拍下来。美国政府最初的反应说，这些照片震惊了总统，令他气愤，但他回避了“酷刑”一词。官方立场是囚犯可能被当成了“受虐待”的对象，最终又成了“被侮辱”的对象，总统只承认这些而已。苏珊·桑塔格（Susan Sontag）陈述了国防部长唐纳德·拉姆斯菲尔德（Donald Rumsfeld）在记者招待会上说的一段话：“给我留下的印象是，目前指控的这些事情都属于虐囚范畴。我认为，从技术上讲，它们和酷刑还不是一回事。因此，我不打算使用‘酷刑’这个词。”[②]

我们再次看到**南方名誉**发挥的作用。在等级名誉的道德社会里，人们更看重肉体对人的折磨，而不怎么看重侮辱对人心理的伤害。然而，在人人尊严平等的道德社会里，侮辱成为酷刑的核心问题。侮辱恰恰是酷刑可能给人造成的最致命的创伤。尼尔斯·阿尔特（Nils Alte），法尔斯塔德监狱的另一名囚犯，讲述了党卫军是怎样命令他把胳膊放在身体两侧，直挺挺地躺在地板上的。然后，党卫军让他保持这个姿势，把他拖下水泥台阶，他的头碰撞着一级又一级的水泥台阶，鲜血从头部汩汩而出。然后，又命令他原路爬回，还要舔净洒在每一个台阶上的鲜血。他说：“虽然很疼，但是不堪忍受的痛苦不是酷刑带来的肉体上的疼痛；极度的痛苦是对我的侮辱和对人格的贬低。”他认为，苦不堪言的痛苦既不是肉体的疼痛，也不是肉体的毁灭，而是感觉受到的侮辱，虽然遭受侮辱是家常便饭。在实地考察中，我从当事人那里也听说过同样的情况。

在当今世界，我们观察到，酷刑和侮辱这两个概念标准允许我们衡量人权变革所处的位置，以及在何种程度上铲除了根植在人们内心深处的等级名誉（还有与“合理”侮辱密切相关的概念）。这里还有个变化。英国广播公司报道了美国国务卿康多莉扎·赖斯（Condoleezza Rice）访问乌克兰时说的话：美国受到联合国禁止酷刑公约的约束。英国广播公司指出，美国司法部长阿尔伯托·冈萨雷斯（Alberto

---

① 普莱斯特（Priest），2005，第 4 页。

② 桑塔格（Sontag），2004，第 2 页。

Gonzales）去年说，联合国禁止酷刑公约不适用美国对海外外国人的审讯。赖斯的评论和冈萨雷斯的话格格不入。然而，赖斯的一名助手说，她的评论是“要澄清美国政策，而不是美国政策发生了什么变化”。[①] 假如我们是火星人，必须对地球上的人权变化做个报道的话，我们可能会报道如下：正如围绕酷刑进行的拉锯式辩论所表明的那样，虽然酷刑这一令人不快的现象和种族隔离制度一样已经被废除，但是其彻底转变依然没有完成。

行刑人是和你我一样的人

著名的米尔格拉姆实验（Milgram experiments，又称服从权力研究 Obedience to Authority Study，是一个非常知名的针对社会心理学的科学实验。为了测试受测者在遭遇权威者下达违背良心的命令时，人性所能发挥的拒绝力量到底有多少。——译者）[②] 为如下事实提供了一个有力的佐证：如果给予适当的压力，任何人都有可能成为行刑人。美国的普通公民愿意做伤害他人的电击，仅仅因为做实验的研究人员告诉要他们这样做的。

玛萨·哈金斯（Martha Huggins）试图深入挖掘**施暴人**（Violence Workers）的“本质”。她指出，在研究中探讨的希腊或巴西的行刑人，都不是从一开始就是虐待狂，或者精神失常的人。反之，政府精挑细选了一批“正常”人，之后便开始塑造他们。哈金斯和她的同事一起采访了前巴西监狱特工乔治，乔治在访谈中把“酿成他们罪恶的陈词滥调”叙述得惟妙惟肖。他每年大概要杀人 80 次。哈金斯问他，这是否意味着亲自杀死 80 个人，他说：

> “哦，不，不是 80 个人，”他回答说，“是 80 次。我只有一次是灭门！”说完这句话，他就离开了访谈室，不料他很快又回来了，还从自己的诗画中各挑选了一幅作品，作为礼物送给我们的女研究员。这几件礼物的含义是让我们放心，他不是什么杀人不眨眼的恶魔，而

① 2005 年 12 月 5 日，http：//news. bbc. co. uk/1/hi/world/americas/4506682. stm。

② 米尔格拉姆（Milgram），1974。

是一个感情细腻、有创造力的人，只不过碰巧杀死了一些男人、妇女和孩子而已，这段经历只是一个插曲。[①]

通过给精选的士兵进行脱敏训练，并授予他们荣誉，然后就把他们塑造成了杀人不眨眼的刽子手。这一过程是先从进入特殊的精英单位（KESA）开始的。哈金斯报告说，被行刑单位录用一事“自动提高了这些士兵的社会地位。他们身穿特殊军服，在和其他士兵相当的服役期内，他们的军衔高于其他士兵。不仅如此，同龄人通常得不到他们享有的特权和资源。身为一名这样的士兵就是荣誉。”[②]

然而，在享有这种荣誉之前，新兵们先经历了强化版的侮辱，他们连续几个星期遭受侮辱，经历非人的折磨。“……如此残酷的折磨消解了他们对疼痛和苦难的感受，促使他们绝对服从领导，导致他们接受该制度的思想体系，加强了他们毁灭国家指定的敌人的决心。遭受欺凌还为新兵提供了亲历现实版暴力事件的机会，他们会在未来的职业生涯中接受暴力。”[③]

酷刑幸存者：向人类尊严发起的一次可怕的进攻

泽普·格雷斯勒（Sepp Graessner）编了一本书，题目是《站在酷刑幸存者的立场上：向人类尊严发起的一次可怕的进攻》。

一名囚犯这样写道：“雨点般的殴打，殴打的不仅是你的身体，更多的是你的灵魂、精神和理智。疼痛和侮辱流遍全身，抵达你的灵魂和自尊心。你不仅感觉到极度的痛苦，它还穿透你的意识，你得咀嚼它。你想尖叫，发自肺腑的声声尖叫，一路挤向喉咙，但是理智、自我意识和自尊心遏制住了所有这一切的发生，结果几乎令人窒息。

---

① 哈金斯，哈利托斯-发图罗斯和齐姆巴多（Huggins，Haritos-Fatouros，and Zimbardo），2002，第237页。

② 哈金斯（Huggins），第239页。

③ 哈金斯（Huggins），第239页。

这是身体与心灵之间的搏斗，也是身体与精神之间的较量。”①

泽普清晰的叙述说明，人的心理承受能力需要发挥到极致才能忍受酷刑，即使是在酷刑结束之后，饱受折磨的受害人也会缄口不语以掩盖这段极度痛苦的经历。

> 即使肉体上的创伤在某个时候能愈合，但是如果没有外界的帮助和治疗，心灵上的创伤则会遗留终身。受害人经常遭受极度抑郁的折磨，噩梦、焦虑形影不离；健忘、烦躁不安、错觉、无能为力的感觉、常常在咄咄逼人的过激反应和冷漠之间转换，这些都是能观察到的受害人所具有的特征。②

我和受过酷刑的受害人（1998 年在索马里兰，后来在以色列又和一位第二次世界大战中大屠杀的幸存者）谈过话，从中了解到在酷刑、屈辱和羞愧三者之间存在着错综复杂的关系。屈辱是各种错综复杂的行为和情感的表现形式，无论一个人是否感到羞愧，屈辱都有可能发生。人们普遍认为，羞愧是优点，恰恰因为是优点，行刑人为达到自己的目的才侮辱受害人。没有羞愧感的人被视为禽兽。很多人在噩梦中，梦见自己一丝不挂地躺在地板上自己的粪便里（这里没有什么令人吃惊之处，此梦境是受刑的翻版），陌生人站在他们身旁嘲笑、奚落他们。酷刑是利用人们的羞愧感来侮辱受害人，进而使用侮辱又使人产生羞愧感。

然而，和曼德拉的情况一样，人们面对侮辱行径，也能坚决拒绝产生屈辱感或羞愧感。受过酷刑和虐待的人讲述说，即使他们感觉受到了侮辱，能重新振作起来的部分原因，是他们确实在经历侮辱的时候没有感到羞愧。有一个年轻人——让我们叫他阿穆德吧——告诉我，士兵们殴打他、侮辱他的时候，他不仅没有产生丝毫的羞愧感，而且还有大获全胜的感觉——他差一点被打死——因为他这种困境证明了他能勇敢无畏地抵抗压迫（2004 年私人通信）。他说，面对压迫带来的屈辱，只要他俯首帖耳、逆来顺受，就感到羞愧难当、无地自容。他解释说，正是这种没有产生羞愧感、反而产生了胜利感的侮辱解放了他，使他重新振作起来，并赋予他新的自豪感。

---

① 格雷斯勒（Graessner）（编），2001，第 13 页。

② 格雷斯勒（Graessner），第 13 页。

酷刑、屈辱和共情是怎样与恐怖主义联系在一起的

酷刑、屈辱、共情能和恐怖主义联系在一起。当亲人“受到侮辱”后，我们会产生共鸣，而这“充满痛苦的”共鸣又激发了人们参与恐怖活动的愿望。在埃及，我治疗过患抑郁症的巴勒斯坦病人，因为他们认为自己应该帮助在巴勒斯坦受苦受难的家人，而不应该留在开罗读书为自己的幸福生活做准备。

法丽达，一个还不到20岁的年轻姑娘，向我讲述了这样一个感人至深的故事。

> 我父亲让我读书，结婚，然后去过正常的生活。可是我姑母、叔父、侄女和其他家人都在巴勒斯坦受苦受难，我怎么能有笑容，怎么能有笑声，也想不起什么高兴的事来。他们的痛苦是压在我肩上的一副重担，我全身心地感受到了这副沉重的担子。有时，我不能入睡，身心倍受折磨。
>
> 我知道我这个年龄的巴勒斯坦人不在乎这类事。他们去迪斯科舞厅跳舞——甚至酗酒，这种做法为我所不齿。我们的同胞处在水深火热之中，我们应该帮助他们。如果我们不能直接帮助他们，起码不应该过花天酒地的生活，这是对同胞的嘲弄；我们也不能无情无义，或者完全把他们抛在脑后。我认为只要同胞们在受苦受难，自己就没有任何权利享受生活。
>
> 我尊敬父亲，尽力遵从父亲的意愿，专心学习。如果不是为了父亲，我会回到祖国，结婚，尽量多生几个儿子。然后，用美好的品行把他们养育成人。如果有个儿子能为民族献身，我会万分高兴。
>
> 我认为，人肉炸弹是英雄，因为很难有机会为国捐躯。我想为祖国献身，我想有所作为。我不能只坐在开罗，看着自己的同胞受苦受难还受辱。我如果处于他们的境遇，也会觉得受辱；我还认为，不能帮助同胞是对他们更大的侮辱。我觉得自己是如此的无能为力，心情

是如此的沉重，有的时候，几乎连路都走不了。①

法丽达心系祖国，情真意切，纯真无邪。她说话诚恳，做事公而忘私。她使我想起了几年前在德国遇到的几个学生病人，他们是一帮真诚的年轻人。我记得有一个年轻的德国女学生——19 岁，得了易饿病——让我叫她瑞塔吧。② 我把她的话从德文译成英文。译文如下：

> 世界上发生的暴力事件、对环境的毁坏，还有我身边的人们缺乏真诚，这些都使我惊愕不已。我是一名优秀生，一名学霸。但是我无法在一个男人玩弄的世界里生活。他们不仅玩弄女人，玩弄大自然，还给大家带来痛苦。男人所追求的是炫耀力量，炫耀阳刚之气，世界上的其他人都成了他们的牺牲品。这一切令我窒息。
>
> 我感到恶心的时候就没有食欲，有时好长时间都不想吃东西。只要能控制自己不进食，我会觉得自己纯洁无瑕，神清气爽，这样好像让我避开了周围的污染。可是随后我又觉得很饿，就又开始吃东西，因为吃了太多的东西，只好让自己把吃进去的东西再吐出来。反过来，因为浪费了宝贵的粮食又使我感到十分内疚。此时此刻我对自己说，你吃了太多的粮食，然后又吐出来，而数百万人却没有足够的粮食吃，他们过着受辱的生活，而我造成的浪费又是对他们更大的侮辱。我就这样陷入了恶性循环，不能自拔。我能做什么？我想有所作为，可是又不知道做什么！我觉得自己是如此的无能为力，心情也无比沉重！

这两个年轻姑娘的情况如出一辙。她们都异常聪慧，都有着光明的未来，但是她们不理解暴力、冷漠、不体贴，也不理解发生在身边的侮辱事件。她们都是坚强

---

① 法丽达面临的窘境是托妮·莫里森（Toni Morrison，美国黑人女小说家，1993 年获诺贝尔文学奖。——译者）在其小说《真爱》（1987）中描写的情景的翻版。在这部小说中，莫里森描写一个婴儿被杀，以免其做奴隶的命运。我感谢多伊奇（Deutsch）使我注意到了这部小说。

② 1980—1984 年间我的心理学咨询领域是因过度节食而导致的进食障碍（eating disorders），我帮助治疗罹患此种病症的妇女。

的姑娘，都有着强烈的正义感。因为她们不明白什么是建设性行动，所以在白白地浪费着自己的优势。那个巴勒斯坦姑娘梦想牺牲自己现在的生活，梦想今后自己的儿子们能为捍卫自己的民族捐躯，她从中找到了慰藉。而那个德国姑娘则认为清苦的生活是解决问题的途径，但是这意味着摧残自己的身体。①

我的病人中有些男生也是巴勒斯坦人，他们梦想使用暴力抵抗为国捐躯。他们像法丽达一样，谴责男生中那些选择“忘记”同胞的苦难，及时行乐、醉生梦死，享受生活的朋友们。这些年轻的病人中没有一个人受到“强力意志”（尼采指出人类行为活动、生存发展的根本动因就是“强力意志”，也可称为权力意志，同时它也是世界的本质。——译者）或与生俱来的“仇恨”的驱使，但他们都被绝望驱使着。他们遭受着推己及人的痛苦的折磨，这是一种“高尚”的痛苦。然而，为了解除感同身受的痛苦，他们还遭受了目光短浅、没有耐心、采用适得其反的策略带来的痛苦。醉鬼认为酗酒是解决一切问题的灵丹妙药，而我的患者和醉鬼的做法恰好有异曲同工之处。

换句话说，他们的出发点，对他人的痛苦产生的共鸣——一种**高尚**、**真诚的**，并且**有价值的**痛苦——完全有别于他们**毁灭性的**行动策略。毁灭性的行动策略不仅对非暴力国家的社会结构具有毁灭性，而且对这些年轻人也具有毁灭性。我非常清楚地意识到，那些领导人很容易招募这些年轻聪慧的学生，并利用他们感同身受的情感进行破坏活动。

2003 年 4 月 30 日，两名英国公民在位于以色列特拉维夫大道（Tel Aviv promenade）的迈克饭店（Mike’s Place）的酒吧间进行了人肉炸弹袭击。阿西夫·穆罕默德·汗尼夫（Asif Muhammad Hanif）成功地实施了人肉炸弹行动；而奥马尔·可汗·沙立夫（Omar Khan Sharif）的爆炸装置出了问题，他自杀未遂之后逃离现场（http：//www. mfa. gov. il/2003 年 4 月 30 日报道）。这两名英国公民大部分时间生活在远离中东的地方，但是他们还是像法丽达和她的朋友们一样心系受苦受难的群体。

我尽力肯定法丽达的优点，说她学业有成之后能怎样为建立一个更公平的世界

① 像瑞塔这样聪明有前途的年轻学生一样，其他年轻女孩甚至想通过禁食自杀——这是神经性厌食症的极端后果——而另外一些人则不催吐，她们摇摆于禁食和肥胖症之间。

作出更大的贡献。我谈到了和平谋略，尽力让她明白，和平谋略更有益于她的民族和我们的世界，而制造人肉炸弹则不然。她进退两难，不知道该遵守，还是违反名誉准则或尊严准则。在名誉背景下，“不作为”显得“软弱无力”，而展现实力和随时准备用暴力捍卫自己则意味着“强大”。只要所有的参与者信奉这一准则，事情就不会变得错综复杂；纯粹靠实力获胜，这种结果大家都接受。正如以色列的军事实力在名誉准则里占一席之地一样，法丽达想生儿子当“武器”用的愿望亦然。然而，当参与者和局外人——或部分局外人——不再认同这些基本规则的时候，事态的发展不仅变得扑朔迷离，而且危害性很大。当人们把赤裸裸的实力展示视为对尊严准则的冒犯、不道德的行为、邪恶的行为，以及对旧准则的坚持就意味着对新准则的冒犯时，所有这一切都会加深各方的创伤，而不能使之愈合。

当心“自卑情结”！受害人可能会变成偏激的施暴人

很多平民百姓有仰慕统治者的传统。然而，人权思想把人们对统治者的仰慕变成了不体面的自贬行为。我们发现，平民百姓因为仰慕统治者而产生的羞愧感，可能解释了崛起了的平民百姓为什么在复仇过程中对那些统治者制造出如此罕见、惨无人道的暴行，以及对他们进行无以复加的侮辱的原因所在。**种族清洗**的说法可能不仅指“清洗”和对另一个**少数民族**的斩草除根，还可以这样说：正在崛起的平民百姓不仅需要清洗自己**对统治者的仰慕之情**，还要根除自己**对统治者的仰慕之情**。他们仰慕过昔日的统治者，为了消除这些人留在自己心里的痕迹，他们甚至痴迷地铲除母腹中的胎儿，这些可能和他们仰慕统治者产生的羞愧有关。久居统治地位的统治者对平民百姓的压迫可能“够了”，“不值得再费心”过分地侮辱和杀戮百姓。但是从前的平民百姓——今日已经大权在握——好像经常着魔似的对昔日的统治者进行“彻底清洗”，还可能对他们采用一些令人发指的侮辱手段并实行种族大屠杀。

希特勒在《我的奋斗》一书中，详细地描述了他非常崇敬的奥地利政界名人，其中很多是犹太人。读了《我的奋斗》后，有一件事在我脑海里逐渐清晰起来：希特勒至少是在早年的某个阶段崇拜过犹太人。后来，他试图铲除犹太人留在他心里的每一个印迹，或许还包括他对犹太人的敬仰。希特勒了解犹太人的聪明才智，他坚信如果不阻止犹太人的话，他们是有能力主宰这个世界的。希特勒设法根除他惧怕的世界精英犹太人，因为他崇拜犹太人的才能。

在卢旺达，图西族是昔日的统治者，胡图族曾经对他们点头哈腰，唯命是从。发生在卢旺达的种族大屠杀，可能意味着既要“根除”卢旺达昔日的图西族统治者，也要“清除”胡图族对图西族的仰慕之情。事实上，人们在讨论胡图族**种族大屠杀中的刽子手**时，经常使用**自卑情结**这一术语来描述他们。在心理学上，**自卑情结**这一表达方式和出生在维也纳的精神病学家阿尔弗雷德·阿德勒（Alfred Adler 1870—1937）有关。在卢旺达，所谓的“自卑情结”或许正是发生在卢旺达昔日的平民百姓身上的一个典型实例。胡图族上台执政后，面对以前自己接受的卑微地位，再面对自己昔日仰慕的图西族统治者，他们产生了“自卑情结”。谢夫（2003）解释说：“可以把自卑情结视为长期自卑的表现形式，即长期的羞愧感。”[①]

对于平民百姓和那些尊严受到冒犯的人来说，十分重要的一点是意识到自己陷于困境是缘于受害人的地位。他们在情感上作出极端反应一定是预料之中的事。实施惨绝人寰的暴行，有时似乎是解决问题的“正确途径”。风起云涌的暴动体现了当今世界的特征，如果这个世界想从中幸存下来，就必须要在随后到来的人权运动中避免暴动的发生。了解发生暴动的潜在驱动力可能会是一件有益的事情，受害人可能会帮助人们增强对这方面的了解。

平民百姓仰慕统治者，悉力模仿统治者，随着他们从对统治者的卑躬屈膝转变成渴望对他们进行侮辱，甚至以不得体的方式虐待统治者，而不是致力于权力共享，他们经历的历时和共时的转变势必蕴含诸多危险的诱惑。这些危险和以下情况有关：

- 妇女从被男人和家长制侮辱性的征服中站立起来了。
- 黑人从和白人有关的侮辱性的地位中挣脱出来了。
- 穷人设法应对他们和富人之间日益增大的鸿沟。
- 理性的支持者把理性定义为长期的整体策略，他们采取行动反对理性代表们，因为这些代表们把理性定义为短视行为工具。

---

① 谢夫（Scheff），2003 年，第 258 页。

- 大自然的支持者反对把大自然工具化的短视行为。

在所有的情况中，屈辱感可能会在一次次强烈的、毁灭性的对抗中表现出来，本来可以避免的次要问题，在对抗中使转型变得举步维艰。纳尔逊·曼德拉没有屠杀白人统治者，没有恃强凌弱把他们逐出国门，也没有毁灭他们的标志。但是令人十分痛心的是，津巴布韦的罗伯特·穆加贝（Robert Mugabe）好像对昔日的白人统治者已经痛下毒手，这种做法更有可能损害国家利益。

公开强奸跨越了传统界限

把侮辱作为武器，其中一个最令人毛骨悚然的实例是强奸。加拿大人威廉·桑普森（William Sampson）曾经被关押在沙特阿拉伯，他在那里受到过酷刑的折磨，他认为强奸这种方式能达到其他野蛮行径达不到的目的，他认为被强奸既冒犯了他，也贬低了他的人格。有计划地运用、实施“高效率的”强奸好像能达到侮辱对手，并因此而弱化对手的主要目的，所有其他“满足”诸如主导地位、阳刚之气或性快感，都可以放在第二位。令人关注是，把公开强奸作为“武器”，是一种相对新生的战略措施，至少发生在索马里、卢旺达或东南欧广大地区的强奸案是这样。

1999 年 1 月 11 日，国际红十字委员会索马里代表团的情报官员阿沙· 阿哈迈德（Asha Ahmed）对我说，在内罗毕，国际红十字委员会邀请索马里各派的史学家做研究，结果诞生了《矛下留人》这本小册子。[①]这本小册子说明，按照索马里的传统做法，要对妇女和孩子矛下留人，索马里战争准则明确要求保护平民免遭士兵杀戮，不能伤害妇女。妇女是各派之间的纽带，即使在战争期间她们也能自由行走。阿沙· 阿哈迈德指出：

> 你读这本小册子的时候会发现，《日内瓦协议》的所有条款尽在其中！起初，《日内瓦协议》对索马里人来说就像天书！可实际上《日内瓦协议》条款的内容他们早已经有了！通常情况下，不能伤害妇女。请想一想古代氏族之间的仇杀习俗，战乱期间可能发生强奸，

① 国际红十字委员会索马里代表团（International Committee of the Red Cross Somalia Delegation），1997。

但是它和现在有计划的强奸还不是一回事。现在是为“给敌人送个信”而精心设计了强奸。[1]

1999年1月9日在内罗毕的访谈中（参看林艾雯，2000a），索马里前大使侯赛因·阿里·杜阿莱（Hussein Ali Dualeh）证实了公开强奸这件“新鲜事”和由此引起的反响：

传统上，有一件事从来都不包含在民族之间发生的争执中，这就是强奸，尤其是当着家人的面发生的轮奸。轮奸是一桩新事。穆罕默德·西亚德·巴雷（Siad Barre）独裁政府派士兵围剿我们的时候发生了第一次轮奸。士兵们当着受害人的丈夫和家人的面轮奸了我们的妻女姐妹。

共同的民族背景把我们索马里人团结在一起，我们讲同一种语言，还都是穆斯林。为什么我们今天四分五裂？是强奸带来的侮辱和后果造成了我们现在四分五裂的局面。传统的调停方法根本解决不了我们之间的问题。起码需要一代人的时间才能充分化解？消解这些侮辱事件，才能重新坐在一起……相信我，前面我对你讲过，在西亚德·巴雷掌权之前，索马里人从来都不知道什么是侮辱。某部落里的几个年轻人偷走另一个部落的几头骆驼，有时也有人被杀，这些都是“风俗习惯”。但是伤害妇女的事从来没有发生过，没有发生过。有个姑娘独自一人在半沙漠地带看护自家的牲畜，有个小伙子在沙漠里待了很长时间，后来他失去了自控力，企图强暴这个姑娘，这种情况也鲜有发生。姑娘会拼命反抗，最后解决这个问题的办法可能是他必须娶这个姑娘为妻。但是轮奸，尤其是当着其家人的面进行轮奸，过去从未发生过。这是一桩新鲜事！（林艾雯，2003a，第343页）

“人权观察”（1996）证实了胡图族的强暴事件是有计划、有步骤的。1994年以前，在胡图族对图西族人的袭击中，妇女和孩子在通常情况下是受到赦免的，但是

① 在实行血族复仇的地区，妇女不受侵犯，她们必须承担起她们的男性成员不能再承担的所有义务，因为男人不得不待在家里，以免被杀。

在种族大屠杀期间——尤其是到后来的几个阶段——所有的图西族人，不论性别和年龄，无一幸免地成了被袭击的目标。以往不受袭击的群体现在也未能幸免于难，随着暴行的全面升级，强奸事件触目皆是。卢旺达女权活动家伯纳黛特·穆黑玛卡西（Bernadette Muhimakazi）说："强奸是一种策略。他们决定实施强奸，这里根本就不存在任何误会。在种族大屠杀期间，每个步骤都是有组织的、精心策划的。卢旺达的传统习俗是不杀害妇女儿童，可是在大屠杀中杀害妇女儿童的事件比比皆是。"其他卢旺达人把对妇女的强暴描述为"侮辱妇女"，或是"破妇女的身体，把她们搞成非良家女子"，或"完全无视妇女的价值"。[①]

为什么一桩桩新型的滔天罪行，如有预谋的强暴，在最近的种族清洗中、在种族大屠杀中或在类似种族屠杀中用得越来越多，对此我们或许百思不得其解。这显然是在故意跨越传统界线。在人权思想背景下，强奸大概能让人遭受更大的侮辱，结果对人的伤害也更大，而在纯名誉背景下，侮辱产生不了这样的效果。人权赋予每个人同等的、神圣不可侵犯的尊严，名誉准则界定了对人造成的不同程度的冒犯。人权思想可能加大了强奸对受害人的伤害，于是把强奸变成了一种更具杀伤力的手段。而且，在人权背景下（因为尊严平等地对待每个人）妇女获得了社会地位这一事实，又可能会对妇女造成前所未有的致命伤害。伤害珍贵的东西产生的影响力更大，而伤害无价值的东西则产生不了这么大的影响力。

来世的避难所

当遭受侮辱的平民百姓在现世中得不到渴望得到的东西——认可、尊严、尊重和价值的时候，他们有可能受到逃离现世的诱惑，真主为他们提供了一幅幅能在来世实现自我价值的愿景，有的时候，遁入其中会成为他们摆脱侮辱的途径。我在埃及工作过几年，期间我观察到越来越多的人是怎样皈依伊斯兰教的，伊斯兰教的信徒们又是怎样采用更稳妥的方式逃离现世的。埃及的近代史经历了从殖民主义向共产主义、再向民族主义的转变，没有哪一个"主义"给埃及人带来过孜孜以求的尊

① "人权观察"（Human Rights Watch），1996，第 41 页。

重和安宁。埃及法老昔日的辉煌依然遥不可及。

埃及是一个贫穷的国家，国际舞台上的乞丐，它依靠美国拨款度日。很多年轻人不知道有朝一日是否能挣到建家、维持家人生计的钱。在埃及，伊斯兰教是最新的、“适合”埃及人的宗教，它能为埃及人更加美好的生活创造希望，也很有可能使埃及成为更受世人尊敬的国际社会的参与者。埃及人，尤其是生活在尼罗河三角洲一带的埃及人，是一个务实的群体，他们所具备的爱的能力在世界其他地方是罕见的，他们没有丝毫的“与生俱来的”成为狂热分子的性情，但是当埃及人想在现世过上有尊严的生活，可又希望渺茫的时候，他们甚至有可能受到诱惑而转向来世寻求安慰。

我们称之为“务实的价值观”好像只适合那些感觉自己受到尊重的人们，而当人们遭遇挫折、被剥夺和侮辱的时候，就会觉得“来世的价值观”或者“超世的价值观”变得颇有魅力。按照这个思路，我们可以得出如下符合逻辑的结论：当下务实的“西方价值观”代表了“未兑现”的生活，它只适合那些有机会过一种充实的、有尊严的生活的人们，而“来世的价值观”则代表了人们对被剥夺的生活的逆来顺受。越来越多的人信奉来世的价值观，而这一价值取向则可能预示着他们正在被逼上绝路。

每一种宗教——伊斯兰教、基督教甚至佛教——都适合作为超越尘世和死亡的避难所。这类事情可能以良性、也可能以恶性的方式发生。例如，僧迦罗人的佛教徒提升了对具体的、更纯洁的，更真实的佛教的阐释，这是他们的说法。在最近中东发生的人肉炸弹事件之前很长的一段时间里，泰米尔的领导人韦卢皮莱·普拉巴卡兰（Velupillai Prabhakaran）曾经“设计了”无数次自杀行动。对来世的憧憬给予人们无穷尽的承诺，而在人世间发生的不计其数的暴行则与之相抵。

当然，信奉来世的价值取向还可以促进利他主义、关心和爱护。问题在于，根据定义，来世是根本无法直接验证的。难道造物主真的欣赏人肉炸弹？造物主确实能把人们苦苦寻觅的尊严延续到死后和来世？只有人，那个容易产生偏见、有种种缺陷的人总能为此提供答案。一个个能在来世过上有尊严的生活的承诺，被一个个世俗的动机玩弄于股掌之间。坚定不移地信奉超越世俗和尘世间死亡的原教旨主义，或许能给人们带来极度的平静和莫大的宽慰，但是也可能把现世的生活变成某种不值得过的日子。

那些认为自己是受害人的人，会从对来世价值观取向的批判性思维中受益。为了享受来世的生活，或许没有必要毁掉现世的生活。难道毁掉现世的生活真是我们所追求的生活？

极端分子和稳健派

稳健派的显著特征是能克服对外部群体的歧视，视所有人为**单一一个更大的内部群体**的共同参与人。摩萨德（Mossad）前情报局副局长大卫·金姆契（David Kimche）和巴勒斯坦人民解放阵线前发言人里亚德·马勒基（Riad Malki）是两个稳健派，他们弥合了双方之间的鸿沟。“为什么两个宿敌决定在政治上的僵持阶段和持续不断的暴力时期携起手来，用语言为和平而战？……考虑到20年前他们曾经是有着血海深仇的敌人，他们的领导人都不能冰释前嫌，他们又怎么可能言归于好呢？难道他们从中东和平方案中看到了机遇？”[①] 无论从情感上，还是从所采取的报复行动上，极端分子深陷侮辱的泥潭而不能自拔，结果他们不仅没有抚平侮辱造成的创伤，反而加深了彼此之间的仇恨。武装冲突常常在愤怒的环境中扎根：“我们要团结一心，同仇敌忾，我们要保护自己。如果你们不赞同我们的观点，就是我们的敌人。”极端分子会把这句话解释为“我们要消灭敌人”。相比之下，稳健派会说：“用建设性的方法，把我们当中那些今天称之为敌人的人纳入我们的阵营，向着一个更大的我们而努力奋斗是对我们自己最佳的保护方式。”与以上这些解释常常形成鲜明对比的另一些解释，则是更“激动人心”的、更令人动情的，也就是一些更激进的、承诺可以迅速修复痛苦情感的解释。“兜售”自我克制难上加难，提高自我克制的力度和信度需要更广泛的民众支持。

纳尔逊·曼德拉属于稳健派。他在狱中度过27年之后，成功地把屈辱感转变成了颇具建设性的社会变革和制度革新。他淡化了自己难以遏制的复仇欲望。然而，像曼德拉这样的人实在难觅。没有卷入冲突的第三方能很好地把握克制，因此

---

① 引自 www.BBCWorld.com，2003年5月22日 BBC《针锋相对》国际节目中金姆契、马勒基（Kimche and Malki）与蒂姆·塞巴斯蒂安（Tim Sebastian）的谈话。

他们更容易在尊重他人、在不侮辱任何人的情况下，致力于捍卫社会的凝聚力。冲突中的对手们流露出的情感常常太强烈，往往又做不到适度，至少在冲突的白热化阶段是这样。有的时候，尤其是允许极端分子做政治运动领袖的时候，需要稳健派拿出压倒性的力量来。

要求成熟、稳健、负责任的人们引导有学识的年轻人以纳尔逊·曼德拉为榜样，而不是以恐怖活动的鼓动者为楷模，后者把受压迫者的苦难引发的共鸣转变成了暴力复仇的强烈愿望。世界上各阵营的稳健派和第三方担负着下列责任：遏制极端主义，敦请代表们回到自我克制、宽容变革、拿出长期的解决问题的办法的阵营中来。

一旦极端分子和他们使用的极端语言控制了局势，稳健派就会面临几乎不可克服的重重困难。在 1994 年的种族大屠杀中，胡图族的极端分子杀害了本族中的稳健派。杀人不眨眼的暴君通常先根除自己阵营里的“持反对意见者”。处于如此险恶境遇中的稳健派只有一种选择，即从世界各国的第三方中、从国际社会中，尽量召集更多的同盟军以支持稳健派的立场，帮助极端分子消解过激的语言，建立包括所有对立阵营在内的稳健派联盟。富兰克林·德拉诺·罗斯福（Franklin Delano Roosevelt）在 1937 年建议“隔离侵略者”。[①] **地球村**的出现促进了隔离的进程，因为这个问题变得愈加明朗：在大火吞没**地球村**之前，扑灭极端分子所到之处点燃的火焰，符合大家的利益。

提高像国际社会这样的第三方的克制力意味着支持、拥护曼德拉式的领袖，意味着收集、宣传世界各国的克制传统和古代智慧，包括敌方文化，最后，还意味着继续强调我们孩子们的未来，一个谁也不希望拥有的血腥的、暴力的未来。这些重要因素增加了自我克制的重要性，有压过极端分子声音的潜力。

对我的人民最佳的呵护是**为**全球社会的可持续发展而努力奋斗，并不是为了**与**敌人**进行斗争**而努力奋斗。正如穆里尔·莱斯特（Muriel Lester）所言：“战争和同类相食、奴役制度、血仇、决斗一样，已经过时，战争是对上帝和人类的侮辱……。”当面对痛打“敌人”这一愤怒情绪的诱惑，而不是为了整个全人类的社会凝聚力而努力奋斗的时候，人们呼吁所有希望**地球村**社会和平的第三方，提升自

① 罗斯福（Roosevelt），1937。

我克制力，变得成熟起来。

我们可能会得出这样的结论：冲突中出现的一条条不可忽视的裂痕，不是拆散以色列人和巴勒斯坦人、胡图族人和图西族人、僧家罗人和泰米尔人的裂痕，也不是使美国人与世界其他国家分道扬镳的裂痕。这里仅有一条不可忽视的裂痕——各阵营中极端分子和稳健派之间的分歧。如果极端分子掌握了政权，他们会强化、加深自己赖以生存的任何一道裂痕。只有当稳健派能驾驭极端分子的时候，才能确保局部和全球的社会和平。当受压迫和受侮辱的人们奋起反抗时，重要的是要意识到极端主义引发的种种危险。极端分子的立场是不会改变的，他们只会加剧局势的恶化。受害人要避免卷入极端分子的阵营，这一点十分重要，这是他们能为世界和平尽的一份职责。

像曼德拉这样的稳健派能遏制极端分子强烈的敌对情绪，高屋建瓴，跨越一道道裂痕，建立稳健派联盟。曼德拉设法唤醒南非白人统治者明白这样一个事实：现在下台还为时不晚。在南非，促使白人下台的是受害人，而不是白人统治者。既然受害人和认同他们的人认为屈辱感导致盛怒和愤慨，那么受害人和为他们提供帮助的人或许正是那些把这一转变过程变成建设性过程的非常负责任的人们。

小　结

当下，我们生活在一个人们义愤填膺、相互对峙的世界里。在一个极端，是那些内心充满等级名誉的人们。他们视人权捍卫者为惧怕暴力、可憎的“胆小鬼”，对之横眉冷对。萨达姆·侯赛因采用暴力手段镇压自己的同胞时，肯定没有产生过丝毫的愧疚感。津巴布韦、缅甸、朝鲜——都能列在这个长长的极端实例的名单上。

在另一个极端，提倡人权的人们义愤填膺，原因是他们认为自己的对手对尊严平等观念麻木不仁。他们认为，“暴力”已经完全彻底地侮辱了尊严平等观念。他们认为，应该把暴力定义为酷刑。双方都设法动员世界舆论声援各自“合情合理的”义愤填膺，为此，他们都浪费了很多的精力。

我认为，仅仅沉溺于义愤填膺的情感中，为“谁能设法感到更愤怒”而决一雌雄，并不能推动人类的进步。只有驾驭义愤填膺的情绪，才能结出建设性的果实，人们才能从不再相互指责、不再唉声叹气的情形中受益，或许大家变得更谦恭些符合各方的利益。

让我对三个群体区别如下。首先，给人权捍卫者提出忠告。他们没有面临被迫成为刽子手，或者被迫实施恐怖活动的局面，对此他们要感恩。谦卑地认可人性的弱点有助于平息毁灭性的雷霆之怒。谁也不知道，他或者她被逼上绝境的时候会作出什么样的反应。著名的米尔格拉姆实验理应唤起人的谦恭。

第二，给那些认为等级名誉应该统治世界的人们提出下列忠告。他们要承认，把名誉策略置于全世界传播人权的背景下会产生事与愿违的结果。名誉策略那套旧方法在体验过人权思想的地方，实际上不再起作用。原来那些预测没有应验。在没有人权思想的地方，酷刑、恐怖活动和侮辱都有机会在它们的目标范围内“作祟”。然而，人们一旦受到人权思想的熏陶，酷刑、恐怖活动和侮辱注定会一败涂地。酷刑和侮辱都不能十拿九稳地把人们驯化成谦卑的平民百姓，成为言听计从、诚实可信的“合作型”的人。

第三，持人权说的人们在实际运用名誉策略的时候，需要意识到这在本质上可能是一个鸡飞蛋打、相互抵牾的策略，不妨把它称之为自杀策略。例如，信奉**南方名誉**的人们是那些站在“中间”立场上的人们——强烈的名誉感看上去和诸如“自由”之类的理想协调一致，因而在五花八门的人权思想的掩盖下得以苟延残喘。丽贝卡·莱莫夫（Rebecca Lemov）[①] 就美国的审讯技巧写过一本书，该书研究了审讯技巧以及它们的“科学”发展。《洛杉矶时报》刊载了一篇文章，对 2002 年 12 月 27 日解密的一份文件做了如下报道。此文列举了一系列审讯技巧，诸如“使用胁迫姿势（像站立）在 24 小时之内不得超过 4 个小时，以及强迫剃除体毛”。[②]实际上，坚决支持人权和自由的国防部长唐纳德·拉姆斯菲尔德加了这样一个手写评论：“不过，我一天能站 8 ~ 10 小时。为什么把站立限定在 4 小时？D. R.（唐纳德·拉姆斯菲尔德）。”[③]

人权思想的核心问题不仅在呼吁人人尊严平等，而且还在呼吁抛弃等级名誉。

---

① 莱莫夫（Lemov），2005b。

② 莱莫夫（Lemov），2005a，第 1 页。

③ 莱莫夫（Lemov），2000a，第 1 页。

南方名誉的代表们需要注意：按照人的价值划分等级，同时又反对这种做法，实际上是行不通的。这种自相矛盾的行为正是那种既能注定毁灭名誉策略，又能扼杀处于萌芽状态中的人权思想的做法。按照人的价值划分等级破坏了尊严平等，反过来尊严平等的思想又破坏了等级名誉。

我们生活在这样一个世界里：人们义愤填膺的强烈情感和蔑视情绪一方面来自等级名誉思想，另一方面来自尊严平等思想。强烈的共有情感能获得群体的凝聚力，我建议，为了能幸福地聚集在这样一个群体里，请不要再为“我们的”阵营网罗那些怒气冲天的人们。我们不可能既生活在一个等级社会里，与此同时又拒绝按照人的价值排序，这就像生活在一个同时实行左侧行车和右侧行车的地区，仅这种相互排斥就会导致交通瘫痪。我们要作出决定，要么大家都靠右侧行驶，要么都靠左侧行驶。当下，人类正在痛苦地应对这一转变。然而，各方仅仅点燃义愤填膺的情绪还达不到解决问题的目的，我们还应该痛定思痛，进而帮助人类在互相尊重的氛围里建设性地完成这一转变。问题的关键不是哪一个阵营获得**胜利**，而是我们大家**为寻求可持续解决问题的途径进行合作**。凡是选择了人权的人须知，在尊严平等的背景下，使用侮辱手段解决问题无异于侮辱全人类，既包括受害人，也包括施暴人。

第三部分

侮辱为什么没有发挥作用

第七章　嗜辱成性

本章将要打乱“可怜的受害人”与“邪恶的施暴人”这一通常的分类方式。有时候，受害这件事会被用种种邪恶的方式表现出来。

我弟弟沉溺在受辱中，他是受辱“专业户”。我是母亲的宠儿，而我那可怜的弟弟却总是受到母亲故意的贬低和侮辱。现在，长大成人的他还延续着自己受害人的身份。如果他没有受到侮辱，他就想象自己受到了侮辱，否则就挑起一次侮辱事件。为了激怒妻子、孩子和朋友，他先让家人和朋友失望，然后再侮辱他们。如今，亲朋好友才是真正的受害人。然而，每当这些人向他提出抗议的时候，他就指责他们是侮辱的施暴人。

我弟弟能把自己描述成一个勇敢地站起来和世界上形形色色的邪恶势力做斗争的人，一副可怜巴巴的受害人的样子，第一次遇到他的人都会被这一点蒙蔽。很多人犯了信任他、喜欢他的错误。人们相信他这个受害人表现出来的英勇气概，结果却落了个备受伤害和侮辱的下场。先是对他失望，之后反倒被他指责侮辱了他。

我弟弟操纵着他人把自己想象成侮辱的施暴人。每当他向世人哀叹自己是侮辱的受害人，有多么可怜的时候，也是他心满意足的时候。为了达到这一目的，他不仅破坏、葬送了家人和朋友的生活，而且也破坏、葬送了自己的生活。

在这篇短文中，侮辱、受辱的两个过程交织在一起，盘根错节。叙述人讲他弟弟，为了让别人认可发生在他早年生活中的痛苦遭遇，总在不经意间搬弄是非，把自己臆想成侮辱的受害人。究其原因或许是他的痛苦从未被充分认可，或许是他的心理创伤从未愈合。他弟弟公开要求人们怜悯、同情、支持，还要赞赏他反抗恶行的勇敢行为；而在私下，他却不能摆脱屈辱感的羁绊，于是为了能重构那些痛苦的经历，他就编造各种借口。他需要人们认可他遭受的痛苦。他利用**沉溺于受辱**的方式启动了侮辱的第二个过程，在这个过程中，第三方受到伤害，并且备受侮辱。家人和朋友首先是对他失望，而他则用侮辱回应他们。当这些人向他提出抗议的时候，他又散播谣言说，他们是道德败坏的侮辱的施暴人。一个沉溺于受辱的人会给很多人带来痛苦。

雷柏（Reber，1995）在《企鹅心理学辞典》中告诉我们："据说当人对毒品或其他物品有了强烈的、不可抗拒的欲望，并且还想继续吸食或使用毒品的时候，人就对它产生了依赖性。"[①] 非毒品行为如赌博、饮食紊乱、强迫性购物、工作狂以及相互依赖也常常是嗜瘾成性的主要表现形式。在所有这些情况下，嗜瘾成性的核心问题是它强烈的欲罢不能的特征。例如，虽然烟民知道自己的习惯会对自己和他人的健康造成威胁，但是他们还是煞费苦心地"保护"自己的吸烟习惯。否则，那些在其他方面拥有完美"理性的"人会歪曲事实，否认证据，对自己和他人撒谎。屈辱感和任何一种形式的嗜瘾成性或依赖性一样，或许同样意味深长，令人痴迷。

在第五章，我们遇到过来我诊所看病的巴巴拉，她把自己描述成一个"精神崩溃的人"。她婆母不赞同儿子的这桩婚事，曾经毫不顾忌地当众数落她："**你**想成为我们家的人？你以为**你**是谁呀？"巴巴拉感觉自己陷入了痛苦的深渊，不能自拔。她丈夫去世后，公婆想剥夺她那份遗产，结果发生了对簿公堂的诉讼案，这使她黯然伤神。她的整个生命都消耗在她和公婆之间的关系上，一种充斥着层出不穷的侮

① 雷柏（Reber），1995。

辱与反侮辱事件的关系。遭受侮辱和用侮辱行为进行反击成了她既消耗时间又消耗精力的生活模式。

拒绝敏感型人是如何在侮辱中茁壮成长的

瓦尔特·米歇尔（Walter Mischel）和亚伦·L·德斯梅特（Aaron L. De Smet）这样描述："即使拒绝这事还没有发生，拒绝敏感型人都能迅速捕捉到来自恋人的［拒绝］，这类人的条件反射是生气和辱骂。"① 这两位作者解释道：

> ……本质上，这一令人不快的、失控的敌对反应模式可能是条件反射，是在一瞬间发生的有意识的克制行为，也是为阻止有目的的自我干预而做出的努力。在这种情况下，即使所使用的说辞不符合实际情况，人们也不顾相互抵牾的证据，坚持使用它们。
>
> 具有讽刺意味，且常常催悲的结局就是那个人十分害怕预料到的后果——他在自己兑现预言的行动中加速了恋人的拒绝。②

米歇尔和德斯梅特提醒我们，"人们总是伤害自己所爱的人"③，这句话表明了一个普遍看法，它强调：

> ……由人与人之间的亲密关系产生的互相依赖造成了这样的情境：强烈的情感以及用伤害、毁灭的方式作出冲动反应的趋势一目了然。强烈的情感反应能加剧冲突、损害人与人之间的关系，虽然人们试图控制它，但是他们还经常发现，仅凭善良的愿望还不足以遏制雷霆之怒、制止人身攻击或阻止其他令人后来悔之莫及的事情的发生。④

米歇尔和德斯梅特谆谆教导我们，**拒绝敏感型**的人上瘾着魔的特质构成了他们

---

① 米歇尔和德斯梅特（Mischel and De Smet），2000，第 259 页。
② 米歇尔和德斯梅特（Mischel and De Smet），第 259 页。
③ 米歇尔和德斯梅特（Mischel and De Smet），第 263 页。
④ 米歇尔和德斯梅特（Mischel and De Smet），第 263—264 页。

情感生活的基础。他们“着迷”于被贬的境遇，能从中感受到侮辱。我们可能不想把这种情况放在心上，而只是把它当作边缘化的东西，因为它只适合那些即使没有被忽视、怠慢、蔑视、侮辱，也相信他们自己被忽视了、被怠慢了、被蔑视了、被侮辱了因而奋起还击的少数人身上。然而，这些驱动力可能和在各种情况下都想从卑微的境遇中挣扎着站起来的群体有关。

艾维沙·马格利特（Avishai Margalit）[①] 在他的《记忆的伦理》一书中说，不仅是人们经历的像侮辱这样的道德情感会激发人的攻击行为，而且对此类情感的回忆同样会激发人的攻击行为。他写道，对侮辱事件的回忆等于再经历一次侮辱。“马格利特认为，在某些情况下，人对感情产生依赖性，甚至上瘾着魔，侮辱就这样充当了报复行为永恒的源泉”。[②]

安吉拉给我讲述了下面这个故事（2002 年 8 月在纽约）：

> 我和塞缪尔，或叫他塞姆，在一个办公室工作。他是办公室的一名职员，是美国黑人。我不知道怎样和他相处。他一丁点儿有用的活都不干。他迷上了一种怪异的奴隶身份，他总是带着愤怒的、疑神疑鬼的表情斜眼瞟着我们这些白人同事。他从不正眼看我们，而是用气冲冲的神态打量我们，他发出的信号是“我了解你们，一帮白人种族主义混蛋”。如果我们在工作中出了一丁点儿差错，即使这些差错和他毫不相干，他都觉得是出了口恶气，还说我们出的差错证明了我们都是种族主义分子。
>
> 他不断地编造出一些子虚乌有的事来，好像随身带着一个放大镜，总在不停地搜寻着他身为种族主义受害人的“证据”，这是他的全职工作。每当我们提醒他还有工作需要处理的时候，我们就成了种族主义分子。他口出狂言，说谁也不能辞退他，要不然他就一直找碴，还要指控雇主的种族主义行径！
>
> 我们替塞姆做他那份工作，还得尽量躲着他。我们还能怎么做？凡是他能找到的和奴隶制有关的书籍，他都读过。他熟谙所有反对奴

---

① 马格利特（Margalit），2002。

② 戈德曼和科尔曼（Goldman and Coleman），2005，第 15 页。

隶制的知名人士。他幻想着生活在一个自己是个了不起的英雄的世界里，只要看到“反抗”的机会，他就奋起“反抗”，而没有意识到自己丢了人现了眼。他总在电话里和他那些黑人**兄弟姐妹们**不停地聊天，用严肃的口吻**分享着**他们能接受的**污言秽语**和**侮辱人的话**。或者更严格地说，他和兄弟们聊姐妹们的事，聊谁是辣妹（hottie 是一个美国俚语，意思是非常热辣、性感、迷人的靓妹。但这个称呼有些轻佻和不雅，因此，如果当面称一位女士为“hottie”的话，可能会惹上麻烦。——译者），谁不是辣妹，**姐妹们**只不过是供他捕捉的性猎物而已。他和自己的兄弟们则以更侮辱人的方式对待自己的**姐妹们**，白人都未曾这样侮辱过她们！

那么**兄弟姐妹们**，谁是你们的生身**父母**？难道挨你们骂的**父母都是那些“恶毒的”白人**？美国黑人中就没有一对儿能生儿育女的成人？塞姆和他的朋友们像一群不愿意长大的**小孩子**。我根本就不是什么种族主义分子——我本人是西班牙裔美国人，我知道歧视意味着什么——我知道美国存在着种族主义。可是塞姆捍卫自己受害人的身份，还把它变成了自己的核心身份。塞姆的生活像一部电影，不论现实生活是否和他的这个电影剧本吻合，他总在扮演那个勇敢无畏的受害人角色，而我们扮演的都是残暴的侮辱的施暴人角色。他把全部精力都投入到扮演受害人这一角色中去了，如醉如痴。照这样下去，他这辈子也不会有什么出息。

我希望，有朝一日他能明白这个道理，能对自己的所作所为感到后悔。事实上，我们每天都成了**他辱骂的对象**。他应该向我们道歉！是**他**在侮辱**我们**，是**他**把**我们**变成了受害人！美国有很多明智的黑人，我希望他们谴责自己这些**兄弟们**干的侮辱人的勾当。

发生在安吉拉身边的事也发生在国际社会。人类的相聚增加了人们在全世界建立密切关系的机会，但创伤出现以后，也注定会增加当事人感情世界中**暴躁**（hot）和难以释怀的一面。一位欧洲商人哀叹道：

我信任我的埃及商业伙伴，可他们背叛了我，但**他们**却说我背叛了他们，我真的搞不清楚他们是什么意思，也不明白谁对谁错了。无论如何，我都快气死了，震怒吞噬着我的心，我日日夜夜思考着怎样报复他们。我希望能重新回到每个国家或多或少能自治的时代，“国际化”的新要求太可怕了，人人都想走向世界！我对此感到厌恶。我想生活在**自己人**中间，那是个美好的旧世界，请把我带回去吧！

一个人会爱上一把弹簧刀吗？被动攻击型人格障碍会招致侮辱

弹簧刀（平时不会伤人，但一旦刀弹出鞘就具有攻击性——译者）可以用来比喻被动攻击型人格障碍〔Passive-Aggressive（Negativistic）Personality Disorder，PAPD〕。被动攻击型人格障碍这一疾患的核心问题或许是嗜辱症。有一本健康百科全书[①]对这种性格疾病描述如下：“被动地抵抗社会上、职场上的要求，这种心态始于成年初期。”根据被动攻击型人格障碍理论，“这种疾病的病源尚不清楚，生物和遗传因素好像不起什么作用”。心理健康临床社会工作者沙伦·C·埃克利贝瑞（Sharon C. Eckleberry）主治嗜瘾症和人格障碍，他对被动攻击型人格障碍解释如下：

……在1945年美国作战部（U. S. War Department）的一份技术公报里首次对攻击型人格障碍做了介绍。攻击型人格障碍这一术语是由战时精神病学家发明的，他们发现自己在和那些既不愿意做事、也不愿意合作的士兵打交道，士兵们在执行命令时慢慢腾腾，隐含敌意，还憋着一肚子怨气。士兵们的这种行为方式既有被动的抵抗，也有不情愿的服从。[②]

埃克利贝瑞描述了罹患被动攻击型人格障碍的人表达愤怒的方式：

他们可能会大发脾气，以此来发泄被压制的攻击性，假设发脾气

① 2002年5月检索自 http://www.austin360.com/shared/health/adam/ency/article/000943.html。
② 埃克利贝瑞（Eckleberry），2000，第5页。

的对象（受害人）作出的反应也是攻击性的——那就更好了。这一攻击性的反应会被发脾气的人用来证明自己最初的做法是对的。为他人着想而发的脾气，通常被值得称颂的动机合理化了，例如，对受害人切身利益的关心。有伤害人的强烈欲望又想掩盖伤害人的意图，这一欲盖弥彰的做法决定了怒气的发泄方式——甚至连生气这回事都被掩盖了起来。这样做并不是为了使受害人免遭不良情绪的折磨，而是怎样更有效地伤害他们，意在挑起他们的怒火，然后再平息他们的怒火，采用如此巧妙的办法是让受害人自责，相信自己没有理由生气。就这样，罹患被动攻击型人格障碍的人扮演了无辜的受害人的角色。[①]

埃克利贝瑞继续解释说：

……罹患被动攻击型人格障碍的人并不是经常想办法处理好诸如与他人的关系这类问题，而是一味找人代过。即使他们确实是来寻求解决婚姻、父母和孩子之间的问题的，他们也是千篇一律地要求提供治疗方案的人，“搞定”在这一关系中承担责任的其他人（们）。[②]

他们搪塞、抱怨、对抗、不把事情放在心上，还认为生活欺骗了他们。他们过着郁闷、不愉快的生活。这些人即使以毁坏自己的生活为代价，也在所不惜，只要能挫败他人的期望就算成功了。他们不易相处，爱生气并且穷困潦倒。他们把顺从看成屈从，把屈从看成侮辱。[③]

典型的被动攻击移情模式是患者遵从（或多或少地）治疗方案，然后又得意扬扬地宣布它很糟糕，因此没有任何疗效。这些人的计划是，首先请求帮助，随后既蔑视这份帮助，又因此而遭受折磨。罹患被动攻击型人格障碍的人希望受到粗心大意、残暴的看护人的伤害。[④]

---

① 埃克利贝瑞（Eckleberry），第 5 页。
② 埃克利贝瑞（Eckleberry），第 7 页。
③ 埃克利贝瑞（Eckleberry），第 5 页。
④ 埃克利贝瑞（Eckleberry），第 7 页。

伊曼纽尔来到我的诊所，因为原来的情侣克拉拉让他极度失望和伤心。他告诉我：

克拉拉有一个不幸的童年。她父母都是传教士，他们遵从神的召唤，带着使巴西热带雨林的印第安人皈依基督教的使命去了那里。去之前，他们把克拉拉托付给了宗教组织办的儿童之家。

克拉拉当时3岁，直到5年以后她才和父母团聚。她苦等了父母5年的时间，忍受着丧魂落魄般的孤寂。

父母回来后，克拉拉感觉和他们疏远了。她对父母的信任不复存在。我认为，父母抛弃她这件事情令她愤愤不平。克拉拉从未摆脱被遗弃的情感，她从未做过心理治疗，反而在不断沿袭着自己早年的生活轨迹。当年我遇到她的时候，她正因为丈夫的问题而十分苦恼，她说丈夫很暴虐。我花了几个小时的时间听她讲述自己的故事。我对她非常有耐心，还钦佩她反抗虐待型丈夫的态度。

她冷不丁儿地弃丈夫而去，只带了两个箱子就搬进了我的公寓。我们在一起生活了6年，期间我一直期盼着她能走出昔日的阴影，理顺自己的生活，重新扬起生活的风帆。她有着宏伟的规划，她曾想着写几本畅销书，成为腰缠万贯的作家。我成了她的秘书，尽我所能为她提供一切帮助。尽管我的工作受到影响，我还是逐渐以她的生活为中心。毕竟，她有才华，而我没有。

时光荏苒，日月如梭，6年后我对她失去了耐心。我认为我对她的帮助成了泡影，也并没有让她取得实质性进步。我逐渐明白她的才华根本不像她说的那么卓尔不群。她向我讲过自己见多识广的人生经历，还讲过她大概已经掌握的文化和语言知识。然而，我对她越了解，心里就越清楚她是在自吹自擂。更确切地说，她没有自吹自擂，她就是相信自己了不起，只是忽略了自己真实的现状而已。她认为自己是受害人，品行高尚不为这个世界所容，尽管如此，她还是勇敢地站了起来。第一次见面的时候，她给我留下的印象是她对语言、科学和文化的高谈阔论。我没有她受的教育多，但是6年的时间足以让我赶上她。我慢慢明白了，她利用了我的孤陋寡闻。

我继续保持镇静，依然善良，但是我不再崇拜她。我虽然没有终止对她的帮助，但是我不想再支持她的白日梦了。我想让她明白现实，但是她做不到。她很快为自己找到了一个新的“伊曼纽尔”，于是她又故技重演，我又成了十恶不赦的坏蛋。在她看来，我不仅迫害她，而且还侮辱她。她的新伴侣会耐心地听她对往事头头是道地诉说。一天下午，她好像是要出去买些小东西，可她再也没有回到这个家。她把所有的东西都留在了我这儿，然后搬进了新伴侣的家。我们所有的朋友都对这事儿感兴趣，也相信她的话。根据她的叙述，我是一个攻击型的侮辱的施暴人，因为我不想对此事善罢甘休，就恶意地扣留了她的东西（虽然她从未回来取过自己的东西），而她却是一个可怜的遭受侮辱的人，她像英雄一样勇敢地承受过我一次又一次的侮辱。

我气疯了，不仅如此，我还感觉悲哀和震惊，我对自己非常不满意，我本来不应该卷进她的生活。再回过头看她的生活，我想我是第4个卷入她生活的人。4次，她用自己“勇敢的无助行为”吸引了4个男人。第一个男人听到的是她对父母的抱怨，据我推测，她晒给后面3个男人的都是她在前任男友手里遭受虐待的悲怆的往事。每个新男友都为她宽宏大量的个性以及信誓旦旦开创美好未来的誓言所陶醉。哪个男友都不如她受的教育好，也没有她那么丰富多彩的生活阅历，每个男友又都把自己的生命奉献给她为之奋斗的宏伟理想。几年后，每个男友都被她搞得兴致殆尽、疲惫不堪，而她又把这一切解释成恶毒的行径。随后，她突然离家出走，故伎重演，又开始下一轮游戏。她无视我们的帮助，她倒成了勇敢抵制暴力行为的受害人。

我现在理解了她那位可怜的丈夫，我的前任。有的时候，我想给他打个电话，向他道个歉，因为我相信了她的信口雌黄。他和我一样，曾一度被逼上绝路，后来又到了忍无可忍的地步。我为虎作伥！我很生气，生她的气，也生自己的气。

自从她选我做她人生中第4号施暴人以来，我对她、对自己考虑了很多。我觉得她完全彻底地凌辱了我，可是我还没有一点办法让她明白这个道理。她不明白自己是怎样再现自己的童年时代的：带着一个小箱子，更确切地说一个小包，突然离家出走。

这一切和当年她父亲把她带到儿童之家时的情况毫无二致，她好像沉溺在这个剧情中不能自拔。

她最终的听众是她的朋友，而不是她的情侣。她想向世人证明自己是名副其实的受害人。她的父母从不理解女儿被抛弃的感受，去世之前我见到过他们，他们从来没有承认对女儿有什么愧疚，也从未对女儿表现出丝毫的同情心，我可以证明这一点。相反，他们还因为女儿的“不足之处”侮辱过她———我几次目睹这种情况发生。她好像是想最终把父母坐实为施暴人。因为他们不愿意当施暴人——现在已经撒手人寰——她就代替父母充当了施暴人。她的阴谋是制造侮辱的施暴人，只要她能公开指责是谁对她作恶她就赢了。她还没有明白正是她自己在不断地制造邪恶。

她的实际情况有别于“正常”人的现实状况，她的目标不是为自己和他人的幸福而努力奋斗。令我痛苦的是，她在朋友面前指责我是个令人不齿的侮辱的施暴人，可我却是受害人。制造侮辱的施暴人是她深层的阴谋，只要她所有的梦想和计划有助于她实施这个阴谋就行，其他事情和她无关，而且我的很多朋友还被她耍的鬼把戏迷惑住了。

如果她今后对政治感兴趣，或者能成为一个什么宗教团体的领导人，那么她一定能让一批优秀的人才追随她去实施集体自杀。和希特勒一样，她会把假想中的侮辱的施暴人召集到一起，再号召大家勇敢地站起来与这些人做斗争，最后还要指控那些“提供帮助的人”没有把事情办妥。希特勒在生命的最后一刻说，因为德国人没能实现他的理想，德国活该被毁灭！我不知道德国人听到这句话后有何感想！

伊曼纽尔的个人经历说明，可能不需要贴上什么精神病标签，人们就能明白嗜辱成性的驱动力是怎么回事了。或许，生物因素是被动攻击型人格障碍的缘起，这还有待于研究的验证，但是，或许这些病人早年有过屈辱经历，他们只不过是想以僵硬刻板的方式做个补偿。他们对改变自己的困境不感兴趣，因为这种状况早已经让他们遂心如愿，他们热衷于诱导他人为自己提供英勇无畏的侮辱受害人的机会。[①]

如果能在一个社会内部有效地控制罹患被动攻击型人格障碍的人，做到不让他们掌权，相对而言，他们就不会给他人造成什么伤害。然而，为构建流淌在整个群体血液中的那个梦想，万一这些人获得了行使权力、施加影响的地位，会发生什么事情？我[②]分析了几个案例，如希特勒、索马里的独裁者西亚德·巴雷以及1994年在卢旺达挑起大屠杀的胡图族极端主义分子统治阶层。他们谁也没有逃脱被驱逐或死亡的命运，但是他们似乎都对留在身后的灾难没有丝毫的愧疚。难道他们真相信杀死“敌人”（犹太人、伊萨克或图西族人）的宣传正是那个促进国家繁荣昌盛的理性规划？对于他们和其追随者而言，种族大屠杀的结果是自掘坟墓，他们的嗜辱成性会殃及数以百万人计的生命。

如果这类人掌握了政权，很可能会给他人带来无数灾难，但是却不会把自己给人们造成的灾难视为败绩；反之，这倒会给他们带来满足感。他们追求的是受害人身份而不是要避免受害人身份。正如上文讨论的那样，在这种复杂的心理背景下，施暴人采用了追求受害人身份的策略，驱使他们这么做的核心力量是他们童年时代遭受的侮辱，而自己的受害人身份又没有得到认可，那么他们或许会终其一生寻求这种认可。

以色列的W·沙尔尼（W. Charny）[③]提议把“过度追求权力人格障碍（A Personality Disorder of Excessive Power Strivings）”包括在《精神病诊断和统计手册》第四册（Diagnostic and Statistical Manual of Mental Disorders IV，DSM-IV）中。他坚持认为，这本《精神病诊断和统计手册》没有论述一个人伤害**他人**时的环境，当一个政治领袖把他的目标人群定义为“不配”“低下”或者“人民的公敌”的时候，当他强迫实施蓄意谋杀式的人口迁移的时候，当他号召或胁迫其追随者实行大规模

---

① 参阅凯尔曼（Kelman），1999，《他者在生存冲突中的作用》。
② 其中包括林艾雯（Lindner），2006；林艾雯（Lindner），2000。
③ 沙尔尼（Charny），1997。

自杀，或准备把反对他的人们送到精神病院、劳改营、集中营和杀戮场所的时候，那么就应该将其视为患有心理疾病的人了。[①]

和这一连串病症有关的另一个名称叫**强迫性复现症**（repetition compulsion）。**受伤的自我**（the wounded self）理念和**恶性自恋**（malignant narcissism）、**自恋性暴怒**（narcissistic rage）以及所谓的**施虐狂性格（或人格）障碍**（sadistic personality disorder）有着千丝万缕的关系。伊拉克独裁者萨达姆·侯赛因的精神病专家杰罗尔德·波斯特（Jerrold Post）指出，萨达姆在童年时代被母亲抛弃，他因此有了心理创伤，而他那个**受伤的自我**又把他变成了一个草菅人命的暴君。波斯特认为**恶性自恋**就是那个**受伤的自我**的恶性发作形式。托马斯·谢夫（Thomas J. Scheff）阐明了希特勒这类暴君遭受三种症状的折磨：第一，**未被认可的耻辱**；第二，**统治者强迫症**（就希特勒的情况而言，他相信犹太人计划征服全世界，因此他必须先发制人铲除他们）；第三，早年受到**孤立**（希特勒从6岁开始受到孤立）。[②]

综上所述，精神病学论述了和侮辱现象有关的**恶性**发展趋势。受害人企图通过加害他人、操控他人并使他人充当施暴人的方式，让他人认可自己的受害人身份。在寻求被认可的过程中，他们在很多层面制造了多起侮辱事件，还近乎执着地追求受辱。通常被人们认为是“合理的自我利益”却不是这些人追求的主要目标，他们像瘾君子一样，更关注自己的“身份定位”，而不是自身或他人的利益。如果这些病态发生在更大的共同体的领导层，就会发生暴行。为了更有效地遏制这些精神疾病的发生，那些更大的共同体十分有必要意识到这一点。

通过侮辱你们、杀死你们来“清洗”我对你们的仰慕之情

约瑟夫是一个年轻的知识分子，他有胡图族背景。他向我讲述了下面这段卢旺达历史（这是1998年12月我在非洲的一次采访记录）：

---

① 西格尔（Siegel），1997，第1页。

② 谢夫（Scheff），2002，艾乐特·桑特（Eilert Sundt）讲座，2002年10月24日，奥斯陆大学。

在殖民时代，图西族的孩子们被送进特殊学校读书，他们在那里学习如何治理国家。图西族殖民主义者的血统理论表明：他们长着长脸盘，女性不仅长得很漂亮，还留着长长的指甲，他们是阿拉伯人的后裔。白人认为，图西族人是阿拉伯人和白人的混血儿，因此他们和白人在血缘关系上更近，他们是白人的近亲［这一观点也被称为“含米特假说”（Hamitic hypothesis）］。图西族人上大学后，就开始做上台掌权的准备，而胡图族人要想成为教师或者牧师，就去上天主教会举办的短期强化班。胡图族中也有一些知识分子，但是他们的从政之路是走不通的。简而言之：统治者 = 图西族人，仆人 = 胡图族人。

因此，侮辱观念和传统以及文化有关：图西族人坚信他们是“天生的统治者”，他们不能想象不掌权怎么能生存下去。[①]

后来，卢旺达历史颠覆了图西族 = 统治者和胡图族 = 仆人这一社会等级制度。1962 年 7 月 1 日，在卢旺达独立前不久，比利时殖民者把胡图族扶上了统治者的宝座。很多被赶下台的图西族开始了流亡生活，而其他图西族则继续留在卢旺达境内，成为经常遭受侮辱的少数民族。具有讽刺意义的是，与此同时在胡图族人中还留存着过去的一些影子，即他们对昔日统治者名誉的仰慕之情。例如，图西族的姑娘们依然是胡图族的阔佬们心仪的结婚对象。1999 年我常听到这样的说法，发家致富的胡图族男人会“买一栋房子，买一辆奔驰，再娶一个图西族姑娘为妻”[②]。图西族被赶下台后，胡图族在某种程度上还保留着对图西族习惯性的崇拜。

我去卢旺达游历之前，有人告诉我，不能问卢旺达人是胡图族血统还是图西族血统。不过，我可以对此间接地进行了解，但要牢记胡图族和图西族的说法还有争议。然而，我从非官方渠道得知，胡图族数百年的唯唯诺诺给他们的肢体语言打上了烙印，这使得胡图族出身的人有谦卑的鞠躬习惯，而图西族的腰杆却挺得笔直，

---

① 改写自林艾雯（Lindner），2000a，第 183 页。

② 林艾雯（Lindner），2000a，第 351 页。

一副骄傲、有时甚至是趾高气扬的神态。因此，图西族虽然在政治上失败了，但是他们的统治思想好像幸存下来了，不仅存留在他们这些昔日统治者的脑海里，而且尤为突出的是，还存留在过去的平民百姓的心中。我在上一章以“自卑情结”为题讨论过这个问题。胡图族统治者对流亡的图西族重返故里一事诚惶诚恐，否则他们就没有必要策划1994年的种族大屠杀来阻止图西族回归故里。他们担心有朝一日图西族还有可能再次侮辱胡图族，胡图族新政权一定感到了自己统治地位的脆弱不堪。虽然图西族实际上已经失去大部分实权，但是胡图族对昔日统治者的记忆，依然留在以前的平民百姓、现在的统治者的脑海里，这就迫使胡图族要侮辱、杀害昔日的图西族统治者。

这导致了（乍一看）施暴人可能是**弱者**这一违反直觉的看法。我①在探究希特勒、巴雷以及卢旺达的统治者的生活阅历时，发现他们并不总是**鄙视**自己灭绝的人。诡异的是，他们在自传的某些章节里，还曾经**仰慕**过这些人。犹太人、伊萨克人、图西族人都曾经被视为**精英**——智慧、勤奋、优秀——因此，他们是潜在的、危险的侮辱的施暴人，“必须”避开他们准备实施的侮辱计划。实际上，我们找到的不是什么**强大的**施暴人和**脆弱的**受害人，我们找到的施暴人可能同样是**脆弱的**。

在上一章的讨论中提到，我在卢旺达的时候经常有人告诉我，据说胡图族在昔日的统治者面前有**自卑感**。因此，有些东西像**仰慕**一样可能会出人预料地成为种族“清洗”暴行中“罪孽”的灵感。平民百姓认为，有必要通过除掉仰慕的对象以“清洗”自己对他人的**仰慕**之情。当精神生活滞后的时候，手中仅有权力还是不够的。新崛起的平民百姓可能既需要清除昔日的统治者，又需要清除他们自己对昔日统治者的仰慕之情。

因此，图1.1（第6页）可能更适合绘制成图7.1。在位已久的统治者不一定是最残暴的人，但是新崛起的平民百姓用除掉昔日的统治者、今天的少数人的方式，试图清除自己对统治者的仰慕之情，因为他们惧怕昔日的统治者还有可能成为未来的统治者。

---

① 其中包括林艾雯（Lindner），2006；林艾雯（Lindner），2000。

种族“清洗”

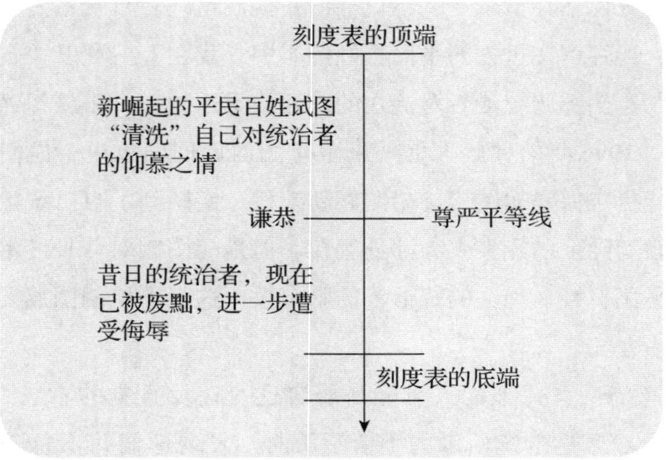

图 7.1　种族“清洗”

国际社会必须把这些有种族“清洗”特性的领导人边缘化，因为即使民主也不能防止种族“清洗”事件的发生。他们像希特勒一样，可能会在民主背景下找到煽动追随者的办法。本书介绍过的那些劣迹斑斑的人们可能会把世界引向杀戮的深渊，至关重要的是怎样阻止他们掌权。

同时，需要小心谨慎地赋予大众以尊严，否则他们可能会成为这类领导人精心谋划的**侮辱叙事方式**的“炮灰”。通过所谓“国家支持”的暴力行为，津巴布韦的绿色炸弹手（Green Bombers）被训练来攻击对手。有 3 个年轻的小伙子逃到了约翰内斯堡，他们讲述了自己是怎样闯进农场、毁坏篱笆、放跑牲畜、焚烧房屋、用棍子和斧头打人、强暴年轻姑娘等一桩桩一件件悲惨的往事。有人曾经承诺他们会有工作做、会有钱花、会有土地耕种，还会有一个有尊严的未来，但是“他们得到的却是烈酒、毒品和任人摆布”（2003 年 4 月 17 日英国国际广播电台国际新闻）。该电台的时事评论员号召非洲邻国对此事进行干预，批评他们那些不起作用的温和的外交策略。

结论：可能是对种族清洗的受害人的**仰慕之情**激发了施害人鬼迷心窍地实施了种族清洗。在新崛起的平民百姓心中可能还残留着对前精英们的仰慕之情，这触动了他们脆弱的心理结构，令他们痛苦。这些平民百姓心理脆弱，他们试图以近乎着魔的方式“清洗”自己，不仅要把昔日的统治者侮辱到无助的境遇，还要把他们侮辱到万劫不复的深渊。只有这样做，施暴人好像才能从对昔日统治者的仰慕中解脱出来。当大多数人卷入这个阴谋的时候，悲剧就发生了。

一双血染的运动鞋！童年经历可能造就嗜辱成性的人

仅仅由于**情感盲区**（affective blindness），童年时期无人疼爱和受到的侮辱可能会在不经意间造成对他人的侮辱行为。布鲁斯·D·佩里（Bruce D. Perry）讲了一个令人胆寒的故事，它证实了童年时期遭受的侮辱对人产生的潜在影响有多么严重。这个**情感盲区**的故事是这样的：

> 一个15岁的男孩看到了一双他想要的高档运动鞋，另一个孩子恰好穿着这么一双鞋——于是，他掏出枪，强行索要这双鞋。那个年纪小一点的孩子，在枪口的威逼下，脱掉自己这双鞋，交给了他。这个15岁的男孩用枪对准了小男孩的头，微笑着扣动了扳机。
>
> 他被捕后，明显缺乏悔意的表现让警官们不寒而栗。警官们问他，如果时间能倒流，他是否愿意用不同的方式处理这件事，他想了一下，回答说：“我会把自己那双鞋洗干净。”
>
> 他索要的那双“血染的鞋”让他成了阶下囚，他如果因为被捕而表现出懊悔才是理智的、有认知能力的反应。但是他却没有懊悔——自然的情感流露，他根本没有感觉到受害人的痛苦和他之间存在着必然联系。小时候，他受到过主要监管人的冷落和侮辱，实际上，这个15岁的杀人犯情感发育迟缓，连接他与他人之间关系的那部分大脑——共鸣区——没有发育成熟，他有情感盲区。正如智障的孩子缺乏理解抽象认知概念的能力一样，这个15岁的杀人犯缺乏用健康的方式和他人进行沟通的能力。是经验，更贴切地说，是非常缺乏审慎判断力的经验，导致了情感盲区——情感发育迟缓。[①]

---

① 佩里（Perry），1997，第128页。

乔治是一个英国士兵的儿子，他父亲在第二次世界大战期间作战英勇，因此他还得过多枚奖章。打完仗返回故里后，他父亲开始酗酒，冷落了家人。乔治找到我的时候，是个快60岁的人了，他经受着一些无厘头的恐慌的折磨。乔治解释说：

> 战争期间，我母亲一个人和孩子们生活在一起。我是家中最小的，既没有时间和哥哥、弟弟、姐姐、妹妹建立兄妹姐弟情，也未曾从母亲那里得到温情。父亲回来后，父母之间除了吵架，还是吵架。我认为自己患了情感营养不良症，我从父亲那里学到了对弱者要强硬。我相信他无法摆脱战争给他造成的心理创伤。他总爱板着脸，我好像也是这样。父母对我放手不管，我形单影只，十分孤独。在以后的岁月里，我一直保持着这份孤独。
>
> 我的铁石心肠和玩世不恭阻挡了所有可能会抵达到我这儿的脉脉温情。例如，我遇到的所有女性都弃我而去，是因为她们不能接受我一贯侮辱人的冲动。我对点滴的温情不是冷嘲热讽，就是讽刺挖苦。同时，我又是一个性虐待狂，好像我身上的某种东西通过皮肤才能获得心灵上得不到的东西，再加上我沉溺于性爱而不能自拔，还不断地用语言和行动对她们进行侮辱，难怪我都把她们赶跑了。
>
> 我认为自己还是个小孩子的时候就已经被毁掉了。没有人教过我怎样医治心理创伤，更糟糕的是，我甚至不知道自己有心理创伤。对情感上受到的冷落，我已经感觉习以为常，我对其他事情也是一无所知。
>
> 在过去5年多的时间里，我逐渐明白自己是一个受过摧残的人。我像婴儿一样，一切都得从头学起，学习温情、教养和爱。对性的痴迷是我知道的唯一一件事情，也是我感受到的唯一似爱的东西。我可以一边看强奸妇女的色情电影，一边持续不断地手淫长达数小时之久。强暴方式越侮辱人，我越心满意足。
>
> 我感到难过，是因为我伤害过那么多妇女，其中有些想教会我怎样爱人，但是她们谁也没有做到。我毁掉了好几位女友，你可以说，我是第二次世界大战间接的受害人，我父母断送了我的情感生活，和

我谈过恋爱的这些姑娘也成了这场战争间接的受害人。

乔治的故事表明，受到冷落的孩子们会有情感营养不良症，他们可能会受到情感盲区的折磨，以后还会陷入嗜辱成性的泥沼。几种情况可能导致孩子们在情感上受到冷落，乔治的情感营养不良症是残酷的战争环境所致。著名的连环杀人案和种族大屠杀著作的作者、人类学家埃利奥特·莱顿（Elliott Leyton）强调战争带来的长期而严峻的后果。(2003 年 3 月 25 日加拿大广播公司国家电台，CBC National)：

> 我在战区生活了好几年——在北爱尔兰，新教徒和天主教徒已经互相厮杀了数十年之久；还是在北爱尔兰，可恶的男孩子手拿燃烧瓶向我奔跑过来。在卢旺达，惨无人道的胡图族政权灭绝了少数民族图西族；还是在卢旺达，我们站在堆满被弯刀砍穿眼睛后离世的妇女和孩子尸体的教堂里，他们的尸体从地板一直摞到天花板。在以色列，基督徒、犹太人和穆斯林在仇恨、种族主义、杀戮这邪恶的三圣一体中搅和到了一起；还是在以色列，大胆的圣战勇士在水果市场向我们投掷炸弹。如果你们不是亲历过这样的恐怖活动，我希望你们力劝他人时慎重些。
>
> 究竟为什么要冒险发动伊拉克战争？我们都听说过以下几个耳熟能详的说法：是为了控制伊拉克的石油、天然气供应；或许是基督教和伊斯兰教之间那场不可避免的你死我活的斗争；或许是小布什的要比父亲干得更好的俄狄浦斯情结（希腊神话中恋母弑父的故事——译者）；或许是犹太人的阴谋；或者是残暴好战的资本主义想在那里挣大钱；或者是想除掉那个杀人不眨眼的独裁者；或者只是拿伊拉克作为检验美国最先进的军事装备而精心挑选的检测场；或者是针对那一小撮沙特阿拉伯人在“9·11”事件中的破坏行为来惩罚伊拉克人？
>
> 究竟谁知道发动这场战争的真正理由呢？但是，个人的悲伤、经济的混乱和社会的动荡不安、给下一代孩子们造成的心理创伤，这些都会随着战争的爆发接踵而至，难道有什么充足的理由为战争给人类造成的苦难进行辩解吗？
>
> 我们对战争给人类遗留的痛苦知之甚多。只要卷入战争就没有赢家，战争会夺去数万人的生命，反过来，大规模的死亡又会毁掉受难

者亲人们所有的幸福，还要夺走他们所有的希望。

但在战争中丧生的那些人只不过是第一批受难者，接下来要发生的事情才是更深重的灾难。当代最优秀的学术研究清楚地表明：一场大战会让我们大家对暴力麻木不仁，会让我们变得如此残酷无情，会在战后的很多年里提高凶杀率。不仅如此，大部分战争都会给百姓酿成太多的痛苦、大量的杀戮、无数人致残以及刻骨铭心的仇恨，这些因素会使我们一代又一代人继续杀戮、互相残害和不断结仇。此外，粉饰了战争的一切谎言会使政府、甚至使值得尊敬的政府的信誉丧失殆尽，即使吹响了合法行动起来的号角，我们也将屈从于无动于衷的愤世嫉俗的新一代人。

最后，数十年的战争给予种族、宗教和政治层面的深仇大恨以合法的地位，而这种仇恨正是我们的祖先逃离祖国的原因，我们加拿大人十分幸运地避开了这种仇恨。①

历史见证了很多残暴无情、忽视情感的文化，特别是以牢不可破的父系家族名誉为本的勇士准则文化。艾利斯·米勒（Alice Miller）② 告诉广大读者，在两次世界大战前的一段时间里，那些主流的教育观点认为育儿的一个基本内容是**摧毁孩子的意志**。

有些国家，如索马里，提供了另一个例子。索马里是一个半沙漠国家，给游牧民以极其艰难的生活环境，这培育了他们残酷无情的“武士精神”。数年来，这种残酷无情、狂妄自傲的文化造成了国内局势的动荡不安，孕育了饥饿和死亡。首先到来的是西亚德·巴雷数十年残暴的独裁统治，即使巴雷在 1991 年下台以后，索马里人民依然没有获得和平。穆萨·比希·卡波蒂（Muusa Bihi Cabdi）50 多岁，是一个吃苦耐劳的人，担任索马里兰内政部长至 1995 年。任何一位在西方国家长大的人，无论男人还是女人，如果有他那样的生活经历，都很难活下来。1998 年 12 月，在索马里西北部的哈尔格萨，他向我解释了自己小时候是怎样学会“吃苦耐劳”的。他当过游牧民，受到的训练是怎样在世界上最艰苦的环境中生存下来。为了时刻警惕防范危险，辨别危险动物和“敌人”部落留下来的蛛丝马迹，6 岁他

---

① 埃利奥特·莱顿（Elliott Leyton），2003 年 3 月 25 日，加拿大广播公司国家电台。

② 米勒（Miller），1983。

就学会了从不进入深度睡眠状态。后来他离开沙漠地带，成为米格战斗机的炮手，之后又在苏联求学。在1978年的欧加登战争中，他参加了轰炸俄塞俄比亚的战争。在这次战争中，苏联抛弃了索马里，站在俄塞俄比亚一边，结果索马里惨败，尊严尽失。后来，美国支持索马里，比希又进入美国的一所军事院校学习。20世纪80年代，当他的伊萨克部落受到斩草除根的威胁时，他参加了游击队，成了一名指挥官，手中掌握着很多人的生死大权。后来，他又在“索马里兰”政府当部长。我问他，如果他能再活一次的话，他想改变什么？他回答说，要改变一切，尤其是要改变“训练人不屈不挠，随时准备战斗的精神”：

> 我总在不停地打仗，总在参与部落之间的战争，还互相抢劫对方的骆驼。我是在恐怖中被抚养成人的，我6岁的时候第一次看到杀人场面。参军后，我总在打仗，还看到很多朋友被杀。如果我能再从头活一次的话：我不要参加任何形式的战争！[①]

小　结

有些人**在侮辱中茁壮成长**。沉溺在屈辱感中的这类人不仅会蓄意激发自己的屈辱感，而且还会实施侮辱行动“清洗”自以为遭受的侮辱。此类风云人物掌权以后，会从潜在的追随者中挖掘他们蓄积的挫折和遭受的侮辱，在这种情况下，战争和种族灭绝会因此而爆发。

痴迷种族“清洗”可能代表了**嗜辱成性**的另一面，至此令人厌恶的对昔日统治精英的崇拜之情和他们——昔日的统治精英，现在的受害人——通通被“清洗”到了深渊里。

最后，患有情感盲区的这类人可能会有侮辱人的行为，这会在文化上成为他们自身永久的困扰。为了遏制这种困扰的发生，需要更广泛的社会群体清楚地意识到潜藏在这些恶性趋势中的驱动力。

---

① 林艾雯（Lindner），2000a，第149页。

第八章　矫正侮辱的方法

奥林匹克委员会提倡下文中的**奥林匹克思想**，它把这一思想传递给所有的运动员。

> 你是我的对手，但不是我的敌人，
> 因为你的抵抗给予我力量，
> 你的意志力赋予我勇气，
> 你的精神使我高尚。
> 虽然我参赛的目的是战胜你，但如果我赢了你，
> 也决不会**侮辱你**。
> 相反，我会**敬重你**。
> 因为没有你，我不会变得如此重要。
> （庆祝 2002 年人类活动，参看 http：//www. olympic. org/. 上文的黑体部分是我用来表示强调的）。

用奥林匹克思想作为本章的开篇很合适，因为它以不同寻常的方式把**失败**、**侮辱**以及**名誉**联系在一起，同时也把本书中的两个写作目的阐释得一清二楚。首先，奥林匹克理想——和本书的主题一样——是写给那些受到高度关注、积极性很高的

人们的。本书是写给那些想展示自己的领导才能、改变世界的人们的，而不是写给那些深陷互相指责、唉声叹气或抑郁的泥潭中的人们的。同样的道理，我这本书也是写给那些想为自己、也想为全人类获得象征性奖章的人们的，本书的写作目的是帮助大家获得我们这个世界的诺贝尔和平奖。

其次，**奥林匹克思想**强调侮辱在人类奋斗过程中的重要性。反思侮辱现象，努力避免侮辱他人，不是那些只懂得哀嚎的失败者从事的一项娱乐活动，而是那些英勇无畏的胜利者值得为之奋斗的一项崇高事业，也是一项值得那些志在改天换地的最伟大的领袖们去完成的事业。我不得不强调这一点，因为心理学常常被（尤其是被那些权力在握的人们）贬为“软因素”，所以它在和“铁一般的事实”以及“艰难的思考”相比较时，始终处于次要地位。**奥林匹克思想**表明心理因素或许正是成功的关键，这是所有事实中最铁的事实。公司和政治部门的领导者们，有充足的理由邀请一流的男女运动员做教练，因为获得金牌的运动员对成功和失败的心理因素知之甚多。了解侮辱心理学，不仅对成功的领导者，而且对人类的生存至关紧要，尤其是在不再有什么国与国之间的交流，只有地球村公民与公民之间交流的全球化时代。例如，万一全球范围内的恐怖主义正是在全世界引发侮辱的驱动力怎么办？万一恐怖主义正像奥林匹克思想所警告的那样侮辱了输家怎么办？那么，归根结底，所有这一切，包括心理学在内，就都是性命攸关的事。

以前，**小人物**没有什么发言权。**乌合之众**、**平民百姓**或者**民众**的话不值得倾听。在我们的史书上，创造历史的人物通常都是**统治精英**，而**叛乱分子**和**革命者**不占什么篇幅。没有**媒体**，也没有**公众舆论**。然而，所有这些在近代都已经发生了巨变。在**地球村**，人人都是最有影响力的新兴力量中的一员，每个人的意见比以往任何时候都更具影响力。如果大家下定决心，既可以成为曼德拉式的人物，也可以成为希特勒式的人物。因此，大家既能像曼德拉一样为**和平**作出贡献，也能像希特勒那样把自己变成**大规模杀伤性武器**。

本书的题目不应该包括“国际的”这个词汇。地球村的公民之间的冲突正在日益加剧，国家政府正在失去意义。奥萨马·本·拉登（Osama bin Laden）根本不是什么国家首脑，驾驶飞机撞向世贸大楼双子塔的穆罕默德·阿塔（Muhammad Atta）也根本不是什么外交家。时代在变，像“国家的”或者“国与国之间的”表达方式正在现实生活中失去它们的本意。我们需要使用能囊括更广含义的术语，或许应该使用“全球的”而不是“国际的”这个词汇。(然而，这些思想还未广泛地深入人们心中，所以我们还是犹犹豫豫地在本书的题目中用上了“国际的”这一表达方式。)

曼德拉和希特勒熟谙侮辱激发的敌对情绪所爆发的力量，他们倾听支持者的心声，然而，他们却以不同的方式利用了他人对自己的理解。希特勒为恢复国家名誉诱惑德国人采用了毁灭性策略，而曼德拉则为南非人民获得人权制订了一个雄心勃勃的宏伟蓝图。在南非，侮辱的施暴人和被侮辱的人一起坐下来，为“白人和黑人”规划了一个“确保他们做人的尊严不可被剥夺的社会”。[①]

曼德拉采用的策略和南非传统哲学中的**社团关爱精神**产生了共鸣。社团关爱精神是一种生活方式，一种“生存”状态，是人们共同生活的行为准则，也是解决冲突的策略。**社团关爱精神**是人们在共享的谦恭氛围中，在社区里共同生活的行为准则。德斯蒙德·图图（Desmond Tutu，1999 年，南非大主教——译者）在**真相与和解委员会**的工作中运用了**社团关爱精神**[②]。希特勒的策略基于对名誉哲学、对实力以及对权势的盲目崇拜，他传递给德国人的信息是“你若强大，就配统治这个世界；你若软弱，就活该被镇压”。

希特勒的道路导致了数百万人丧生，而曼德拉的道路则引导南非人民走上了和平之路。对于希特勒而言，德国的受辱之痛释放出毁灭性的能量，直指元首为其国民选定的要摧毁的目标。对曼德拉来说，他的任务是消除痛苦引发的毁灭性能量，集中精力实施人权，而不是加害敌人。

希特勒和曼德拉这两个实例表明，在处理侮辱事件的时候，风险很大。20 世纪主要是受希特勒影响的世纪，如果曼德拉榜样的力量能塑造 21 世纪，那么为了避免产生最糟糕的负面影响，人们一定要更好地理解侮辱在人际关系中发挥的作用。

我们怎样才能朝着曼德拉所拥有心态努力奋斗？这种心态会带来什么样的后果？我们能向曼德拉学习什么？面对厄境，我们怎样做才能获得他那种成熟、镇定自若以及深思熟虑的奋斗目标？下面的几节试图探讨这些问题。

---

① 1994 年 5 月 10 日纳尔逊·曼德拉（Nelson Mandela）的就职演说。

② 请参看巴特尔（Battle），1997。

保持距离！普通关系能促进社会和平

我们大多数人对曼德拉所达到的思想高度只能望其项背。他甚至把狱中的看守都变成了朋友，他是怎样做到这一点的呢？我们探求个人成熟和社会和平的一个出发点，是培养建立**普通关系**（weaker ties）的能力——在我们中间和在我们的情感中，在我们和他人的关系中，总的来讲，在我们和世人的关系中，这是一种与太**亲密**（close）和太**火热**（hot）的关系相对立的关系。

建立**很多普通**的而不是**几个密切关系**（strong ties）似乎能为社会关系带来某些益处。马克·格兰诺维特（Mark S. Granovetter）[①] 对人们是通过密切的还是普通的社会关系能找到工作这个问题进行了研究。格兰诺维特的理论建立在滕尼斯（Tönnies）的 Gemeinschaft（礼俗社会）和 Gesellschaft（法理社会）这两种类型的社会[②]的比较基础上。他解释说，在礼俗社会中，人们关系密切，并且做事规则完全相同，几乎不需要作出任何努力就能判断出他人的意图。这种社会规范不允许大家有很多个人自主权，甚至些许的异议都能轻而易举地造成混乱。格兰诺维特的言外之意是，和其他一些人保持普通关系能提供更多的个人自主权。

罗伯特在工作中遇到了不顺心的事，他以病人的身份找到了我。他为公司奉献了 25 年，对公司死心塌地，忠心耿耿。现在，公司为了削减成本，要一脚踢开像他一样年纪大些的雇员。

> 我把心都掏给了公司，把公司当成自己的**家**，可公司是怎么感谢我的呢？我的忠诚横遭践踏！我一生的无私奉献化为乌有。我气得发疯，真想一把火把工厂烧掉！我越想这事，心里就越烦。我唯一的安慰是我妹夫。他有一个熟人，这个熟人又认识另一个熟人，他们刚成

---

① 格兰诺维特（Granovetter），1993。

② 费迪南·托尼斯（Ferdinand Tönnies）（1855—1936），对社会理论和实地研究作出了重要贡献，托尼斯（Tönnies）以对 Gemeinschaft（礼俗社会）和 Gesellschaft（法理社会）两个社会群体的区别而闻名。

立了一个新公司，可能会需要我做顾问。每当我憧憬这个新公司的美好未来时，心里才感觉好受些。但是，一想起原来的公司是怎么对我时，我心里就觉得堵得慌。

往日的侮辱像恶魔一样萦绕在罗伯特的心头，只有当他关注美好的未来的时候，他才能得以解脱，他的社会背景中的一些普通关系为罗伯特的未来打开了一扇门。在全球层面，知识这一可扩大的资源和在全球范围内众多的普通关系——而不是属于某个封闭的团体——会有助于防止人们用有害的方式对局部发生的侮辱事件念念不忘。

在生活的其他方面，特别是情感方面，把关系疏远一点也是有益处的。香港中文大学跨文化心理学家迈克·哈里斯·邦德（Michael Harris Bond）研究了不同文化背景的人感知情感的时间长度，以及它和每种文化中由此引发的凶杀案件数量之间的关系。他写道："……生活在一些国家的人们经历的情感时间越长，平均起来凶杀案数量就越多。"① 迈克的研究结果表明，社会和平构建理论认为情感依赖时间**越短**、因而**也越弱**的文化是有好处的。普通关系使人与人之间的相处更灵活，更容易变通，而不那么刻板，不那么执着，能使人较快地**冷静下来**，能够更平静地评估局势，沉着冷静地作出保留哪些情感、抛弃哪些情感的选择，普通关系还能制止失控的情绪演变成**猛烈的**攻击行为。

有些时候，忘记比牢记更重要，起码米罗斯拉夫·沃尔夫（Miroslav Volf）② 定义的忘记是这样的。沃尔夫是大学教师、神学家，土生土长的克罗地亚人。他从自己在克罗地亚当教师的经历写起，那时的前南斯拉夫还处于战争时期。他称赞忘记是一种主动的不记事的行为。根据沃尔夫的观点，一个不记事的人，选择记住过去，记住过去的委屈、过去的屈辱，但是在保留和转变过去的过程中，宽恕和下决心接受宿敌。

阿利斯泰尔·利特尔（Alistair Little）曾经是阿尔斯特保皇派（支持英国君主，反对爱尔兰统一的组织——译者）的恐怖分子。他在北爱尔兰曾代表阿尔斯特志愿

---

① 邦德（Bond），2004，第 67 页。

② 沃尔夫（Volf），1996。

军杀害过一名天主教徒，当时 17 岁，之后在狱中服刑 12 年，他最终宣布放弃暴力。[①] 早些时候，利特尔觉得必须把自己的生命献给水深火热中的同胞，要“教训一下”**敌人**，要让他们对侮辱人的行径和杀戮付出代价。长大成人后的利特尔摆脱了这一**强烈的**情感依赖，眼界变得更加开阔，并且遇事**冷静**。他后悔自己杀了人，坚持认为自己的成熟度——他称之为**容忍度**——现在高于很多朋友。举例来说，他能容忍和平进程中出现的一些不尽人意之处。利特尔报告说，很多朋友对自己认为不能接受的侮辱情节勃然大怒，想“强迫”他们取消和平进程。他知道自己最大的贡献是帮助**平息**局势，而不是加剧局势的恶化。利特尔不再“自动”认同历史上出现的种种裂痕，现在正帮忙与对立面从社会和心理层面建立一个新契约，以取代那个被误解的、出了问题的旧契约。他学会了如何解除促成暴行的心理机制。

有的时候，寻“根”可能会使人对过去产生绸缪缱绻的情愫，而我们所需要的是把聚焦点放在共有的、可持续发展的未来。对人类更有益处的做法，似乎在于强化对未来建设性愿景的依恋，同时弱化对过去毁灭性关系的回首，尤其是调低对昔日每起侮辱事件以牙还牙的呼声。建立和平的社会关系，在某种程度上，既需要建设性的、共同憧憬未来的较为牢固的关系，也需要和记忆、寻根、过去、文化差异有关的普通的、灵活的关系。地球村的公民可以以向日葵为模板构建自己的身份——中间一大块儿是大家都具有的共有的人性，边上那些众多的花瓣代表了独特的个人情感和身份认同的多样性：或许我热爱佛教，但是我同样珍爱基督教；或者我热爱亚洲，同时又爱着美国，所有这些都镶嵌在我作为人的核心身份中。当问到“你是谁”或者“你从哪里来”的时候，我的回答是：“我是行星地球上的人，这是我的主要身份。除此之外，我还和地球上很多不同的地区保持着很多情感上的联系；我也和来自五湖四海的人们，和不同职业、不同智商、不同宗教的人们保持着很多情感上的联系。然而，所有这些和我作为人的身份特征相比较都是次要的。”我们需要分层次考虑人的身份特征，其中共性位于身份的最顶端，而人与人之间的差异则居于最底端。普遍性包含多样性，但是多样性却不总包含共性。世界和平要求我们不再优先考虑差异，只要我认为有一条不可逾越的鸿沟分开了我的文化和你

---

① 2002 年 5 月 23 日，英国广播公司王牌节目《针锋相对》中蒂姆·塞巴斯蒂安（Tim Sebastian）采访了他。

的文化，我们之间就会出问题。只有我搞清楚**我的**不同没有威胁到**我们**作为人应有的尊严平等时，我才可以邀请**你**一起庆贺我们之间的多样性。

出于同样的原因，要把分歧限定在身份和身份认同这些次要问题上，千万不能把分歧视为本质上的东西。巴米扬有两座巨大的佛像，其历史可以追溯到 3 世纪或 4 世纪初期，这两座佛像雕刻在悬崖上俯瞰着巴米扬。为了把“先进的伊斯兰教”引进阿富汗，塔利班就必须炸掉它们吗？布莱尔首相在 2003 年出兵伊拉克，洛宾·库克（Robin Cook）不同意，因为他认为没有必要。然而，他要求布莱尔下台了吗？或者说他计划暗杀布莱尔了吗？为了传递预定的信息，既没有任何必要炸毁那两尊佛像，也没有任何必要从肉体上消灭布莱尔。

顺便说一下，战争是“信息”的雷区。美国坦克入侵巴格达是为了“向伊拉克人民及其领导人炫耀武力，传递具有震撼力的信息”。在没有造成人员伤亡和财产毁灭的情况下，美国人好像成功传递了这一具有震撼力的信息。

建立许多普通关系——和几个能施加决定性影响的关系相反的关系——允许构建个人自由（不要把这个概念和坚定的个人主义相混淆）这一新的、更加牢固的“框架结构”。“本色人种志学者”欧文·戈夫曼（Erving Goffman）[①] 描述了人们相遇后怎样进行协商、怎样证实自己的身份以及怎样建立“框架结构”，借此去评价人们不期而遇的含义。培养许多普通关系需要做好**自我管理**或者**自治**，这和艾琳·鲍瑞思（Eileen Borris）[②] 提出的**第三种因素**有相似之处。她说的**第三种因素**有实力和信仰的成分，这有很多种叫法，比方说，近乎于神性、恻隐之心以及信奉共有的人性。佛教思想中的**悟**蕴含着同样的意思。维克多·弗兰克尔（Victor Frankl）[③] **意义治疗**（logotherapy，所谓意义治疗，是指协助患者从生活中领悟自己生命的意义，借以改变其人生观，进而面对现实，积极乐观地活下去——译者）框架下的**自我观察**观念也与此相关。

曼德拉是怎样独辟蹊径把**谦恭**和**自尊**糅合在一起的？或许这里根本就没有什么灵丹妙药，尽管如此，或许我们依然可以从他的经历中学到不少东西。和自己的感

---

① 戈夫曼（Goffman），1974。
② 鲍瑞思（Borris），2000。
③ 弗兰克尔（Frankl），1963。

情、过去的经历保持一种既灵活又普通的关系，和无数同胞保持一种既灵活又普通的关系，似乎有利于社会和平。罗伯特·杰伊·利夫顿（Robert Jay Lifton）[①] 把具有这种个性的人称之为灵活**多变的自我**。反之，和屈指可数的几个同类社会关系融为一体，刻板地强调身份的不同会排除人们之间的共性，这似乎不那么有利于以和平的方式来维护社会凝聚力。利特尔的现身说法说明了长大成人的含义。后来，他从历史受害人的泥潭中走了出来，成了一个敢于担当责任，英勇无畏的成年人。他的新做法蕴含着谦恭、温情和尊敬。尽管有冲突、误解和不同意见，但是他运用谦恭、温情和尊敬在自己和同胞之间建立并保持了很多关系。成年意味着**自治**，自治是用平和的尊重和热情对待自己和他人。在**地球村**，每位村民的任务是以共性为基础，建立更加牢固的关系，创造建设性的未来，弱化、边缘化那些痴迷于过去痛苦的关系。

可以把能促进社会和平的社会身份设想为一个向日葵，其核心部分属于人类的人，边缘部分松散地排列着林林总总的文化身份。因此，在同一个体或者群体中，为促使多样性的蓬勃发展，不妨把全人类大团结这一牢固的身份和各地方的文化多样性这一相对普通的关系结合在一起。

学会交流！在全球尊严平等的社会中发挥作用

在**地球村**体系的屋檐下，人类**大家庭**的出现给每个人发挥能力带来了新的挑战。或者更贴切地说，现有的一些挑战——我们在祖国的生活中出现的那些挑战——被扩大化了。不妨这么说，**家庭人口**不断增加——由狩猎人和采集者组成的大家庭先变成了部落，后来部落又变成了国家，最终国家变成了全球社会。在狩猎人和采集者这一群体中，大家知己知彼。相比之下，一个国家对报效自己的“孩子们”却知之甚少。城市、城市中心区、国家以及**地球村**——所有这些像家庭一样的一个个实体，构成了如此庞大的、没有人情味的家庭，结果它们很容易引发社会混乱，给人们带来孤独和郁闷。因此，在**全球化**背景下，每个人都需要获得更多新的

---

① 利夫顿（Lifton），1999。

交际技巧。每个人必须学会用外交家、协调人、信使、特使、冲突解决者这些不同身份，在国家和国际舞台上发挥作用。为促进全球社会生活在相互对话中，而不是陷入相互疏远的独白状态，大家有必要学习更多的新知识。

安德鲁因为孤独找到了我。

> 我是在一个人口众多的传统家庭里长大的。在这个家里，你永远不会感到孤单寂寞。不论你是否愿意，什么事儿都有你的份儿。不过，你很难有自己的独立身份，大家都知道你是x的儿子，y的孙子，在这个家里你有固定的位置。可是现在，我却一个人孤零零地住在市中心。我的社交生活不再是一件自然而然的事了，我得努力才能和他人交往。我需要人做伴的时候，就得找人说话，还得引起他人的注意。这些事情我从未学过，即使是在我的职业生涯中也未曾学过。我曾经拥有一份非常稳定的工作，工作中所有的程序都是明确的。我是x的老板，y的下属。可是现在我退休了，突然间就被抛进了完全无序、孤身一人的生活状态中，能否摆脱这种孤独，完全取决于我是否有交友的主动性。
>
> 我怎样交朋友呢？我从没有结识过纯粹是因为喜欢和我相伴而成为朋友的人。我称为朋友的人或是和我的工作有关，或是和我已故的妻子有关，我自己根本不具备任何交友技巧。我习惯了那种安排妥当、有义务也有权利的等级关系。我知道真正的友谊应该是平等的，可是我却从来没有在平等的关系中生活过，不是颐指气使，就是低三下四。因此，没有人愿意和我待在一起。
>
> 我从一个州属部门领取养老金，不用儿子赡养。一切都更加平淡无奇，如果你和我一样在社交上是一个睁眼瞎，你也会手足无措的。我感觉自己是一个永远也长不大的孩子，依然需要父母的耳提面命。然而，他们都已经逝世，家人也分散在各地。

安德鲁意识到了学习新的交流技巧的必要性，然而，很多人只不过是在郁闷和混乱状态中沉沦下去了，而没有反思自己可能缺乏交际知识这一事实，他们可能把这种状况误以为是心理问题。实际上，这个问题要比心理问题简单得多：他们在变化的世界中缺乏专门的交际知识，陈旧的交际方式不再够用，那些交际方式的基础是每个人**自己所处的地位**，是自动地或多或少地被包括在某个圈子里的。在这个新世界里，**归属感**要求每个人积极主动地拿出行动来，向邻居伸出友谊之手、创造一种有归属感的关系需要技能技巧，而我们的先辈则鲜有这种技巧。谦恭是运用这些新技巧的前提条件，没有人愿意遭受欺凌，傲慢交不到朋友，奴颜婢膝同样交不到朋友。既然真正的友谊是建立在自愿基础之上的关系，那么武力也起不到交友作用。友谊是温情、忠诚、团结、相互认可、对话、谦恭地承认尊严平等。掌握这些交际技巧的人会拥有朋友，也会感觉自己**属于**这颗星球。那些不能掌握这些技巧的人会感到孤独寂寞，他们应该留心关注这些新的交际技巧，并把它们植入走向**全球化**和**个人尊严平等化**的过程中。

挺直腰板！阻止屈辱感的渗透

尽管南非的白人统治者多次试图侮辱、摧垮纳尔逊·曼德拉，但他还是经受住了屈辱感的侵扰。结果，他受到了人们的敬仰，被尊为智者和英雄。当他以政治犯的身份抵达罗布恩岛的时候，曼德拉“表现出了罕见的处理冲突的才能。他用人的尊严应对狱中看守赤裸裸的野蛮行径，并且和他们建立起相互尊重的关系”①。

纳尔逊·曼德拉运用了一种“最低限度的公平公正”的手段。他没有无休止地哀叹种族隔离制度，而是用尊敬、有理有节的方式坚定不移地要求公平正义。曼德拉掌权后，还小心翼翼地保持着这种审慎适度的克制风格。他被剥夺权力成为受害人后，没有屈服；他上台执政后，也没有侮辱昔日的统治者。

在塞内加尔，托斯坦——联合国儿童基金会（Tostan-UNICEF，Tostan 是在非洲与当地部族村庄沟通女孩割礼议题最为成功的组织。——译者）计划以对话为基础，运用**参与措施**帮助终止女性割礼（FGC）。**参与措施**的意思是不采用敌对方法和那些支持割礼的人形成对峙局面，而是在他们对此事有了新的认识以后，尊敬地邀请他们参与到对话中来。伊斯兰教的阿訇赞扬参与措施说：“联合国儿童基金会

① 曼德拉（Mandela），赫弗梅尔（Heffemel），2001。

计划采用的措施是最佳方式，这和政府采用的几乎造成抵抗、蔑视效应的措施大相径庭。对话比武力更有效。”[①]

归根结底，处于侮辱境遇的时候，消解屈辱感的白刃化程度，进而把暴力反应的潜在因素降到最低程度是有益处的。最好的处理方法是正视侮辱局面，适度地呼吁公平正义，同时尊严、礼貌地对待侮辱的施暴人，在确保不失体面的情况下，让他们比较轻松舒适地下台。确实，有必要让独裁者和暴君懂得“谦卑”，也有必要“教训”他们一下，然而，人权思想提倡的新的重要理念是不能用侮辱的方法对待他人。曼德拉没有侮辱对他施暴的人，不仅如此，他还把监狱的看守变成了自己的朋友。

莱考夫（Lakeoff）和约翰逊（Johnson）描述了育儿的**慈父型/慈母型模式**，为了帮助孩子成为正直的人，育儿时需要把果断和尊重相结合。他们写道：

> 慈父型或者慈母型的道德观本身并不是要过分地放纵孩子。允许孩子们随心所欲对他们的成长并没有好处，同理，他人想做什么就帮他们做什么，也不是得体的助人方式。允许他人做什么应该有度，况且真心培育蕴含着设定界限，并希望他人拿出负责任的行动来。[②]

从合作开始！伸出友谊之手，利他主义是互惠的

人类在本能上是**反社会的动物**，还是**亲社会的**动物？博弈理论家的学科范畴既包含了生物学，又涵盖了社会学，他们对此提供的答案是：帮助他人、但是拒绝帮助他人行骗的这类人，比无条件行善，或认为行骗是正常行为的那类人更平和、稳重。合作是人们可以采用的最明智的利己策略（在人们保持一种长期的共事关系、经常碰面、还知道他们今后可能会相互依靠的情况下）。罗伯特·阿克塞尔罗德

---

① 迪亚（Dia），2003，第 1 页。

② 莱考夫和约翰逊（Lakoff and Johnson），1999，第 316 页。

(Robert Axelrod)[①] 探讨了使用计算机模型重做“囚徒的困境”游戏（给两个参与游戏的人提供或合作或彼此背叛的机会），将**渐变的针锋相对**策略模式化。阿克塞尔罗德的主要发现是，**渐变的针锋相对**策略——也叫互惠的利他主义策略——大获成功，击败了其他所有策略，随着时间的推移，它不仅增加了合作的益处，还保护了参与人免受掠夺者侵袭。莫顿·多伊奇在《多伊奇原始社会关系法则》一书中阐明了“合作助长合作，竞争助长竞争”的观点。[②]

重复的囚徒困境（“囚徒困境”为博弈论中的著名案例。重复的囚徒困境即：假如游戏反复进行，使得每个参与者都有机会去惩罚另一个参与者前一回合的背叛行为，结果就使所有参与者都倾向于合作而不是背叛。——译者）游戏多次重申了一个有益于社会的重要道理：当人们知道彼此不再有见面机会的时候，倾向于行骗；但是当人们知道行骗要付出高昂代价的时候，更有可能合作。把自己描述为“达尔文左派”的彼得·辛格（Peter Singer）[③]认为，为创建一个更和平的世界，我们需要营造一个人们可以体验长久关系的环境，在这个环境中，相互利用不能发挥更大的作用，而合作则能发挥更大的作用，实际上，**全球化**恰好要达到这一目的。**全球化**鼓励原来一个个**独立的**实体加盟到**单一一个具有相互依靠关系的**单位中来，因为怕上当受骗而处于孤立的境遇，就躲在朦胧的情感屏障背后，在策略上不再是明智之举。即使你可能偶尔遇到掠夺者，但是成为利他主义合作关系中的一员则是更好的策略。卡拉·赫尔费里希（Carla Helfferich）写道：

> 对于任何社会动物而言，无论是人类还是非人类，无论是蒙昧愚鲁的盲从者，还是精于算计的富豪权贵，当欺骗行为即刻就明显需要付出代价的时候，合作是他们能做到的最明智的利己的选择。里德利（Ridley）和洛（Low）由此得出这样的结论：环境保护主义者最好不要幻想人们都有多么美好的动机。在拯救世界的事业中，如果能适度地鼓励人们合作，那么人们就愿意为这一事业而合作。大规模的针锋相对行为可能意味着对耗油量大的车多征税，或者联合抵制购买热带

---

① 阿克塞尔罗德（Axelrod），1990。
② 多伊奇（Deutsch），1973，第 367 页。
③ 辛格（Singer），1999。

雨林的木材制品，这也可能意味着政府在订合同时，要优先考虑那些使用再生材料，或者污染交通程度低的工具的承包商。当然，这还意味着包容人性中一些非常自然的方面。[①]

即使是生意上的关系，也可以从明智的合作角度进行探讨。克莉丝·内尔德（Chris Nelder）对此作出了如下解释：

> 当我们发现商家从纯物质的角度审视自己的商业活动、盘剥我们赖以生存的环境时，请牢记我们都是这个环境中的一部分。基于互相尊重，未来成功的商家会改变这种关系——即犹太神学家马丁·布伯（Martin Buber）称之为从“我和它”的关系中走出来，进入“我和你”的关系中去。能留住顾客的商家是那些珍视和顾客之间关系的商家，那些不这样做的商家是留不住顾客的。精明的公司愿意从外界听到负面的反馈意见（包括顾客），并作出象征性的回应。[②]

如果我们想为长期的社会公平公正、和平作出贡献，那就让我们首先采用和他人合作的策略吧。为避免不必要的冲突，让我们善待他人，不要试图以他人为代价获得个人成功。为了达到这一目的，让我们学会喜欢和人打交道吧。马丁·布伯[③]认为，在真实的对话中，和人的相逢体现的是人和上帝的相逢，即使我们当中有些人信奉无神论，也会赞同这一观点，喜欢人与人的关系中近乎神的那个特征，会把我们的世界变成一个更加美好的世界。我们把这种宗教称之为**爱**，希腊语的意思是“朋友之间的爱”。当我们发现有人行骗的时候，就终止合作——但我们要慎重地处理此事，不可有过激行为。我们反对掠夺者，不过为了恢复合作，我们准备宽恕他们；为了避免误解，在交际中，我们头脑要清醒，做人要朴实，做事要果断。我们需要展示自己的谦恭，既要避免卑躬屈膝，又要避免趾高气扬。我们承认人在本质上存在共性，其中包括证实人的价值、得到认可的需求，那就让我们伸出友谊之手吧。

---

① 赫尔费里希（Helfferich）1993，第 1 页。
② 内尔德（Nelder），1996，第 10 页。
③ 布伯（Buber），1944。

创新可能会成为尊严平等中的特洛伊木马

罗伯特·M·索洛（Robert M. Solow）（1957）运用**增长会计法**（growth accounting approach，其基本思路是以新古典增长理论为基础，将经济增长中的要素投入贡献剔除掉，从而得到全要素生产率增长的估算值，其本质是一种指数方法。按照指数的不同构造方式，可分为代数指数法和几何指数法，也称索洛残差法。——译者）分析了历史上国内生产总值的数据，他发现**技术革新**、**专业知识**对国内生产总值的增长贡献比资本、劳动输入这两个变量要重要得多。[①] 这些都是好消息。为了地球长期的可持续发展，人们急需新思想，创新对我们和子孙后代的未来举足轻重。

然而，创新却是一件十分棘手的事。创新不可强人所难，必须循循善诱；创新常常是灵感的自然流露，而不是轻而易举设计出来的。你可以逼迫自己搞创新，但是那些闪光的思想很可能是你在浴缸里泡澡、身心放松的时候迸发出来的。压迫人民不能提高创新度，受压迫的平民百姓很可能自己搞创新，但是这可能不会对压迫者有什么好处，倒很有可能慢慢地破坏压迫者要实现的目标。公司经理需要尊重雇员，希望孩子在人生之路上获得成功的母亲也需要尊重孩子，但是他们都要为雇员和孩子开辟宽松和自由的空间。

创新和创造性地实现自我价值意味着对尊严平等的**真切**呼唤。受到尊严平等待遇的人和被视为说话有分量的人能开辟创新空间。人们感觉受到良好待遇的时候，会更具创新性；人们遭遇侮辱性贬低的时候，就不会那么具有创新性。按照人的价值划分等级的旧风俗和中国女人的裹脚有相似之处，这两种做法都对人造成了伤害，至少是部分伤害。裹脚妇女变成了依赖他人的、无能无助的玩物。同理，处于强制性等级制度下的平民百姓通常也被人为地致残。为了使创新蓬勃发展，必须废除一切害人的东西。莫顿·多伊奇引用了利希滕贝格（Lichtenberg）（1990）的一段话：统治者必须从统治的过程中撤离出来，要重新承认、消除自己脆弱、负疚、

---

① 索洛（Solow），1957。

自我憎恨、愤怒和恐怖的情感，还要消弭投射在被压迫者身上的这些情感。

> 心理学家承担着心理医生、婚姻咨询师、组织顾问以及教育者等多种角色，他们在解密统治者心理嬗变的过程中起着一定作用。因此，我也相信，被压迫者也同样在解密统治者的心理，这表现在他们不接受在压迫者和被压迫者之间这种扭曲的关系中所处的扭曲地位。[①]

确实，在21世纪初叶，世界处于从古代**高压政治文化**向**创新文化**的过渡阶段，虽然还只是开始。在高压政治文化中，平民百姓遭受惩罚，仅仅因为他们是平民百姓。相比之下，创新文化从根本上把大家当成平等的、相互依赖的、有潜在才智的人看待。发挥才智的关键是说服，说服的基础是尊重尊严平等。和原来的文化相比较，今天的文化在保留文化上发挥的作用较小，但是起到的却是推动文化发展的作用。新思想、新理论、新产品以及生活方式的各种创新运动触目皆是。在过去，尽管受到大权在握的统治精英的重重阻扰，但情况还是发生了变化；而今天，大权在握的统治精英依靠的是变革文化，过去他们曾经通过维持现状来保持手中的权力，现在他们希望通过革新来维持现状。

当下朝着**创新文化**的过渡而产生的影响遍布全球，创新文化不仅在局部，而且在世界各地，都深入到了我们的日常生活里。我用**量身定做**这个说法来表示我们的需求，即经常性的调整，包括审时度势、改变观念、决定怎样做事、采取什么行动，然后再开始审察、探索。**量身定做**描述的是运用比以往更有活力、更灵活、更具鉴别力的方式，努力把抽象概念（理论、世界观）和“现实”链接在一起。在科学中，“**量身定做**”是证明合理性方法的另一种说法，被称之为**反思平衡法**（reflective equilibrium，罗尔斯在证明正义原则时，提出并使用了一种伦理论证新方法，即通过反思、调整、修正，使参与到我们伦理思考中的所有信念、知识和其他材料之间达到融会贯通和一致。——译者），它的意思是为了达到融会贯通，需要反反复复地反思、调整、修正。

在企业，以开明的心态接受变化、变通、创新已经被提升到“官方的”议事日程上来了。在一体化的世界里，为培养能够独当一面的现代企业经理，开办短期培

---

① 多伊奇（Deutsch），2002，第35—36页。

训班教授他们学习方法、如何具有开放的心态、如何灵活处事、如何具备可塑性以及如何提出质疑，诸如刻板的制度、可靠的知识以及固定的身份这些说法都已经不合时宜。在日新月异的环境中，人们看重的是适应能力而不是僵化刻板。小单位比庞大、僵化的单位效率更高。用经济学的话说：在找到（创造了）产品合适的商机后，只有认真考虑、满足用户的需求和愿望才能保障市场经济的利益，因为世界正在走向全球化，全球化也会波及世界各国的市场。

民主是一种设计，旨在建立一套内在机制以确保整个民主制度的灵活性。民主要实现的主要目的之一是为“用户”，即公民，**量身定做**一套机制。**为了我们的生物界和人类社会的可持续发展**只不过是在生物界和人类社会的理论与实践相结合的过程中**量身定做**一个长期链接而已。

镇静，不要有任何压力！旁观者是怎样挺身而出的

斯托布（Staub，1989）认为，希特勒的德国在实施灭绝人性的暴行中有一个不可忽视的因素，即局外人没有**挺身而出参与到**制止暴行的行动中来，而是不作为。[①] **国际社会**能解决今天的哪些危机？**局外人**能为世界和平带来什么？这个问题的答案也许是这样的：国际社会可以**挺身而出**，致力于打造一个与之相关的**全球公民社会**，并且帮助它建立能实现世界和平的**健全的全球性机构**。既然联合国是唯一一个名副其实的国际组织，那么改革并加强联合国的力量则是睿智之举。尽管联合国还处于初期阶段，但是我们不能因为一棵树太小还不能遮阴就将它砍掉。

不过，每个人还可以多尽一分力量。彼得·科尔曼（Peter Coleman）描述了**广受关注的短期应对机制**是如何损害我们长期的个人利益的。

> 很多种应对机制是用来保护个人和社区居民免受旷日持久的心理创伤（如被否认、压抑、以己度人、强词夺理等）造成的心理伤害和压力的，它们会削弱人们处理信息和有效行使职责的能力（拉扎勒斯，1985）。因此，有必要应对冲突（通过否认付出的代价、美化施

---

① 斯托布（Staub），1989。

暴策略和非人性地对待他人的方式）构成的与冲突（如成本/收益评估以及对各种选项和后果的透彻考虑）有关的威胁，因为这已经严重影响了作出健全、合理的决定的能力。[①]

从冷静思考、合理保护受害人切身利益的角度看，以上所有这些因素意味着那些遭受创伤压力的人们没有处于最佳状态。压力、疲倦和重负削弱人的自控力，增加他/她采用弄巧成拙的方法发泄情绪的可能性。不过，一个人的足够**成熟**可以抵消所有这些因素。成熟的人能在压力下认识到自身的局限性，并专注于保持**冷静**、学会保持**冷静**。2003 年夏天，我曾经和美国的穆斯林交谈过。下面这篇短文是根据我所听到的话作出的概括，总会有针对美国人需要冷静下来而提出的忠告：

美国人在"9・11"后情绪激愤。在一些人身上，这种激愤情绪和他们所受的"果敢自信"教育以及律师的辩论风格有百害而无一利地结合在一起了。律师们懂得怎样赢得辩论，他们是一群愤怒鼓动者，不过是以牺牲对方利益为代价而获胜的。自从"9・11"后，很多美国人好像都成了愤怒鼓动者。

事实上，美国人好争论的谈话风格常常伴随着他们"坚定的个人主义"信念，这样做会毫无必要地加剧紧张情绪。如果是在仲裁者缺席的情况下使用这种谈话风格，可能会引发灾难性的后果，会使社会风气带有攻击性，还会增加不安全因素。人们不再谋求彼此之间的共同点，而是为愤怒而愤怒。如果当着法官或者仲裁者的面，或者按照仪式要求说出对抗性的话，那么这种表述形式不仅不会伤人，甚至还会颇具吸引力。一些电视节目——比如英国广播公司的王牌节目《针锋相对》，就是建立在对抗性谈话风格基础之上的。但是在这些情况下，对抗性的气氛并不是为了击败对手，其设置倒更像一场游戏。

相比之下，怒气未消的愤怒鼓动者的行事风格，无论是在美国社会，还是在**地球村**都会引起严重的不和。好争论的风格，例如强调"谋求一致"或"争辩"，都没有益处[②]。当愤怒鼓动者为了在争辩中获胜而对外族成员恶语相向、嘲讽奚落的

---

① 科尔曼（Coleman），2003，第 17 页。

② 约翰逊（Johnson），约翰逊（Johnson），提斯福德（Tjosvold），2000，第 66 页。

时候，遭到辱骂的受害人就会感觉受到了冒犯和侮辱，这大大提高了全球内部正常工作的难度。于是，当前美国人的紧张情绪和他们“果敢自信”的心灵呼声结合在一起，这既让美国人民，也让世界各国人民愈发感觉不安全。比较有益的做法是开展“建设性的辩论”，或者是亚里士多德称之为的“深思熟虑的讨论”，意思是探讨所提议的行动的利与弊，目的是将各种别具一格地解决问题的方法和创造性地解决问题融为一体。

我们呼吁第三方——父母、治疗专家，或者更广泛的团体组织，包括国际社会和联合国——支持这一冷静下来的过程。当今的世界政治常常充斥着太多的**过激**反应，**冷静下来**会消解这些过激反应。参与人可能与此事关连太密切反而做不到冷静，因此，第三方有责任仗义执言。所有**成熟**的人们，像纳尔逊·曼德拉那样的人和那些放弃了极端主义，接受了克制的人都要参与进来。第三方的首要任务是把自己的同感、同情和理解传递给所有小团体里的每个成员，因为他们受到了影响。然后，促进实施如米歇尔（Mischel）和德斯梅特（De Smet）[①] 描述的**冷静**策略，比如暂停，运用更好的自我调整策略，改善压力管理方法以及重新构建目标。

中东、广袤无垠的非洲、亚洲以及南美洲一些国家都承受着持续不断的压力和重负，并为它们所累，这些地方急需外界帮助。无论是从微观层面，还是从宏观层面，人们囿于屈辱感，倾心于自毁式消沉，或采用其他玉石俱焚式的暴力复仇手段。着实**冷静下来**是建立**地球村**强大的社会基本结构的前提条件。目前，这种**冷静**是“偶然”发生的，不是按照计划分步骤实现的，也许国际社会一贯的关怀能加快冷静的进程。

警察或医生一旦和一个“案件”/“病例”有太过密切的关系，就应该回避这个案件/病例。对于我们这个世界的领导人来说，这种做法也应该是行之有效的。那些**过激**的人要么自己主动**回避**案件/病例，要么被其同伴强制**回避**案件/病例，这类人不应该被安置在领导岗位上，局外人必须保护世界人民免遭“过激”型领导人制造的暴力事件的伤害。联合国的一些组织，例如，**国际法庭**和**国际刑事法院**，为保护世界人民免遭“过激”型领导人的伤害，近来有效地发挥了其监管职能。

不过，如同在第七章中所讨论的那样，有些领导人不仅情感过激，还有可能从童年时代就陷入了侮辱循环的境遇，或许痴迷于侮辱。我们要呼吁世界各国的局外

① 米歇尔和德斯梅特（Mischel and De Smet），2000。

人努力**识别**恶性自恋型人格特质的人，并**阻止**具有这些特质的人走上领导岗位。有恶性自恋人格特质的人需要的是治疗，而不是担当什么领导责任。已经意识到这种现象的局外人，应该唤起更多的公众意识到有恶性自恋人格特质的人所造成的不良影响，并为此而奋斗。

20∶2，女人和男人！强制可以和尊重相结合

第三方怎样才能在不对他人造成更多侮辱的前提条件下，终止冲突各方引发的侮辱循环呢？

美国前国务卿科林·鲍威尔（Colin Powell）推荐过一种用于军事冲突的**力量策略**。他希望己方备有大概大于对手五倍的兵力。美国国防部长唐纳德·拉姆斯菲尔德（Donald Rumsfeld）则推崇更变化多端、机动灵活并且成本低的策略。这两种策略有一个共同点，即压倒性策略——鲍威尔**在人数上压倒**对手，而拉莫斯菲尔德则**以速度和出其不意压倒**对手。我认可强制和压倒两种策略可能都是确保地区和世界和平所需要的手段，但是这种**不可抗拒的压倒策略应该和尊重相结合。**

开罗，一个拥有大约1,000万到1,500万人口的大都市，犯罪率低，几乎没有什么不安定因素，对此我感到十分诧异。高度的**社会控制力**是埃及文化的组成部分。我经常看到下面这种情况，它可以证明埃及的社会控制力：

> 在熙熙攘攘的开罗市街头发生了一起交通事故。两名司机从各自的车里走出来，怒气冲冲地检查着车子的受损情况。他们朝对方大喊大叫，随后一跃而起掐住对方的脖子。他们扯着嗓子叫喊着，你推我搡地动手打起来。
>
> 在事故发生地附近，在大街上、在咖啡厅里、在商店里，人们目不转睛地关注着事态的进展。从他们脸上，可以读到严肃、紧张、尊重和参与。大约10到20个人，通常是身强力壮的年轻人慢慢地靠近这两个吵架的司机。他们分成两组，一组5到10人，每一组负责其中一方，劝解着他，和他说着话。每组的控制力都强到谁也无法再打到，或者伤害到对方的程度，但是两个人仍在怒吼着、尖叫着甚至还

在向对方猛扑。

每个人都在和分到自己这组的司机说着话，心平气和，说话语气带着尊重。他们向司机表明，理解他在紧急情况下迫不得已做出了如此惹人注目的行动（在埃及，**出门在外**的人备受尊崇）。这些“调停人”尽力理解发生这场冲突的原因，还提出各种折中的解决问题的办法。他们并不过分专注于冲突中合理的一面，他们始终看重的事实是冲突双方心理负担过重，以及破裂的社会和平必须加以修复。

10 或 15 分钟之后，冲突双方开始冷静下来。如果可行，他们都同意作出妥协。如果必要，一些调停人答应，担当协调此事的目击证人或者和解的执行人。这场冲突结束了，两个司机离开出事现场。调停人没有作过多的渲染，各自回到自己的工作岗位。这就是埃及人常用的平息冲突的方法。

我目击到的解决冲突和遏制大街上这类冲突的事件，通常包括调停人和当事人双方，人数之比例是 20:2，至少是 10:2。要使冲突中的两个对手**冷静**下来，**平息**事端，起码需要 20 个身强力壮的男人。如果这个方案可以作为解决冲突的范例，那么为了解决世界各地发生的各种冲突，还要增加预防和遏制各类事件所需要的人力资源。我们需要联合国授权的、在人数上**占绝对优势的**维和人员/国际警察，我们还需要精心设计的、**压倒一切的**策略，还需要把鲍威尔和拉姆斯菲尔德各自的策略智慧地结合在一起，再把它们植入**尊重对手**这一解决冲突的基本导向中。

在很多地区——那些所谓**不成功的国家**——必须解决优秀警力缺乏的问题；在另外一些地区，则需要处理统治阶层利用特权“劫走”大批警力的问题；用好投放在预防和遏制冲突上的资源，可以防止为解决灾难造成后需要付出的大得多的投入。

国际社会基于 20:2 的比例模板发展了丰富多彩的创新理念。比如，为什么我们能找到成百上千的士兵，却找不到成百上千的观察员？或者我们使用人体盾牌来阻止暴行怎么样？威廉·尤里（William Ury）（1999）在《走向和平》一书中的最后一部分，提出了十种不同的人类谈判人（Homo negotiator，指由人用和平谈判方式而不是用武力去解决冲突——译者）角色：规则制定者、教师、建桥人、调停人、仲裁人、平衡冲突的人、疗伤人、见证人、裁判员以及和平卫士。

在埃及传统的男人和女人角色中，有强制和尊重两种元素，埃及人解决冲突的措施是把强制和尊重结合在一起，我观察到了这个很有趣的现象。这种情形是把“女人”的谈话方式、善解人意、同情心、看问题的角度以及疗伤的一面，和“男人”身上可能存在的制伏、强迫、威力、暴力和攻击的一面相结合。“男人”的力量和他们有节制的抗击挑衅行为能遏制住打架的人。“女人”意识到，社会结构中的凝聚力创造了一种氛围，这让打架的人能感觉自己在这种氛围中受到了真心的对待。把“男人的”威力和“女人的”同情心结合在一起，可以开出一个解决当代冲突的处方。在相互依赖的现代**地球村**，使用“男人”毁灭性力量的旧策略已经是明日黄花，但是“男人”运用遏制力的能力却依然是一个重要工具。

现在，男性和女性被邀请来分享彼此的角色——男性使用更多传统的“女人”角色特征，而女性则变得更加“抛头露面”。过去，抛头露面的事是和男人保卫边界、把**内部**和**外部**分开联系在一起的，就如同衣服能护身，不让**外面**的人看到**里面**是一个道理。埃及有句俗语说：“女人是脖子，男人是脑袋；女人的脖子想往哪边转就往哪边转。”换句话说，埃及妇女认为她们**在家里创造**的是与家相关的内涵，男人在外面展示的正是这些内涵。随着**地球村外围**的消失，“劳动分工”失去了意义，让男人和女人一样亲密地住在**内部**了，也都能到**外部**去抛头露面了。

联合国教科文组织（UNESCO）的**和平文化纲领**敦促在解决冲突的一系列活动中突出“女人”特征，把女人可能作出的贡献列了一个长长的单子（林艾雯改编，1999）：使用多轨道，“第二轨道”，公民为本的外交策略（即各种非官方的外交——译者）；建立早期预警机制；重新思考国家主权概念；设立研究项目，搞清楚有可能发生冲突的地区的历史；收集相关信息，让决策人了解这些信息；从宏观层面使用心理学；把身份认同当作桥梁；保持交战各方沟通顺畅；举行非正式会谈；在和平谈判中除了军阀们的参与以外，还要包括人民的参与；组建有较少等级制度、较多创新性，能解决冲突的团队；建立调停团队；组建“真相委员会”；让交战各方感觉到国际社会的爱护、尊重和关心；让冲突各方脱离平时所处的环境；认真对待交战双方各自的敌对情绪和感情；认识到维护人的尊严的重要性；从社会学和生态学的层面，提出可持续发展的、能解决问题的长期方案；逐步把花在灾后重建上的资源分配到预防灾难上来，等等。

根据**和平文化纲领**与世界各地解决冲突专家的意见，“女人”的尽心尽力一定要和“男人”的强制力结合在一起才能实现和平。**社会控制力**说诠释了男人和女人在这两个方面的结合。从国家层面来说，警察和监狱代表着一些强制特征（顺便提一下，如果普通百姓不带枪，警察和监狱所具备的强制特征会更有效），而一些社会公共机构，如律师事务所、法院以及改造项目则可能担起社会关怀和疗伤的角色。这样的**和平文化**把原来“男人”和“女人”的角色融为一体，在不侮辱任何人的情况下，能遏制住冲突各方的侮辱循环。

如果我们渴望世界和平，我们则需要增强全世界人民的和平意识，并建立足够强大的全球性组织来完成社会控制这项任务。科菲·安南（Kofi Annan）在2003年4月17日解释了拒绝让联合国承担它不胜任的工作的理由。安南希望能有更多的财力和钢铁般的命令，去避免联合国因为其成员国拒绝给予它支持而遭遇失败。他说，简而言之，你不应该只给一个小男孩一根棍子就派他去杀死一头狮子，然后哀叹他怎么这样无能，连头狮子也杀不死。

尊重个人！必须慎重地给予认可

在讨论跨文化交流的时候，我们认为存在着**不同的文化**，或者说存在着重大的**文化差异**，我们应该尊重文化差异。可是**文化差异**是从哪里来的呢？

文化差异应该受到尊重，对此我没有异议。我赞同这样的观点：既要克服民族优越感，也要尊重文化多样性。但是，我们应该如何判断这种情况：一个暴君对被他欺压的人说：“**我们的**文化是要惩罚那些不听话的平民百姓，全世界人民最好接受我们对他们的惩罚，因为我们的平民百姓是**我们**文化中的一个组成部分！**我们的**文化是分等级的，平民百姓属于社会底层。”统治者通常还会补充说：“我们是仁慈的，百姓也是爱我们的，他们还非常感谢我们为爱护他们所作出的种种努力。”

一些平民百姓也许会认同统治者的这一观点，并且欣赏统治者给予的呵护，另外一些人则对此提出了强烈抗议，他们甚至坚持认为：“**我们的**文化和他们的文化截然不同；我们的文化不是统治者文化中的组成部分！”这些平民百姓可能会向国际组织寻求帮助，打着人权的旗号要求尊重并保护**他们的**文化；统治者也会向国际组织求助，要求尊重**他们的**文化，意思是接受他们强迫平民百姓服从其统治的要求。通常情况下，为维护**他们**自己的文化而战的被压迫的**少数民族**都是以前的**平民百姓**。（只要**平民百姓**没有一点权势，那么他们就没有话语权。因为他们需要有一定数量的财力和意识形态上的支持才能获得**少数民族**这个符号，然后才能发出要求尊重**我们的**文化的声音。）

于是，一个压迫者和受害人之间错综复杂的格局就出现在了第三方观察者面前。女人也许成了受自己家庭压迫的受害人，这些家庭又是受自己国家统治者压迫的受害人，这些统治者又是受其他国家压迫的受害人。每个受害人都声称，他们和压迫者之间有着不同**的文化**，并要求第三方的认可和尊重，而压迫者则强烈要求第三方保持安静，不要干涉他们认可的属于**他们的文化**。盖尔纳（Gellner）在《民族与民族主义》（1983）一书中的主要观点：文化是一种策略，一种工具，而不是造成冲突的主要原因。[1] 按照盖尔纳的观点，早期工业化引发的社会裂痕把民族文化和民族主义推到了醒目位置。盖尔纳说处理这些冲突的方法，不是聚焦于文化，而是聚焦于产生了文化的社会经济环境。

因此，在不同文化的人们之间的冲突中，应该把认可和尊重放到什么位置——是和其他文化放在一起？还是和其他人放在一起？遵守人权价值观念的第三方必须接受、认可和尊重他人，而不是接受、认可和尊重他/她是另一种文化里的成员资格。人人都有属于自己的尊严，其他**文化**也许是百姓**自豪**的原因，也许是他们**屈辱的诱因**或**产物**。跨文化交流必须包括对权力关系的分析，探究昔日的侮辱事件是否是人们假定的**文化差异**的根源所在。如果事情的确是这样，尊重和认可则蕴含着治愈侮辱的责任，只为**尊重文化差异**而尊重文化差异会使昔日遭受的侮辱雪上加霜。

停止自发的自我侮辱！局外人怎样帮忙才能保存文化多样性

如果你走进世界上最贫穷地区的任何一家国际酒店，你会发现在那里几乎找不到什么有本土特色的食品和饮料。就算有，它们也是一些粗制滥造的仿制品，特色食品已经被调制成所谓符合“西方人”口味的食品了。在开罗，如果你问国际大酒店里是否可以买到外面街头卖的那些饮料，你会看到对方眼里露出的尴尬的神情。

---

① 盖尔纳（Gellner），1983。

他们还会告诉你，这里的酒店只为你提供国际饮料。在斯里兰卡，如果你要求吃当地的传统食品，当地人竟会对自己美味可口的传统食品面露愧色，还会回答说，他们认为不应该在豪华的国际酒店里把穷人吃的食品提供给西方游客。有一位英国朋友出生在斯里兰卡，今年 50 多岁了。他对我说：

> 我上次去斯里兰卡的时候，注意到酒店里的工作人员在厨房里准备了美味可口的椰子菜，那是我小时候非常喜欢吃的菜，但那是为他们自己准备的，而不是为客人准备的！我就和他们做了一笔交易，请他们悄悄地把自己吃的饭菜带到我的餐桌上，我们好像是在从事犯罪活动！由于强加给自身的侮辱，恐怕他们快要失去自己有本土特色的饭菜了。

大西洋中部有一个亚速尔群岛，至今仍然保留着一些精品级的老式房屋，它们都是用当地的火山岩的石料手工建造的，有些房屋甚至还用搁浅船上的木板装饰过。这些岛屿变得越来越富裕，可这些旧式房屋却正在消失，取而代之的是用混凝土板盖的房子，人们认为它们能代表更高的社会地位。现代科技在这些岛屿上有着类似宗教般的吸引力。1991 年，我访问了当地的一户人家，看到他家起居室的中央放着一个微波炉，放微波炉的地方装饰得像一个神龛，神龛里面镶嵌着瓷质图案。这家人没有使用微波炉，实际上，微波炉是个神龛。主人节衣缩食把他们那精品级的石头房子拆掉了，取而代之的是用混凝土板筑成的“盒子”。

一位埃及好友把他的西式“集装箱”屋里摆满了不上档次的、彰显了路易十四或路易十五时代风格的仿西式家具。他和家人习惯蹲着，但是他却把新家摆满了从未曾有人坐过的普通椅子和扶手椅。这些家具的唯一用途是迎合来访的西方客人的需求，好给他们留下深刻的印象。这个新家有一个现代化的厨房，但是没有院子。原来的院子曾经是埃及人为家人烹饪的公用厨房。全家人别无选择，就在没有窗户的小走廊里铺了几块地毯，蜷缩在那里，重温昔日的生活片段。这几块地毯与这个华贵的新家不般配。实际上，亲眼看到他们“甘心情愿地自取其辱”，我的心都碎了。(顺便提一下，从解剖学的角度来看，蹲姿是一种非常有益的锻炼方式。近年来，妇科专家承认孕妇在床上生孩子便于医生接生，但这对孕妇来说并非最佳姿势。因为蹲姿可以使全身释放出最大的灵活性，所以蹲姿既有助于排便，也有助于产妇生产。椅子的制作并不是为了促进人的身体健康。坐在椅子上会使人肌肉酸痛，让人患上背部疾病。在这方面，也包括西方“文明”以自取其辱的形式给自己帮了倒忙，只是人们还没有意识到这一点而已。椅子和王位一样，赋予人身份地位，毕竟，主席 chairman 是坐在椅子上主持会议的人。不过，大家从坐在椅子上的那一刻起，除了背疼，就一无所获了。）

1999 年，我参加了在卢旺达的实地考察，这是联合国发展计划署（UNDP）与国际和国内非政府组织（NGOs）的项目。这些团队的行程成了非官方关注的一个又一个焦点。在团队活动中，我讨论了侮辱这一议题。我不仅观察记录了他人的屈辱感，也观察记录了自己的屈辱感。一路上，避难所的设计方案和建造风格令人震惊，让人有屈辱感，大家在这个问题上感同身受。我认为，这些“村庄”的很多设计特征构成了对人的公然侮辱，它们盲目赞美时过境迁的“国家艺术”理念。这些人为的村庄设计体现了军事化的布局风格。小屋上方瓦楞状的铁板让我想起了那些丑陋不堪的摩天大楼，它们是反人类的人生哲学观念催生来的高层建筑。在今天，这种建筑结构无论在东方还是在西方，几乎被所有的人视为耻辱。强制性的长方形建筑和军事化的整齐划一都是过时的观念，几乎没有人会炫耀自己曾经羡慕过这种建筑风格。

差异，这种说法对多元化十分重要，它不仅不能受到尊卑有序这一侮辱人的等级制度的影响，还必须独立存在于等级之外。旨在促进平等的整齐划一毁掉了多样性，还带来了一种新型侮辱，因为失去多样性可不是一个微不足道的损失。人是多种多样的，每个人的身份起码部分地依赖于多样性这一标记。整齐划一的风格忽略了人的这一需求，把人降到了机器的地位。被迫住在一模一样的长方形大楼里或者是“兔子笼”里的那些人感到自己被侮辱了，因为他们被降到了兔子的地位。建筑师们说永远都不会住在自己设计的这种大楼里，他们在不经意间说出的看法“证明了”这个问题的存在。有些国际组织习惯于对突发事件和发展需求作出反应，我希望他们能更好地规划未来。军事建筑式的房子是长方形的、整齐划一的，它们用起来效率高，那些可怜的难民或者被遣返人员有这样的房子住应该感到高兴的论点不怎么令人满意。一个无助的人，在不断努力恢复正常生活，之后想去创建一个崭新的生活。可是如果他/她连最基本的个性都被除掉，之后屈辱地进入了走投无路、千人一面的状态，这还怎么指望这个无能为力的人改善自己的生活？

盲目地崇拜现代化和效率这些落伍的思想观念，和本书前面章节里提到的平民百姓盲目地崇拜统治精英一样令人遗憾——一味地模仿统治精英的生活方式（即使是统治精英的生活方式已经过时），很容易变成我称之为**甘愿自取其辱**。盲目地拒绝和盲目地模仿统治精英的所作所为，痴迷地侮辱或者杀戮统治者或者昔日的统治精英，毁灭象征着统治精英的生活方式，和俯首帖耳的尊崇他们一样，都是错误的做法。我们必须走出主人-奴隶的二元结构，用更超然的态度去评价统治精英的生活方式。如果发现他们的生活方式实用并且有建设性，不妨接受他们使用的产品或者采纳他们的生活习惯，反之，就拒绝。

帮帮联合国！国际社会怎样创建世界大家庭

国际社会荆棘载途，面临着艰巨的任务，它需要全世界人民团结一心，建立健全的全球性机构，以确保社会的稳定和生态的可持续性。每年有超过 1 千万 5 岁以下的儿童夭折，其中大部分死于可以避免的疾病和营养不良。[①] 据估计，世界范围内有 12 亿人，其中一半是儿童，靠每天不足 1 美元的生活费艰难为生。每年有约 4 千万儿童的出生没有记录在案，这剥夺了本该属于他们的国籍和合法姓名。有 87 个国家的儿童生活在 6 千万颗地雷中间，其中每年有多达 1 万人因地雷或受伤或丧生。目前，世界上有 30 多万名年轻男女成了儿童兵，其中很多还不到 20 岁，很多女兵被迫沦为性奴。

尽管如此，我们还是不要绝望，因为还有很多值得庆贺的事。全世界的人权运动在日趋高涨。**种族隔离制度**已经被推翻，其他问题如**杀伤性地雷**和**债务免除**正在处理中。联合国在 20 世纪 90 年代召开的几次全球会议探讨了联合国宪章中的三个主要目标：**和平**、**发展**和**人权**之间的关系。联合国的八个千禧年发展目标（MDGs）被确定为“世界各国及其主要开发机构一致同意的发展蓝图”。（http：//www. un. org/millenniumgoals/）[②]

必须承认，所有这一切还不够。杯子里只有半杯水，每个政治派别里都有很多人无助地哀叹杯子里有一半是空的。尽管如此，我们还是不要绝望，人类从事建国

---

① 参看联合国难民事务高级专员网址，2001。

② 参看萨克斯（Sachs），2005。

大业已经有悠久的历史，而地球村的建设仅仅是一个开端。在历史上，社会经济的需求在村庄、部落和氏族层面都得到了满足。建立合理的国家机构是一个枯燥的过程，中间可能会陷于困境而停滞不前，这在19世纪被约翰·S·穆勒（John Stewart Mill）称为摇曳不稳的国家，或者被罗伯特·杰克逊（Robert Jackson）描述为准国家[①]。我们目前生活在一个摇曳不稳的地球村。在许多方面，我们面对的是一个混乱的世界，如同罗伯特·卡普兰（Robert Kaplan）在《即将到来的无政府状态》[②]一书里所描述的那样，未来的世界还会有人口过剩、资源匮乏、犯罪和疾病，它们会加重文化差异和种族差异，还会给我们造成一个混乱不堪的、无政府的世界。然而，所有这些并不是我们放弃建设更坚固的地区和全球体制结构的合理理由，在建立此机构的时候，应该注意掌握好廉政和透明度的原则，包括给予多样性适度空间的权力下放原则，避免全球暴政和单一文化的出现（权力下放原则在欧盟规划中引人注目，它规定处理事务的权力应该交给最小的，或最基层的有能力的主管部门）。

我相信，即使我们受到悲观主义，甚至玩世不恭的处世哲学的诱惑，乐观主义、耐心和着眼未来的思想是我们所拥有的唯一选择。持乐观主义态度的病人康复得比较快，死亡率也比较低。悲观主义会失去本来或许可以挽救的生命。悲观主义会耗尽人的精力，使本来可以起死回生的局势功亏一篑。我们必须培养那些能促进乐观主义情绪发展的要素。我们虽然不能天真地忽视所有那些助长悲观情绪的要素，但是我们也决不允许它们左右我们对未来的看法。

也许在某些地方，在理论上，还存在着百分之百的中立，但在现实生活中，科学家们拥有强调某些方面而不是其他方面的自由。在作出抉择的时候，我们这些科学家的观点起着决定性作用。我们不仅在描述世界，而且还在塑造世界。和建设性的乐观主义策略相比较，任何个人的愁闷和抑郁倾向都应该处于次要地位。

道格拉斯·赫德（Douglas Hurd）勋爵是个保守派，他在1989年至1995年间任英国外交大臣，第一次海湾战争期间还在位，2003年4月28日赫德谈到了2003年伊拉克战争之后的世界状况。[③] 问到他关于联合国的作用时，他清楚地表明了一个观点：军事力量善于破坏，但是还不太适合建设。他又补充说，美国是一个想要

---

① 杰克逊（Jackson），1990。

② 卡普兰（Kaplan），1994。

③ 在英国广播公司王牌节目《针锋相对》中和乔恩·索皮尔（Jon Sopel）的谈话。

建设的国家，它会意识到自己需要联合国的支持。或许，赫德的主旨大意指向未来。为在全球范围内创建一个崭新的世界秩序，**地球村的建设**需要世界各国和全体公民的支持，而这一新秩序的实现则需要借助联合国的支持。或许有一天，我们会有一个可以去往世界各国的全球护照和全球福利网络。或许有一天，部落身份和民族身份会让位于核心身份——地球上无处不在的全球公民身份。**权力下放**原则可以作为规划全球权力结构的蓝图，为个人身份提供一个有用的框架结构，庆贺位于核心部位的共有人性，也庆贺位于边缘部分的文化多样性。今后人们没有任何必要树立什么**敌人**，大家都是**邻居**——尽管有“好”邻居，也有“坏”邻居。

负责任的社会控制和尊重是一种全球文化，在它的帮助下，由民主制度合法授权的警察可以约束那些“坏邻居”。民主制度赋予处于顶端的全球高级组织以合法权利，它将保护全球公民，就如同当今世界民主制度赋予合法权利的民族国家努力保护其本国国民的利益一样。响应马格利特（Margalit）（1996）建设一个体面社会的号召，我们也可能建立一个**体面的地球村**。

小　结

在 1757 年前后，有着新含义的**侮辱**一词出现了，和它同时出现的还有**社会契约**，以人权和人人尊严平等思想为依据的**社会契约**有着新的愿景。被政治科学叫作**期望差距**的东西已经产生而且还在产生，由此人们很容易产生**不满情绪**。普遍的**国家失败**（state failure）和**短期利益**的支配地位挟持了旨在保护公众利益的制度结构，并且恶化了这种局势。用本书的话来说，这些情况意味着被认可的新的屈辱感会引发混乱、抑郁和愤怒情绪。

正在崛起的平民百姓可能会变成侮辱的鼓动者。群众中酝酿的敌对情绪令人郁闷，他们会利用这一点动员大家实施集体暴力行为，比如恐怖活动，甚至种族灭绝。侮辱循环毁灭了世界范围内的社会组织结构。国际社会，全球的局外人，包括每位公民，都肩负着反其道而行之的责任，也肩负着在全球范围内建立**和平文化**的责任。为确保每个人都能过上**体面的**、**有尊严**的生活，和平文化已经庄严地纳入到全球制度结构中。

第九章　侮辱的未来

著名的物理学家、杰出的弦理论专家加来道雄（Michio Kaku）在他的《平行宇宙》一书里用下面这段话做了总结：

> 当前活着的这代人或许是有史以来生活在地球上的最重要的一代人。和上几代人不同的是，我们手中掌握着人类未来的命运，我们或者发展到实现Ⅰ型文明的承诺［意思是建成一个在社会和生态方面均可持续发展的世界］（1964年苏联天文学家尼古拉·卡尔达舍夫 Nikolai Kardashev 提出文明类型分类：类型I是行星系文明，指能够掌握其星球的资源；类型II是恒星系文明，指能够掌握太阳系的资源；类型III是星系文明，指可以利用银河系系统的能源。——译者），或者陷入混乱、污染和战争的深渊。我们作出的决定将会对本世纪产生深刻的影响。我们解决全球战争、核武器扩散、宗派或种族冲突的方法，要么奠定、要么毁灭Ⅰ型文明的基础。也许当下这代人生存的目的和意义是确保人类能够顺利地过渡到Ⅰ型文明。我们自己要作出选择，这是留给当下这代

人要处理的问题，这也是我们的命运。[①]

赋予我们生存的意义！我们渴望宏大的叙事

我们人类需要能让自己立足于这个世界的故事，宗教常常提供这样的故事，家族传说、氏族神话与民族神话亦然。这些故事告诉我们，我们从哪里来，又到哪里去，这类具有导向性的故事是如此重要，人们甚至甘愿为它们献出自己的生命。大约在700年前爆发了一场战争，人们围绕着这场战争产生的敌对情绪编成了一个故事，塞尔维亚人根据这个故事冒着生命危险发动了一场战争。在阿拉伯国家，人们感受几百年前的历史和感受近在咫尺的日常活动一样，历史可以精确地解释今天人们作出的生死决定，人肉炸弹献身于超越现世生存的意义而进入来世的永恒。

通常情况下，现代西方的世俗科学没有为我们提供具有同样长远意义的故事，也没有解答人生的意义。**民主**、**共产主义**、**资本主义**、**现代性**、**后现代**、或**信息时代**这些概念都没有告诉我们，我们从哪里来，又到哪里去，人生的真谛是什么。当下，物理学家提供了几个故事，它们都把“可靠的知识”和所谓“受过教育后产生的直觉”融为一体。他们还在寻找一个宏大的、统一的故事（统一的理论）把那些次要的故事（亚力理论）联系在一起。社会科学家试图解决其他问题，例如“人”在本质上是否侵略成性这一具有重大意义的问题，因为我们开始意识到自己肩负着管理地球家园的责任。

在本书中，诸如**民主**、**共产主义**、**资本主义**、**现代性**、**后现代**以及**现代信息时代**这些概念被视为**附带现象**，是更深层次的问题产生的**副作用**；正是这些更深层次的问题影响深远，在上下一万年的时间长河里都有迹可循。

从心理学角度讲，人们认为心态和各种情感，如**自尊**、**名誉**、**尊严**、**侮辱**以及**谦恭**取决于这些更深层次的问题，并与之交织在一起，盘根错节。人们还认为情感既不是永恒的，也不是独立于历史的，反之，人们感受情感、定义情感以及组织情感的方式，和人们融入的那个群体的总世界观相互依存。人们被贬低的时候，有时

---

① 加来道雄（Kaku），2005，第361页。

会因为**遭受侮辱**而作出**暴怒**的反应，但人们却可能把被征服理解为“名誉的良药”。平民百姓甚至创造出**奴颜婢膝的文化**，并把它传给自己的子孙后代。有时被贬低会产生真挚的谦恭，它会成为**文明**行为的源泉。[①]

如何看待这四个问题？我们应该怎样讲述人类的处境故事

本书明确规定了四个问题，如表 3.1（第 60 页）所示，它们取决于下面四个问题：（1）资源饼的性质，资源是否可以扩大（双赢，有赢有输）；（2）是强化还是弱化安全困境；（3）一个文化族群对时间的认识以及（4）社会身份认同，或这个文化族群是如何处理尊严平等这类重大问题的。

智人——这个物种的生存离不开以上这四个问题——可以被视为地球上的“人质”，是被动的受害人，不过，智人也是世界的参与者和创造者。首先，智人是有社会属性的动物，天生地十分渴望寻求自己与社会之间的关联。此外，智人不仅有着极强的好奇心，而且还长于制造工具、发现解决问题的途径。

让我们试着把智人放入这四个**问题**的框架结构之内，以便于叙述。大约 30, 000 年前，晚期智人开始出现在非洲和世界其他地方（除了那些难以抵达的地区，如美洲，据我们所知，后来才有人到这里定居）。人口遗传学家认为，人类始祖的人数少得可怜——仅有 2, 000 个有生育能力的个体，这个估算是以充分可靠的考古和遗传证据为根据的。在早期人类眼里，地球无边无垠，这是可以理解的。在人类百分之九十的历史长河里，我们对地球母亲从未感到过失望，人们只需要游荡得稍远一点，就可以找到物产丰足的新的溪谷沃野，因为地球这块资源饼总可以扩大，博弈的结果是体面的双赢。**安全困境**无关紧要，因为有很多丰富的“处于原始状态”的资源，因此既没有必要征服他人，也没有必要抢劫他人。考古记录表明，那个时期碎裂的头骨屈指可数，也没有其他迹象表明发生过有组织的杀人行为。在资源丰裕的情况下，可能的情形是人们彼此信任，他们能预料到生计是有着落的，因此，几乎不存在什么征服他人的想法，这种文化族群和他们纯朴的心理、自豪感符合当时

---

① 参看埃利亚斯（Elias），1994。

的实际情况。

然而，天下没有不散的筵席。在地球上曾经不费吹灰之力就能抵达的地方一旦住满了人，就再也没有什么众所周知的“空空如也”的溪谷沃野可以居住了。地球有局限性，它一定是在某一时刻让地球人明白了这个事实。有人居住的地区开始变得拥挤起来，可能早期的智人还没有意识到地球的局限性，但是越来越多的人认识到了这一现实状况带来的间接后果。用人类学的话来阐释这一现象就是**界限**，意思是地球上的资源已经开始匮乏，越来越多的人越来越频繁地遇到了供不应求的情况。我们可以把人类历史上这一关键时刻称之为第一轮“**全球化**”。智人只是通过四处游荡就遍布世界各地，至少是在人类可以居住的地方定居下来（参见第三章，第 46 页）。

然而，人类经受住了界限的挑战，通过某种方式，有些人发现了新的弥补匮乏资源的替代方法，他们利用自己熟知的想法和技能技巧，主要是在制造工具方面把这些技能技巧派上了新的用场。**密集化**，或者说农耕，成了人类新的生存方式，在实践这种新的生存方式中，大自然、动物和人不仅被当成工具使用，而且还受到盘剥。建立等级名誉社会以后，统治者压制平民百姓成为常态，并被视为正当的做法，不仅如此，它还是**文明**的标志。平民百姓把伴随着卑微的社会地位而来的痛苦视为“名誉的良药”。名誉和纯朴的自豪感有相似之处，然而名誉只有在人类价值和重要性的垂直刻度表上才能发挥作用。考古证据充分证明了这一历史性的发展阶段，吉萨金字塔恰好就是这样一个佐证，它给人们留下了非常深刻的印象。吉萨金字塔是统治者为了彰显自己的尊严让平民百姓当牛做马的实例。

在农耕带来的有输有赢的新情况下，抢劫附近**村庄**成为普遍使用的增加资源的手段。**安全困境**和**男性主导地位**的文化应运而生。换句话说，这套新规则使智人更具“侵略性”，最终爆发了帝国之间的战争，在某些文化族群和相同的文化族群中，持续不断的抢劫事件变得根深蒂固，特别是那些居住在不适合农耕地区的流动性强的民族，古代的蒙古人凶猛彪悍，索马里勇士甚至在今天还令人生畏。考古证据充分证明，在过去 10, 000 年间几乎未曾发生过有组织的杀人事件，而且，抢劫带来了人们只顾眼前利益的短视行为。为预防突发性事件所做的不间断的准备，也引发了持续不断的患上社会“心力衰竭”的风险，这是因为起主导作用的男人文化和人体内恶性的肾上腺素一模一样（参见第三章）。

今天，我们发现自己正处在第二场“宴会”，即过去10,000年那场令人郁闷的“宴会”的尾声，同时又处于第二轮**全球化**的开端（托马斯·弗里德曼 Thomas Friedman把全球化划分为三个阶段①），再也没有什么“新”大陆的人可以征服、盘剥了。这次，人类不仅间接地受到了地球有局限性的影响，而且我们也非常清楚地意识到了这个问题，我们既不能忽略，也不能忘记从太空拍摄的地球照。现代科技驱动了当下这一轮**全球化**，它正在创造**单一的地球村**——不管我们是否愿意拥有这样一个地球村——这会引起人们对未来多样化的**地球村**的憧憬。在未来，一个多样化的地球村会根植于人人尊严平等的关系中。

当今世界是由**若干个村庄**构成的，而**安全困境**是其主要特征。好消息是，当世界上只有**一个单一的地球村**的时候，安全困境在现实生活中赖以生存的根基将不复存在。**一个地球村**能创造出更**良性的**现实状况，有望臻于此境，人类就可以松一口气了。它不再需要男子拿出勇气来保卫村庄的围墙，传统意义上的**战争**、**士兵**和**胜利**在现实生活中会失去生存的土壤。人类可以盼望有一个更**良性的**未来，一个不易让人患上“心力衰竭”的未来。和地球表面的资源相比较，知识是更能**扩大**的资源，在狩猎人和采集者时期有一些有利于人类双赢的特征，人类再次获得了这些特征。人类可以再次致力于对地球村的**保护**，**维护**地球村的**治安**。虽然过去的10,000年很是凶险，但是我们依然可以扬帆驶进更**良性的**时代。

不过还有一些问题，如果得不到缓解，它们可能会取代**良性发展**的前景。地球濒于极限的边缘，**地球村**的未来也是个未知数。那将是一个每位公民享有尊严平等、可持续发展的地球村？还是一个少数统治精英榨取绝大多数人血汗的权力金字塔？

如何看待两个过渡阶段？我们应该如何叙述当下这一历史时刻

实际上，当前向**单一一个地球村**的过渡由两个不同速度的转变过程构成，这一事实使**良性发展**的可能性变得扑朔离迷。参看表9.1。现代技术推动**全球化**，但是

① 弗里德曼（Friedman），2005。

尊严平等化滞后于全球化。借助于人们对地球生物圈局限性的初步认识，借助于技术扁平化产生的效应（托马斯·弗里德曼的论点），谦恭和**尊严平等化**正悄然而至，但却是如此缓慢，以至于我们无法确定**地球村**到底能否足够迅速发展成为一个人人尊严平等、可持续发展的地方，或者干脆是不是有这种希望也未可知。人类甚至有可能甘愿让人的尊严等级排序名正言顺，这种可能性让珍视人权的人们心神不宁。

表 9.1　与全球化以及尊严平等化相关的转变

	过去		将来
全球化	很多村庄	→	一个地球村
尊严平等化	人的价值和重要性等级排序（名誉）	→	尊严平等还是等级排序？

如果我们把世界想象成一个既有高度、又有宽度的容器，那么**全球化**要处理的是水平层面的问题，即日渐缩小的宽度，而**尊严平等化**涉及的是垂直方面的问题。**尊严平等化**意味着世界不再是一个统治者居于顶端、平民百姓居于底部的高高的容器。正好相反，我们会有一个扁平的容器，在里面每个人享有几乎同等的尊严平等。**全球化**和**尊严平等化**一起描绘的是一个正在从垂直和水平两个方面都迅速收缩的“世界”。**全球化**是在技术驱动下“自动”发生的，而**尊严平等化**却需要在思想上作出缜密的、深思熟虑的决定。没有**尊严平等化**，**全球化**照样可以顺利出现，这恰好是眼下正在发生的事情，我们认为，无论是在局部，还是在全球范围，处于社会顶端的富人和处于社会底层的穷人之间的鸿沟正在进一步扩大。没有**尊严平等化**的**全球化**会使得世界这个容器变得越来越窄而高，而不是越来越扁平。

全球化让我们不再狂妄地认为地球上有无限的生物圈有待开发，**全球化**让我们谦卑地意识到人类只是栖息在渺小的星球上的**单一的一个村庄**里。第二个转变即**尊严平等化**让两种人处于针锋相对的状态，一种是那些认为侮辱是“光荣职责”的人，另一种是那些认为侮辱是冒犯人类尊严的人。这两个转变都能推动人类从傲慢转向谦恭——这是人类希望的巨大源泉。然而，当这两个转变进行得不顺利的时候，特别是当把不同的世界观置于对峙状态的时候，人类会感到巨大压力。统治阶层长期忽视底层民众中的屈辱感，当他们意识到这个问题的时候，常常为时已晚，因为民愤已经达到沸点，结果是统治者惊恐万状。这两个转变一方面来得太慢，让我们无法戒备；另一方面又来得太快，造成了很多安全问题。这两个转变渗透到地球村所有公民之间的关系里，渗透到国际关系里，渗透到朋友与家人之间的关系里，甚至还渗透到人们对自身的认知里。

谁是希特勒、本·拉登和萨达姆·侯赛因们？

2001 年 9 月 11 日发生在美国的恐怖事件震惊世界。世贸中心双子塔——西方国家权力的象征，被夷为平地，奥萨马·本·拉登试图向所有的西方国家传递一个令人痛苦的侮辱信息。“9·11”事件非常恐怖，但这些年我一直担心会发生更糟糕的事情。我看到，在世界各地，被剥夺了公民权的人们正酝酿着怨恨情绪，我害怕这种情绪的爆发会导致成千上万——甚至数百万——人的死亡。我在很多论著中写道，世人是幸运的，因为还没有一个希特勒式的领导人利用世界各地的冲天怒火，制订出重大的毁灭性行动方案。不过，事实上，公然袭击世贸中心双子塔所传播的威慑力震人心魄，其效果不亚于数百万人命丧黄泉。我和丹尼尔·本杰明（Daniel Benjamin）、史蒂芬·西蒙（Steven Simon）[①]都担心在“9·11”之后 4 年的时间里（本杰明和西蒙的书出版于 2005 年，本书出版于 2006 年，都在“9·11”事件之后大约 4 年的时间里——译者）会爆发两场战争，美国（和世界）正在重蹈“9·11”的覆辙，甚至正朝着比这更严重的方向发展。

“9·11”事件后，萨达姆·侯赛因的名字很快和本·拉登的名字绑在了一起。萨达姆也是个无赖，人们担心他会像本·拉登一样毫不留情地侮辱西方国家，甚至会变本加厉。**反恐战争**扩大了范围，把**伊拉克战争**也包括在内。换句话说，“9·11”的受害人试图传递给施暴人（无论是直接参与人，还是间接参与人）这样一个信息：他们不会向任何侮辱人的企图妥协——他们现在和过去一样依然下定决心进行抵抗。

很多人问道：“既然我们唯一渴望的是和平，为什么我们却发现自己被暴力、战争和恐惧以及对威胁的惧怕压得喘不过气来？”正如前文所讨论的那样，一些学者、专家认为被剥夺和贫穷是导致这类暴力事件发生的主要原因。然而，被剥夺、

---

① 本杰明和西蒙（Benjamin and Simon），2005。

贫穷、卑微的社会地位和边缘化并不能自动引发痛苦的情感和对复仇的渴望。有宗教信仰的人可以进修道院，可以安贫乐道，可以把卑微的社会地位解释为上帝的旨意，或者是对前世所犯罪孽的惩罚。问题在于并不是所有的少数族群都认为自己受到了压迫。贫穷能激励人奋发向上。父母为了给子女提供受教育的机会和更美好的生活，心甘情愿作出牺牲，庆贺着孩子们取得的每一个小小进步。对**美国梦**的坚信不疑可以阻止美国很多穷人走上反叛政府的道路。

这么说，难道恐怖分子完全是由解释不清的、病态的邪念所驱使的？如果情况真是这样，那么人类就不要抱什么希望了，因为运用传统手段永远也不能控制恐怖主义。断绝其财源、断绝其获得武器的途径可能有助于阻止此类事情的发生，然而，恐怖分子不需要武器也能劫持飞机。毫无疑问，任何军事或者警力上的防御都无法控制他们的思维活动，更糟糕的是，传递军事“信息”可能会导致恼羞成怒的抗拒，而不能带来热爱和平的谦恭。

或许，我们应该问一问是什么使被剥夺变成了不可忍受的痛苦，从而触发了暴力复仇的强烈愿望。众所周知，即使怨恨引发了痛苦，可这种痛苦十有八九会导致人的抑郁和麻木不仁，而不是组织严密的恐怖行动。究竟哪一类被剥夺让人产生了暴力复仇的愿望？在什么情况下，人们会组织起来实施复仇行动？

不仅是挫折：屈辱感也许正是那个缺失的环节

有时候，为什么贫穷、被剥夺、边缘化、民族之间的势不两立，甚至利益冲突以及对稀有资源的争夺会导致合作与创新，而暴力却不能产生这样的结果？

本书提出，侮辱是引发暴力事件的那个“缺失的环节”，它可以解释其中的矛盾之处。在全球化和相互依存的世界里，侮辱起着**情感核炸弹**的作用，侮辱能煽动极端主义情绪，阻碍人们作出有节制的反应，也有碍于人们拿出解决问题的方案来。

我确信，屈辱感可能比其他形式的被剥夺更容易产生暴力复仇的冲动。若是把这种暴力复仇的冲动汇集成有组织的恐怖行动，还需要另一个因素，即领导者，因为他们知道如何引导追随者把其苦难转换成共同的复仇方案，以及如何从制度上建立确保实施此方案的机构。希特勒志在主宰世界、侮辱世人，但又惧怕犹太人，于是就让德国人参与了“预防性地”灭绝全世界犹太人的大屠杀。还有在卢旺达，胡图族人组织了1994年对图西族的大屠杀，目的是消弭过去的屈辱，也是为了预防他们将来有可能再受到的种种侮辱。

侮辱似乎是催化剂，它能让不满情绪转化成**情感核炸弹**，正如上文所提到的，贫穷或虐待并不一定引发暴力行为，反之，生活在艰苦的环境里倒有可能导致冷漠、抑郁和完全彻底的屈服；另一方面，也可能引发建设性的合作，甚至会产生出英雄主义情怀，比如纳尔逊·曼德拉的出现就是证明。然而，一旦把遭受的苦难转化成不合情理的侮辱，并将其编造为言过其实的故事，而这种不合情理的侮辱又必须用以牙还牙的方式来回应（这是曼德拉要避免的）的时候，复仇的欲望也就应运而生。受害人有自己认定的施暴人（无论是针对真正侮辱他的人，还是想象中侮辱他的人），他们可能渴望制订与施暴人抗衡的侮辱行动计划，这样他们都有可能成为残酷无情的施暴人和侮辱的鼓动者。

侮辱：理解冲突和暴力事件的新基础

本书阐述了语言和行为是如何侮辱人的，“受害人”是如何感受侮辱性的语言和行为的，可能产生什么样的后果，以及个人和组织怎样做才能防患于未然。本书提供了很多生动的实例，从纳粹德国的侮辱行径到卢旺达和索马里的大屠杀，再到纽约双子塔的遇袭，分析这些暴力事件，旨在阐明侮辱是暴力事件的核心问题，说明为了避免不经意间树敌我们能做什么。

人们普遍认为，一战后签订的《凡尔赛条约》使德国人蒙羞，这起码是二战爆发的部分原因。希特勒欲雪昔日的耻辱、避免未来侮辱的强烈愿望是他发动战争的“动力”，这也为他提供了大批追随者。希特勒对邻国发动战争为的是洗雪昔日的耻辱；他在1939—1945年间对犹太人的大屠杀，则是为了避免他所担心的“全世界的犹太人”可能会对他们进行的侮辱。他幻想雅利安族能做件“善事”，能把世界人民从过去的侮辱和未来可能遭受的侮辱中“拯救”出来，他坚信这是上天赋予他的神圣使命。令人遗憾的是，德国民众怀着十分沮丧的心情，带着屈辱感相信了希特勒对未来梦魇般的憧憬。如果仅希特勒一人是这样的话，那么他只不过是在唱独角戏而已——但是他关于**侮辱的一套说辞**却在广大民众中产生了共鸣，因此，他就成了危险分子。

1943 年墨索里尼悄悄被废黜，然而直到 1945 年，希特勒对德国遭受侮辱的看法还能在一大批德国人中引起共鸣。虽然他的失势日渐清晰，但是德国人对蛊惑人心的领袖希特勒依然忠心耿耿，他们为此付出的代价无异于自我毁灭——实际上，是自杀。

在他早期生涯中的第一次世界大战期间，希特勒是一个孤立无助的人。他那漫无边际的妄言妄语，怪诞且令人生厌，为此他受到过鄙视。虽然希特勒相信自己是上帝的选民，但是他和那些在街头巷尾喋喋不休、鬼话连篇的疯子一模一样，都是在胡言乱语。如果他那积蓄待发的愤怒没有侮辱事件的诱发，希特勒可能始终会是那个被边缘化的人；如果他不能集聚追随者，也就不可能有后来的第二次世界大战以及在 1939—1945 年间纳粹对犹太人的大屠杀。

国际一流的政治家和历史学家严肃认真地思考过这个假设。二战结束后，马歇尔计划（无论这个计划是否有什么不可告人的动机）确保了德国免遭另一轮痛彻心扉的侮辱，后来德国成了欧洲大家庭中受人尊敬的一员，不再致力于战争而是致力于和平。这件事给我们的教训是：侮辱可能导致战争，而避免侮辱则可能是一条通向和平的道路。

近来，人们用希特勒的德国解释萨达姆·侯赛因统治时期的伊拉克，很多人坚持认为发动伊拉克战争是必要的，如同二战时盟军必须干预才能“铲除”邪恶是同一个道理。我认为，伊拉克与德国的相似之处不在于其邪恶之处，更贴切地说，是在于它们所蒙受的侮辱。马歇尔计划给我们的启示是，运用尊重、尊严这两个和平“武器”建立长期的预防机制，则有可能更有效地处理人类事物，而不是在侮辱发生之后针对赫然出现的激烈反应进行应急的治安处理。20 世纪留给我们的历史教训是，如果我们能铲除独裁者和挑起恐怖活动的教唆犯生存的土壤，那么我们就一定能避免侮辱事件的发生。如果在一战之后马歇尔计划出台，就有可能阻止希特勒政权的出现，就不会有暴君出现，也就无须让暴君下台了。

那一颗颗遭受侮辱的心灵可能是唯一的“名副其实”的大规模杀伤性武器。欧洲曾经是战争和死亡的温床，马歇尔计划诞生了尊重和尊严。实施马歇尔计划——为了再度与想侮辱德国的强大的政治力量相抗衡——需要勇气，也需要远见卓识。

有谁曾预测到欧盟这一“死敌联盟”的问世？马歇尔计划给我们上了重要的一课，这一课教授的是勇气、心静如止水以及不到长城非好汉的决心，教给我们这些优秀的品德对我们亲人的安全真正意味着什么，也使我们明白主导我们行动和坚定立场的意志应该指向何方。

1996 年我设计了一个博士研究项目，那时我把侮辱概念作为研究重点，想把侮辱从类似的情感中区分出来，不仅探索侮辱在历史上的作用，还要探索它在最近发生的暴力事件、种族灭绝和战争中发挥的作用。文献搜索表明：人们对侮辱这一术语鲜有深入研究，甚至在社会心理学领域也是如此。对侮辱现象透彻的认识实际上渗透在对心理创伤、暴力和侵略行为的研究里。然而，尽管人们有这种认识，但只有少数几个有洞察力的研究人员研究过侮辱，其中还有一些人把它归在羞耻类。但是侮辱作为一个单独的、可确定的能引发暴力事件的导火索，几乎未曾有人做过详细研究。我，就我而言，不仅仅是把侮辱看作羞耻的变体，还把它作为一个十分有害的、强有力地影响着人们经历的一种现象，需要对其进行专门研究。

自 1997 年以来，我专心致志地构建**侮辱理论**（从宏观到微观的各个层面）。我把**侮辱理论**视为寻找阻止暴力、战争、1939—1945 年间纳粹对犹太人的大屠杀和恐怖事件途径的开端。我和戴维·汉堡（David Hamburg）一样相信“一盎司的预防抵得上很多磅的治疗”[①] 这句话。在这本书里，我是教育家、倡议人、社会科学家和治疗医师。治疗的目的不是让大家人人相爱，而是让大家向着“共存性”（The Coexistence Initiative）[②] 所规定的“人际关系的最低标准”迈进，邀请读者针对构成我们研究侮辱的核心问题提出自己的想法，进行反思并设计研究项目。

什么是侮辱？

根据我对侮辱多年的研究，我认为当人们把被剥夺视为不合理地强迫他人接受被降低的人格或身份，即一种无法用任何建设性语言解释的被降低的人格或身份

---

① 汉堡（Hamburg），2002。

② The Coexistence Initiative 缩写为 TCI——译者注。https://www.brandeis.edu/ethics/news/2004/2004.Nov.28.html；http://www.coexistence.net.

时，屈辱感就产生了。总的来说，人人渴望被认可，人人渴望受到尊重。当人们察觉到自己没有被认可、没有受到尊重，或者干脆被拒绝认可、被拒绝给予尊重的时候，就能感觉到侮辱。侮辱是制造裂痕、毁坏人际关系最强大的力量，至于这种不予认可是故意所为，还是出于误解，并不重要。得到认可的强烈愿望能让我们人类携起手来，为我们提供一个进行接触与合作的平台。种族差异、宗教差异或者文化差异以及利益冲突有可能带来创造性的合作和解决问题的方案，只有在以尊重为特征的关系中，多样性才会成为充实彼此的源泉。如果没有做到尊重和认可，那些感觉受到伤害的人会倾向于强调彼此之间存在的差异，目的是把侮辱造成的裂痕“合理化”。**文明之间的冲突**不是造成冲突的症结，但是**侮辱造成的冲突**却会成为冲突的症结。

我把侮辱定义为对人或者群体强行实施的贬低行为，侮辱是一个征服的过程，它损害或剥夺了人的自尊心、名誉或尊严。侮辱主要是在违背人的意愿的情况下，以戕害人的方式把人置于一种比他所期待的要卑微很多的地位。侮辱明确违背人的期望，降低人的待遇，迫使受害人处于被动境遇，遭受欺凌，被置于无助的困境。

当屈辱感转化成侮辱侮辱者的行动时，侮辱循环就开始了。在一个个集体实施的暴行案例中，“侮辱的鼓动者们”“邀请”其追随者把自己遭受的挫折倾注到宏大的侮辱叙事上，这种叙事把侮辱人的复仇行动当成了“解决问题的途径”。只有“曼德拉们”和懂得如何建立有尊严的人际关系的人才能避免此类事情的发生。举例来说，一般情况下，大屠杀不仅是“高效率”的杀戮行为，通常还伴随着更残忍的活动，在杀人之前往往还伴有强奸、酷刑和断肢这类暴行发生。虽然很多士兵积极参与并制造了这些惨剧，但在其作为平民的生活中并没有任何迹象表明他们是强奸犯，或者是性虐待狂，或者有实施性暴力的倾向。因此，这些惨绝人寰的行径很难用普通的法医学理论作出解释，比如发生在卢旺达的种族灭绝，胡图族人不仅仅是杀死图西族人，而且还在受害人死前侮辱他们。此外，为什么一个年迈的女人先要被赤身裸体地游街示众，然后再和几条饿狗关在一起被活活咬死？

侮辱是一种错综复杂的现象，可以用侮辱一词描述施暴人的侮辱行为，也可以用这个词来描述受害人经历的屈辱感。（在这本书里，侮辱的这两种用法兼而用之，既指受害人经历的屈辱感，也指施暴人的侮辱行为，读者能通过上下文辨析两者之间的不同，否则行文上会十分不畅。）然而，施助人可能只是想提供帮助，但受助人却感觉受到了侮辱。因此，可以说，帮助也可能产生侮辱人的后果，如果受助人——而不是施助人——把这种助人的情况定义为侮辱，或者，施助人和受助人都不把这种情况定义为侮辱，但是某个第三方可能会将其定义为侮辱。社会工作者想要拯救受虐待的妻子，但她却坚持认为丈夫打她是爱她！马克思曾谈到过这种错误观念，即遭受虐待的劳动者没有感到受辱，也就不会奋起反抗。于是，是否产生“合情合理的”和“不合情合理的”屈辱感，取决于更有影响力的道德体制。在名誉谋杀案中，父亲认为女儿被强奸玷污了家庭名誉，必须杀死她才能挽回家庭名誉，而在人权倡导者看来，残忍地杀死女儿的做法不但不能挽回家庭名誉，反而对女儿侮辱有加，只要有一丝这种念头，就是对人类的侮辱。但人权倡导者的这一观点反过来又侮辱了那个杀死女儿的父亲，他又会指责人权卫士傲慢嚣张不尊重他的文化。让事情更复杂的是，也许你认为侮辱是人们所力图避免的，但实际上有些人却在追求受辱，例如，一些施虐受虐狂和一些履行某些宗教仪式的人，为了赞美神灵而鞭打自己，侮辱自己。

我把侮辱概念分解为七个层面，包括 1）核心层面，表达“被贬低”的普遍看法；2）中间层面，包含对“被贬低”的两种观点，一种观点认为这是正当的，没什么稀奇；另一种观点则认为这是不正当的，给人造成了心理创伤；3）边缘部分有不同层面，其中一个层面和不同族群之间的文化差异有关，另外四个层面则与人的个性差异有关，与每一个人体验侮辱模式的变化有关。

因此，侮辱是一种行为，一种情感状态，也是一种社会机制。侮辱和很多学科领域相关，比如人类学、社会学、哲学、社会与临床心理学、政治学。侮辱以前几乎从未被单独研究过，直到最近才被作为一个独立学科进行研究，其多学科性可能解释了个中的原因。侮辱在历史的此时此刻强行进入公众关注的领域，另一个原因是全球化和人权运动相结合。人们过从甚密的时候，对彼此的期望值增加。当这些期望被人权定义为对人人尊严平等的呼唤时，任何贬低他人的行为都可能被视作对人的严重侮辱，不仅直接受害人持这一观点，数百万或数亿了解这些情况和同情受害人的世界公民也持同样的观点。

有趣的是，虽然**侮辱**令人痛苦，但是还有一个与侮辱密切相关的词汇**谦恭**，它指明了一条通向治愈侮辱的道路，特别是在人权定义的标准背景之下。包容性和彼此的谦恭在互相尊重的关系中生根，它们不仅可以治愈侮辱带来的创伤，还能防止未来的混乱。傲慢的统治者需要受到尊重而不是遭受侮辱——需要让统治者谦卑地接受共有的谦恭和相互认可的尊严平等。那些认为遭受侮辱的受害人不要为了消除屈辱就对臆想中的侮辱施暴人摆出一副不可一世的样子，而是要以彼此共有的、明智的谦恭态度邀请大家建立互相依靠、互相联系的关系。

本书对侮辱的分析不是从谁“对”谁“错”，或者情感是否“合情合理”入手。情感就是情感，过早地缩小判断范围无助于建立一个我们要称之为包容的、永久和平的**地球村**。本书中讨论的问题比较宽泛，不怎么涉及个人隐私，更多地聚焦在寻找解决问题的方案上，而不是相互指责、推诿责任。一艘船正在沉没，人们忙于互相指责对挽救这艘沉船无济于事。我们需要相互支持，我们需要用合作来拯救这艘正在下沉的地球船。我们面临的问题包括：“我们在过去观察到了哪些发展趋势？现在采用哪些措施才能把人类的生存事宜安排得井井有条？其中我们应该强化哪些趋势以获得持久和平？”以及“哪些策略能在今天一系列前所未有的情况下产生最佳效果？”

最后一个问题立足于一个坚定的信念，即有些策略用在某些情况下是“正确的”，但是用在其他情况下则是“错误的”。本书邀请那些坚守“旧”情境“旧”方法的人进入到方兴未艾的**地球村**的“新”情境中来，拿出适应新形势的新对策来。本书对人类境况的规划寄予厚望。本书说明，如果我们能在短期内**完全避开**赫然出现的一个个雷区，**完全避开**侮辱可能产生的一个个毁灭性后果，那么一个**宜人的未来**，尤其是**全球化**（人类的聚首）带来的各种好处就会恭候着**地球村**。我们需要把**全球化**和**尊严平等化**有机地结合在一起。

我们生活在一个引发侮辱的世界里

我们——今天全世界各族群的成员——并没有生活在如下这样的环境中：鼓励人们接受不平等，接受被剥夺，还把它说成是上帝的意愿，或是自然秩序的一部分，或是对自己过去所犯错误的惩罚。我们生活在一个邀请全人类接受人权思想的世界里，人权思想等于邀请大家一起过上有尊严的生活。根据这一新范式，贫穷不再是命运的安排，也不是人们交了什么噩运，或者“自己犯了什么错误”；贫穷是践踏人权的后果，贫穷是富人对穷人造成的伤害。人们不仅不再接受这个不适合人类生存的环境，而且还把它视为对人类的侮辱行径，因而，人权思想说明了贫穷和侮辱之间的新关联。世界上的弱势群体听到了这一邀请，但是他们担心这个邀请并非出于真心实意，他们认为自己受到了令人生疑的伪善、双重标准和世界精英单边主义的侮辱。反过来，精英们面对这些指责，认为这些人忘恩负义，他们也觉得受到了侮辱。

发生在 2001 年 9 月 11 日的恐怖袭击事件表明，整个国际社会被卷入侮辱循环之中。如果屈辱感没有累积到爆发点，像奥萨马・本・拉登这样的人根本找不到什么追随者。屈辱感是如此的强烈，连那些睿智的年轻人为了追随像本・拉登这样的领袖，都心甘情愿牺牲自己美好的前程去搞自杀式炸弹袭击。长期以来，富有而强大的西方国家一直对这样的事实视而不见：他们自身表现出来的优越感对那些弱势群体可能产生侮辱性的效果。忽略这一情况可能是危险的，特别是当西方国家同时还在传授人权思想的时候，人权思想会加剧人们的屈辱感。

本书提到的历史概念化曾受到过批评。韦伯的**理想型**方法允许旧名誉准则和新人权思想的捍卫者们相互尊重，我采用的就是这种方法。不是诋毁过去，而是把它视为某一特定情境下出现的解决问题的方案。本书中提到的“旧的”或“新的”特征并不蕴含“较好的”或者“较坏的”含义，而是说“合适就好”。因为我们今天需要的是解决问题的新方案，而我们又面临着新情况，“新”并不蕴含着“一定更好”这层狂妄的意思，而是包含着“能更好地适应今天的新情况”的意思。

这一点很重要，因为它有助于人权倡导者用尊重人的方式坚定不移地捍卫人权。在西方国家，当那些身处安全境遇中的人们拿出各种“温和”的理由为人权辩护的时候，我代表世界各地冒着生命危险奋战在人权工作第一线的人权卫士说句话。我个人认为，这种做法让我感觉受到了侮辱。有些西方人害怕侮辱了其他文化，我听到他们说过这样的话：“我当然反对名誉谋杀，但是这对我来说，人权只是我那种文化的表现形式，可其他文化也有自己的表现形式。”持这种立场的人不明白，那些冒着生命危险捍卫人权的卫士需要的是更多的实质性支持，也不明白把某些事物归类为“新的”和“旧的”并不一定蕴含着不敬。对于那些十分冒昧和尖酸刻薄的践踏人权的人来说，太过温和的处理方式还远远不够。本书通过对重大历史事件的分析，指出了一条出路，即坚决反对人权践踏者们的行为，同时因其为人类而尊重他们——按照人权思想来衡量，没有一个人本质上是“邪恶”的。

我希望能鼓励读者摈弃“我们”和“他们”之间的差异，也把他们视为“我们”和“我们人类”，让我们**一起**寻求为我们的下一代创造一个宜居世界的最佳途径。西方是个信奉个人主义的社会，它有神化对抗性辩论的倾向。有这种倾向的读者回避把自己和**全**人类视为同类，他们诿过于人，推卸为**我们**寻求共同出路而承担的责任，忙于互相指责（“你也有错!”），以及指责受害人（“你是咎由自取!”）。本书邀请**所有**读者进入人类这个大家庭。本书提议我们都要学会加强合作的技能技巧。我们需要学习用神圣的**合作**精神而非**争论的**方式进行**建设性辩论**（用亚里士多德的话来说，是进行**深思熟虑的讨论**）。**战胜对手**绝不是我们要达到的目的，我们的目标是**共同寻找更好的解决问题的途径，团结起来共同建设更加美好的未来**。

因此，这本书既不是写给那些煽动怒火的人，也不是写给那些鼓动义愤的人；既不是站在统治精英的立场为统治精英而写的，也不是站在受害人的立场为受害人而写的。本书不容许利用持不同意见者制造分裂，恰好相反，我们呼吁把彼此之间的争议融入互相尊重、互相包容、寻找彼此之间的相同点中来。直言不讳地说，泰坦尼克号正沉入大海的时候，互相指责和悲叹痛惜只能产生南辕北辙的效果。

要意识到误解的存在

我们谈侮辱的时候，往往已经发生了不可悉数的误解，而诸多的误解本身又经常产生侮辱性的效果。侮辱一词在本书中是当作中性词使用的，不要把理解侮辱和宽恕故意伤害行为混为一谈，屈辱感并不是要给制造骇人听闻的暴行发放的“许可证”，屈辱感不能自动导致暴力事件的发生。在南非，纳尔逊·曼德拉没有对白人统治阶层实行种族大屠杀，他在狱中遭受了27年的侮辱之后，以一个睿智、和平使者的身份，而不是像希特勒一样以侮辱的鼓动者身份出现。

此外，并不是所有的屈辱感都是由压迫造成的。要求一些人放弃不能再延续的特权时，他们就感觉受到了侮辱——这是由于他们目空一切、缺乏谦恭所致。说实话，红色交通信号灯要行人停下来，有人觉得这一要求都侮辱了他。区分使人谦卑和使人受辱，或者区分谦恭和侮辱之间的不同很重要。暴君和统治者需要“被谦卑”。被谦卑是一种体验，它能把人从无端的傲慢中解放出来，而这种傲慢阻碍着他们与自己所处的社会和生态环境完全接轨。被谦卑可能是令人痛苦的——谁愿意承认自己的傲慢是没有任何根据的呢？——但是这种痛苦往往并不像侮辱那样煎熬人的灵魂。然而，妄自尊大的人常常把被谦卑误解为对他们的侮辱，常常表现出侮辱引发的暴怒，这种情况并非个例。

另一种误解是人们认为只有那些受压迫的人才有“权利”感到受辱。事实上，那些受过教育和足智多谋的人常常认同他人所遭受的苦难，对他们遭受的侮辱感同身受，而且还经常替他们表达强烈的屈辱感。屈辱感并不会因为获得了他人的认同而少一分真实性，也不会因为获得了他人的认同而少了一分“合情合理”。那些认同他人的人也许不谈侮辱，而是谈团结、同感，或者爱，对受苦受难的人们的爱。面对世界上被压迫者遭受的苦难，像我一样的人权卫士会有意选择**挺身而出**，而没有选择**袖手旁观**。虽然我们也可以对被压迫者遭受的苦难装聋作哑，虽然我们也可以在地球村的“宫殿”里过“正常”生活，但我们还是献身于改善世界。人类选择忽视世人的疾苦，选择忽视本来可以手到病除的疾苦，作为其中的一员，我个人为此感觉受到了侮辱；为此，我写了这本书。

然而，并不是所有的“认同者”选择“曼德拉式的道路”作为医治问题的良方。尽管“希特勒式的解决办法”具有破坏性，还会产生适得其反的效果，令人遗憾的是，一些人还是踏上了“希特勒式的道路”。设身处地体验他人受辱无异于自己身临其境受辱。我在第六章介绍的法丽达，那个年轻的巴勒斯坦姑娘，我遇到她的时候，她正在埃及过着安稳的日子——但是她对家人在国内遭受的侮辱产生了共鸣。出于对家人的爱，也出于同情，她想走暴力之路。她所设想的“解决问题的方案”不仅冲动，而且还具有毁灭性，然而，她的动机却是高尚的，值得尊敬。我请求她接受更具建设性的解决问题的理念，对此，她心怀感激。那些常常心怀叵测的侮辱的鼓动者会争取她，我把她从中解救了出来。

还有一个误解是善意能防止侮辱事件的发生。即使是最真诚的帮助，也能在施助人没有意识到的情况下产生侮辱性的效果。国际援助是一个最好的实例。通常情况下，怨恨和强烈的抵制行为，常常让那些自认为做善事的人惊愕不已。我在本书中提议，我们都需要冷静下来，各自退让一步。在这种情况下，我们需要对话，不需要启动侮辱循环。

尽管我写本书的初衷是出于善意，恐怕还是无法避免让一些很“过激”的读者有遭受侮辱的感觉，这是因为本书认真对待人们的主观意愿。如果有人声称自己感觉受到了侮辱，无论是代表他们自己，还是代表他人，他们的案例都会纳入侮辱研究的范畴。误解存在的隐患和侮辱案例是否真实有关。如果我在不经意间杀死了你的孩子，你会拼命地叫喊：“你杀死了我的孩子！”我可能会扯着嗓子回应：“我没有杀死你的孩子！我不是故意杀死他的！”但是，你的孩子已经死了。一星期后，我也许会作出让步：“我感到万分歉疚，我并不是故意要杀死你的孩子的。可是，我知道，我确实杀死他了。”换句话说，如果一个人拼命地叫喊着指责我“你侮辱了我！”哪怕这是在无意间发生的一起侮辱事件，也应该纳入侮辱研究的范畴。比方说，当人们滥用侮辱论点故意指责他人为施暴人的时候，哪怕完全是缘于“受害人”出现的心理问题，或者是出于别有用心，这样的案例也有资格纳入侮辱研究的范畴。

相关的复杂性导致误解，究其原因是把侮辱现象中的主观因素和客观因素相混淆了。我的美国朋友向我解释说，他们感觉“9·11”事件和珍珠港事件如出一辙，而基地组织就像希特勒。有人说因为世贸大楼双子塔遭遇袭击令美国人蒙羞，所以他们才不畏艰辛努力拼搏，这种说法让美国人感觉到了侮辱。他们感觉这是在暗示自己，因为美国军舰遇到袭击令美国人蒙羞，所以其父辈才为第二次世界大战卖命。让我们把这个情况梳理一下。曼德拉没有把屈辱感看成个人问题，他是在为废除南非种族隔离制度而战，然而，这并不意味着他没有感受到侮辱。这两种情况交织在一起。并不是因为曼德拉患有某种神经过敏症，才发现自己处于需要矫正的侮辱境遇。正如他在传记里承认的那样，他的确感到了侮辱，而且还是无数次地感到了侮辱。[①] 解决这个问题的方法是承认我们心中有屈辱感（包括曼德拉和美国人民），但采用建设性的态度和灵活多样的手段去处理屈辱感，这样做才能矫正像南非那样的种族隔离制度或恐怖主义局面，才能创造更加美好的未来，完全避免新一轮的侮辱循环；而不是盲目地进行报复，也不是用猛烈的抨击进行回应（曼德拉本来可以在南非对白人统治阶层实施种族灭绝）。

最后，把某个案例作为侮辱研究中关注的对象，并不意味着我们作为研究者，或者第三方“同意”引发这类案例的潜在的思维模式。有些研究人员读过我的书，

---

① 曼德拉（Mandela），1994。

他们指责我把一些案例包括进来让某些观点变得“名正言顺”了。有的人说：“我的对手认为我侮辱了他，我认为没有这回事。如果你的书中包括了我的对手的观点，那么他的观点就合法了。只有我有资格认为受到了对手的侮辱，只有我的案例值得纳入研究范畴。”我花时间、精力在讲座上用了一些描述侮辱的案例，有些人甚至会数一数我所用句子的长度。我还用了一些图片，他们也很看重图片产生的视觉效果。他们认为我为他们的“敌人”造了更长的句子，使用了更生动的图片，为此他们指责我侮辱了他们。仅仅因为我展示了一张图片，就有人咄咄逼人地冲我大喊大叫，就有人要把我赶出演讲大厅。他们认为，我使用的图片所产生的力量引发了人们对他们的“敌人”过多的同情。因此，在他们看来，这表明我有侮辱他们的企图。屈辱感确实具有爆炸性！

在未来的岁月里我们面临的任务

2000 年 9 月，《联合国千禧年宣言》号召全世界人民联合起来完成以下这些任务：

- 铲除极端贫穷和饥饿
- 改善妇女健康状况
- 在世界范围内完成初级教育
- 控制艾滋病毒/艾滋病、疟疾及其他疾病
- 促进男女平等，授予妇女权利
- 促进环境可持续发展
- 降低儿童死亡率
- 为谋求发展在全球范围建立伙伴关系

世界可持续发展峰会（The World Summit on Sustainable Development，简称 WSSD，也称第三届地球峰会，或 Rio + 10，因其是在里约热内卢召开第一届地球峰会之后 10 年召开的），于 2002 年 8 月 26 日至 9 月 4 日在南非的约翰内斯堡召开，列出了以下**达成共识的目标**：

到2015年，要实现：

- 让没有干净饮用水和公共卫生条件差的人口数量减半
- 减少生物多样性的消失
- 恢复枯竭的鱼类资源
- 降低婴儿死亡率和艾滋病的流行

在其他许多重大问题上，并没有制订出具体的或清晰可见的目标。峰会上那些**令人失望的问题**涉及下面这些未完成的项目：

- 规划可再生能源的来源
- 逐步取消农业补贴
- 奠定廉政基础
- 鼓励共同承担责任

许多来自学界和政界的声音均呼吁全球公平贸易。塞尔吉奥·科博（Sergio Cobo）认为：

> 生活在富国的人口只占世界总人口的百分之二十，然而，他们却在全球化的进程中攫取了大部分利益，而占世界总人口80%的穷人却没有从中受益。难道这真的是我们想要的全球化吗？让我们为能在全球化进程中受益而努力奋斗，让我们为实现这一理想而努力奋斗。我们要让全球贸易给大家都带来益处。①

有些网站致力于促进公平贸易，包括公平贸易基金会（Fair Trade Foundation）、国际公平贸易标签组织（Fair Trade Labeling Organizations International）以及乐施会的公平贸易网站（Oxfam's Fair Trade site）。② 菲利普·勒格林（Philippe Legrain）在《开放的世界：全球化真相》③ 一书中勾勒了**世贸组织**为建立更公平的世贸秩序必

---

① 从http：//www. foe. co. uk/pubsinfo/infoteam/pressrel/2001/20011102112007. html检索到的网址。我们从中得知，2001年11月3日在伦敦市中心举行了一次贸易公平大游行，世界各国政府准备到卡塔尔（Qatar）首都多哈（Doha）举行世贸组织谈话。

② 举例来说，能从http：//www. tve. org/earthreport/archive/doc. cfm？aid =904．这个网址找到。

③ 勒格林（Legrain），2002。

须担当的责任。杰夫瑞·萨克斯（Jeffrey Sachs）阐释了在全世界范围内如何终止贫穷的方法。[①]

我们生活在一个**世界风险社会**（World Risk Society）[②] 中，因此，我们必须用建设性的方法去解决问题。幸运的是，我们还生活在一个可以利用知识和创造力拯救自己的**信息时代**。[③] 我们也许能利用创造力建立一个有公平规则的**地球村**和一种**廉洁、公开透明的管理模式**。解决问题的方案已经摆在桌面上，我们现在需要拿出付诸实施的政治意愿来。

通往世界新秩序的路线图可能是什么样子的

离婚后能搬到其他星球上去吗？

要通向可持续发展的**地球村**，第一步是承认新的现实状况。全球社会相互依存是新的现实状况不可忽视的组成部分。全球恐怖主义、新型电脑和生化病毒以及全球气候变化，所有这些骤然间使大家充分意识到全球社会相互依存这一事实。据报道，科菲·安南（Kofi Annan）说，**这些问题无须护照也能在全世界畅通无阻**。

现实政治中的一些旧理念不再适合现在，而且还会损害建设性的变化。地球上人人都可以"通婚"了，可是**离婚后根本就没有可能搬离地球**。在很多社会群体中，失和的夫妻可以离婚。如果两个人经历了多轮的侮辱和以其人之道还治其人之身之后，会发自内心地痛恨对方，他们可以搬到其他居民区去住，永不见面，但是居住在**地球村**的人却不可能搬离地球。在这种情况下，人们能制造出来的最远距离也不过是从一个**社区**到另一个**社区**间的距离。即使美国已经受够了其他国家，它也不可能搬到另一个星球上居住。担心恐怖主义和气候崩溃的人们也无法找到另外一个能称之为家园的星系居住。解决问题的唯一途径，是努力把地球这颗行星营造成

---

① 萨克斯（Sachs），2005。

② 贝克（Beck），2000；哈特林（Hartling），2003。

③ 参看卡斯泰尔（Castells）的《信息时代》，1996。再参看卢克和图卢斯（Luke and Toulouse）编辑，1998。互联网提供很多网站，有更多有关通讯社会学方面的信息以及技术文化和社会关系的问题。

一个**良好的社区**——或者起码是一个大家能**相互容忍的社区**——万一离婚了，依然还是一个宜居的社区。

人类必须实现的目标，是在最糟糕的情况下做好遭受最少损失的准备。世界永远也不会成为一个大家人人彼此相爱、彼此宽容的地方。当然，我们大家都真诚地希望世人能在社会层面和生态层面阔步迈向建设性的未来，但是人类不一定只有实现最高目标才能生存下去。我们必须防止把地球逼到它所能承受的极限，无论是社会方面，还是生态方面。这是最低要求，必须做到。

在很多国家，越来越多的父母离婚后共同拥有对孩子的监护权。人类也**对地球享有共同监护权**——尽管人与人之间或国与国之间会有不睦。在几种可供选择的解决问题的方案中，离婚的父母对孩子担当起共同监护责任是方案之一，处理家庭问题的法官可做出支持、也可做出反对这个方案的决定。但是，对于人类而言，共同担当起照顾地球的责任则义不容辞。我们所面临的全球性挑战——从实施公平贸易到控制环境污染，再到遏制疾病——即使人们相互之间怀有深仇大恨，也必须要处理这些问题。离婚后的夫妇仍然可以继续做好邻居，做称职的父母，明白这些道理的社会团体会以崭新的方式帮助自己的居民做好结婚和同居的准备。仅做最好的打算，任凭恋人盲目地投身到炽热的恋情中去，对彼此抱有很高的期望值，还是远远不够的。社会应该掌握更多的**主动权**，为人们增添一些**理智的安全阀**。社会需要鼓励可能会成为恋人和夫妻的人们了解新的与之相关的文化和互动技巧，需要创建新型的冷静与成熟，当杯里还有半杯水的时候，要促使人们享受相处过程中的丰富多彩，而不是每当杯里还剩下半杯水的时候，就孩子气地把杯子摔碎。公司里很多人都明白这个道理，处理不好个人问题所产生的负面影响会影响到公司的利益。有些公司主动开设家庭课程，教授人际关系沟通技巧，从而预防员工的家庭破裂。

同理，为创建一个可持续发展的**地球村**的未来，为维护全球和国际邻里之间的关系，做好更充分准备符合全人类的利益。呼吁促进**和平文化**（UNESCO）不仅仅是一个美好的想法，也不仅仅是一个梦想，这是**现实政治**的未来。如果人类不能实施新的**现实政治**，那么前所未有的大乱就有可能降临到我们头上，世贸大楼双子塔的倒塌让人们第一次充分品尝到了令人无法想象的灾难。

2003 年 4 月 1 日，埃及总统穆巴拉克（Hosni Mubarak）说，他担心伊拉克战争会导致更多的奥萨马·本·拉登出现。之后，在世界各地出现的多次袭击事件证实了这个可怕的预言。把几个恐怖分子一网打尽还不够，我们还必须尽力减少普遍存在的屈辱感，原因是它能为恐怖活动提供生存的土壤。

有些病人常常去看心理医生，想祛除令他们苦恼的问题——比如吸烟、酗酒，或者其他强迫症，他们希望心理医生像外科医生一样“手到病除”。然而，在很多情况下，这些浮出水面的问题只不过是一种外在的表现形式，蛰伏在人们心里的问题是失衡，为了达到治疗效果，有必要全面考虑一个人的性格，并对其性格进行重构。同理，为了拯救世界，我们也不能指望用给人类躯体动手术的方法除掉几个恐怖分子。

无论是在局部地区，还是在全球范围内，我们都承受不起因家庭不睦、“离婚”而火上浇油的代价。在**地球村**这个如此有限的空间里，没有狂热鼓吹复仇的立足之地。无论邻里之间的关系有多么深的裂痕，首要的问题是必须始终保持建设性的邻里关系。国际社会应该招募心理学家、社会学家、教师以及其他在人际关系技巧上受过训练的人，教授更有效的**沟通技巧**，特别是跨文化之间的沟通技巧。学习和传授这些技巧，无论是在局部，还是在全球，都是一项新的必须完成的任务，全球的社会科学家尤其承担着十分重要的责任。[①]

要做到这一点，世人必须首先冷静下来。每个人都必须以超然的态度去努力奋斗，这种态度能使人进行理智的思考，拿出理智的行动来。暂停、改进自我管理策略和压力控制、重构目标是必不可少的技能技巧。[②] 一旦潜在的破坏性情绪蠢蠢欲动，为了使其冷静下来，国际社会必须为第三方提供足够的、有效斡旋的机会。为了使自己能承受得起不确定的事情，每个人都需要做好**自我管理**，防止作出草率的、不成熟的决定，或者刻板绝对地一边倒，要与自己和他人保持一种礼貌热情的关系。人一旦学会自我控制，学会自我管理克制，就可以学会**新的谈话技巧**，这种新技巧蕴含着布伯（Martin Buber）所谓的**我和你**之间的对话关系，以及莱维纳斯（Emmanuel Lévinas）所谓的关怀**他人**。在有效的沟通过程中，谈话人都能达到高度**协调**。

曼德拉的公平公正之路是唯一一条切实可行的、适合**地球村**未来的道路。曼德拉专注于未来建设性的解决问题的方案，他没有因为过去的侮辱而沉溺于痛苦之

---

① 举例说，参看汉堡和汉堡（Hamburg and Hamburg），2004。

② 米歇尔和德斯梅特（Mischel and De Smet），2000。

中。[1] 半杯水思维方式，体面先于公平正义，避免侮辱行径和屈辱感——所有这些方面，是在没有了爱的情况下要建设性地“离婚”时需要预先准备和学习的新需求。

我们必须牢记，即使是在没有任何侮辱意图的情况下，误解和帮助也能导致屈辱感，也能开启令人更加痛苦的侮辱循环。施助人必须明白，哪怕你展示了至真至善的帮助，也有可能引发屈辱感。

目前，有关宽恕、和解的文献资料急剧增加。然而，宽恕是一件错综复杂的事情，而和解有时是强人所难，也并不一定有必要。有一个在大屠杀中幸存的图西族人告诉我（1999 年在基加利）：“我不能宽恕杀死我母亲的凶手，只有她本人才对自己有生杀大权，别人不能攫取她的权利。不过，为确保自己的孩子们能生活在一个更和睦的世界中，我要贡献自己的一份力量，因此我可以遏制自己复仇的冲动。”[2]

英国的海伦·巴伯（Helen Bamber）创建了**关爱酷刑受害人医学基金会**（The Medical Foundation for the Care of Victims of Torture），每年处理 5,500 个新增案例。在 1999 年召开的宽恕大会上，巴伯从报告中节选了一段，回顾了自己工作中发生的一件事：

> 巴伯动情地讲述了这样一个男人的故事。这个男人被迫目睹了自己的儿子被处决的过程，不仅如此，他还被迫为之喝彩。他自己也遭受了严刑拷打。他没有谈宽恕，但是也没有寻求报复。他怒不可遏，痛不欲生，也失去了生活目标。“他准备好的那场战斗已经输掉了。你怎样才能帮助一个痛失爱子、遭受虐待的人不过度悲伤?”他所需要的除了被认可，还是被认可。后来，他终于能开口聊自己的儿子了，他回顾了自己与儿子的关系，让儿子无数次地出现在他心中，最后他终于释怀，象征性地掩埋了他。[3]

---

① 举例说，参看米诺（Minow），1998。

② 霍华德·泽尔（Howard Zehr）开创了转变我们对公平正义的认识方面的工作，参看泽尔，2002。

③ 西蒙·鲍文（Simon Bowen），1999 年，宽恕会议，1999 年 10 月 18 日，芬得霍恩基金会（The Findhorn Foundation），2003 年 4 月从 http://www.findhorn.org/events/conferences/archives/forgive/bamber.html 搜索到的信息。

第三方斡旋

因为平民百姓在世界各地持续不断的反抗行动，本书称人权运动为**人类历史上第一次继续革命**。人权要求当权派（独裁者和种族至上主义分子）放弃非法统治地位，鼓励平民百姓（穷人、印度的低种姓，总而言之，受压迫的人们）正视自己被非法侮辱的境遇——他们有权改善自己的生存状况。既邀请昔日的统治者，又邀请昔日的平民百姓，开始在尊严平等、谦恭这条道路上相遇相通。屈辱感——这股推动不断继续革命的力量——可以被当作连接所有**奋起抗争的平民百姓**的那条“红线”，无论他们是**被殖民者**、**有色人种**、**妇女**，**还是拥护大自然**、**拥抱情感**、**拥有创造力或个人自由的人**。平民百姓受益于零零散散的运动，从中更清楚地意识到他们所共有并把他们联系在一起的东西——是对侮辱的体验。①

尽管**持续不断的人权运动**不断给予人们希望，但是前进道路上的危险已经赫然出现。莫顿 · 多伊奇写道：

> ……心理问题导致了人们抵制改变那不幸却熟悉的关系，任何试图结束长期压迫关系的举措都必须先解决这些心理问题。
>
> 压迫者和被压迫者必须要处理的忧虑和恐惧如下：
>
> 1. 面对未知的事物双方都感到焦虑不安。他们认为自己会在一种新的、不明确的关系中出丑、受辱或处于无助状态；
>
> 2. 双方为维持这种不公正的关系发挥了作用，为此他们感到内疚、自卑；
>
> 3. 被压迫者担心自己动怒，压迫者则为此惊恐不安；
>
> 4. 双方都担心如果作出改变会遭到惩罚：被压迫者担心受到压迫者的惩罚，压迫者担心受到被压迫者和其他压迫者的惩罚；
>
> 5. 双方预测改变会带来损失：被压迫者会失去道德上的优越感，也会失去受害人身份这一托词；压迫者会失去与更大的权势相关的尊

---

① 我感谢多伊奇 · 莫顿（Morton Deutsch）的这一思想，2003 年他在和我的私人通信中向我表达过。

重和物质利益。[①]

走向尊严平等的平民百姓可能不知道，侮辱昔日的统治者和他们曾经遭受的侮辱一样，都是严重的冒犯人的行为。在思想观念转变的过程中，必须小心谨慎地阻止正在崛起的平民百姓越过谦恭这条线。要鼓励昔日的统治者和昔日的平民百姓采用曼德拉式尊重人的方法，在谦恭这条道路上相遇相通。从前，造反的平民百姓替换了统治者，而等级制度结构却始终没有发生任何变化，解决问题的新对策是把暴政和滋生暴政的压迫性等级制度一齐铲除。

屈辱感正在世界各地涌现。具有讽刺意味的是，可以把这种情况解释为人权学说的成功，因为当新思想创造新希望的时候，它会加剧屈辱感；当新期望落空的时候，屈辱感会更甚。日益加剧的屈辱感已经对人们产生了深刻的影响，我从我的病人那里和从对社会心理学的研究中注意到了这一点。人权提倡者必须意识到，给屈辱感火上加油等于点燃**情感核炸弹**。我们必须勤奋工作，向每个人以及不同的群体传授如何运用有尊严的方法以摆脱侮辱。国际社会的奋斗目标是必须遏制蕴含着侮辱驱动力的局面，阻止新侮辱局面的发展壮大。从各个层面，无论是家庭、组织、国家、国际层面还是全球层面，一定要避免伤害性的侮辱行为发生。侮辱人不再是获得谦卑合作的社会途径。或许屈辱感永远也得不到完全彻底的根除，头脑简单、实话实说导致的误解也会产生屈辱感。然而，我们都能为根除故意施害他人的侮辱行为而努力奋斗，无论这种侮辱是通过个人行为、还是借助制度实现的。为了不陷入引发严重伤害和侮辱循环的境地，我们可以致力于学习处理屈辱感所需要的技巧。侮辱人的鼓动者是那类暴虐的人，他们就是那些在全球范围内散布恐怖的人，因此，在国家层面和全球层面上，采用釜底抽薪的策略来应对他们十分重要。一位阿拉伯朋友这样对我说（2003 年 3 月 1 日）：“你们为什么先支持独裁者，卖给他们武器，[②] 然后你们又为了解放我们而轰炸我们？首先，停止支持独裁者！为什么今天的全球贸易依然不公平，为什么在世界很多地区人们还是一贫如洗？应该为建立一个更公平的世界投入时间和精力，而不是投入时间和精力先去暗中扶植独裁者，然后再轰炸他们！”

---

① 多伊奇（Deutsch），2002，第 21—22 页。

② 举例来说，参看哈同（Hartung），1994。

地球村的建设

地球村的建设不是采用放任自流或绥靖政策能完成的事业；地球村的建设需要坚定、果敢的措施，然而问题是采用怎样坚定、果敢的措施更合适。果敢的措施可以用在全球制度建设、控制和维护秩序上，也可以用在只是旨在保护自己家庭和利益而自行决定的执法上。第一种适用于这个全球相互依赖的世界，第二种适用于前全球化时代不安全的边界地区。

为了把世界各国人民从暴君的铁蹄下解放出来，采用外科手术式打击的战争有值得称道之处。**外科手术式打击**肯定比**地毯式轰炸**好，因为前者解决问题的方式针对性更强，不过，即使在医学界，做手术——哪怕是由技术最精湛的医生来做——也有失败的风险。我们需要开发新的治疗技术以解决人类的冲突。事前预防胜于事后干预。预防疾病会使动手术变得多此一举，然而，万一预防不成功，外科医生通常会不辞辛劳、一丝不苟地做手术。我们不要再从**手术治疗**的角度思考问题，因为做手术不是一种有效的治疗措施。为了让损失最小化，我们最好学会欣赏**预防**，让**外科手术治疗**成为最后的补救措施。

为可持续发展的地球村建立制度是一件枯燥的事情，这是一个需要外科医生拿出精湛的外科技术来长期做的手术。缔造地球村建设性的未来，意味着把朋友和敌人召集在一起做个速成手术的方法已经不再可行。问“你是赞成我们，还是反对我们”这类问题没有意义，因为这暗示着在我们的邻里地区，敌人或者反对我们的人，还有活动空间。事实上，人类聚集在一颗渺小的星球上，没有可能作出这样的选择，就像我们很难把亲密的朋友或熟知的敌人这样的理念抛在脑后一样。我们所需要的是建立囊括一切的全球高级制度结构。

世界上总有让人感觉不舒服的人，他们或是危险的破坏分子，或是患有心理疾病的人，他们永远也不会从地球上消失。然而，我们能给这些人贴上的最负面的标签是坏邻居，而决不是敌人。警察、法院或者精神病院必须处理**坏邻居**的事。只有采用这种方法，才能限制这类人搞破坏活动。必须保护国际社会中绝大多数人卷入由不成熟、不明智的人操控的僵局。

勇敢的战斗和果断的决心——我们必须用这些美好的品行**为**全球社会和生态环境的可持续发展而努力奋斗，而不是用它们来**反对**敌人。当然，每个人都有自卫的权利。但是，通过**反击**进行自卫常常适得其反。只要自卫行动不包括所有对手，不能满足各方需求，这就不是**自卫**，而是**自毁**。在这个资源有限、相互依存的世界，这是一个无法回避的现实，起码对那些听信了人权思想、希望建立一个和平的**地球村**的人们来说是这样的。

安全、**稳定**、**自由**、**和平**，这些说法有新旧两种含义，旧的含义提倡对人施加侮辱，新的含义则禁止对人进行侮辱。只有新的含义适合于蕴含着**尊严平等化**的**全球化**这一新的现实状况。此外，为了全球的**安全**、**稳定**、**自由**、**和平**等问题出现后再解决的滞后办法已经不能再应对这一局面，我们必须努力**防止**问题的出现。[①] 比如说，预见到 X 国在接下来的几年里可能威胁到 Y 国的利益，并为**应对**这一威胁而准备进行防御，这是不够的。为了抵御威胁而和 Z 国结盟却忽视了 X 国的人权，也是准备不充分的。这种处理问题的方式，在过去或许是很好的措施，但现在不再是了。

在这个全球相互依存的新世界里，把每个邻居包括在同一个社区里，我们责无旁贷——任何情况下，都没有人能回避这一点——起码在稍具建设性的措施中是这样的。宿**仇**不再是可选项，**预防**也不再是可提交的方案，**为**建设一个包容的社区而努力奋斗才是我们的最佳选择。**每个人的安全取决于他人的安全**，全球性恐怖活动终于让大家明白了这个道理。

建立一个新的**包容的世界秩序**的核心措施是在全球范围内实施法治。目前的联合国制度是对整个**地球村**[②]从顶层实施法治的开端。一旦相互依存关系越来越多地影响到游戏规则，那么**强权即公理**的军事实力就失去了意义。托尼·布莱尔（Tony Blair）一位最亲密的外国政治盟友警告说，在 21 世纪后期，中国会成为世界上举足轻重的强国，英国和美国可能会因为自己在处理国际关系时运用了“弱肉强食”的法则而感到后悔。新西兰工党首相海伦·克拉克（Helen Clark）告诉《卫报》记者说，华盛顿及其盟友在没有联合国决议授权的情况下发动了战争，开创一个危险

---

① 在早期预警方面有大量的参考文献。努力收集作为预警信号的社会指标，举例说，请看马里兰大学国际发展和冲突管理中心（CIDCM）的《社会冲突研究综合网络》（INSCR）节目。

② 本书不讨论这样的制度应该和什么一模一样，或者看上去是什么样子，现行的国家主权怎样可以和全球稳固的民主制度一致。这些任务要花几十年的时间才能实现，本书仅仅勾画出一条道路。

的先例。她说：

> “这是一个见证中国以最大的经济体出现的世纪，伴随着经济实力的通常还有军事实力，……在我们正在建设的这个世界里，无论谁是老大，谁最有实力，我们要知道，[制度] 是会发挥作用的……像新西兰这样的国家很容易编造出种种借口为朋友的所作所为开脱，但是我们必须警觉，因为我们也在为那些想从多边主义决策中撤出来的人们开创先例。无论谁被视为当今世界最强的经济实体，我都不想开创什么先例。”

海伦·克拉克说，为了防止国际关系退到19世纪那种无政府主义状态，要想把一些像新西兰这样的国家置于任凭强国摆布的境地，就必须修复对联合国造成的破坏。

> 新西兰一贯为小国家主张权利……我们把联合国看作世人共同努力一起解决问题的崭新开端，而不是回到大国瓜分世界的19世纪去，……谁愿意回到那个弱肉强食的时代？虽然在伊拉克问题上发生的裂痕已经损害了多边制度，但是在多哈举行的这轮全球贸易谈判中，相关国家正在加倍努力合作。①

虽然在全球范围内实行法治很重要，但是人类需作出的努力决不限于此。仅仅有**公平正义**还不够，还要有**体面**。艾维沙·马格利特（Avishai Margalit）写了《体面的社会》一书。② 他在书中呼吁建立不再侮辱平民百姓的体制——仅建立**公平正义**的社会是不够的，建立超越侮辱的、**体面**的社会才是我们的奋斗目标。人人都有可能有尊严的时候，**体面**才能俯视万物。要达到人人**体面**的境地，需要大家共同努力去实现2000年9月《联合国千禧年宣言》制订的目标。如果我们能遏制邻里之间关系的恶化，阻止世界滑向危险的边缘，那么，马格利特呼吁的**体面**是至关重要的。

---

① 丹尼和弗里德兰（Denny and Freedland），2003。

② 马格利特（Margalit），1996。

表 9.2　从旧世界秩序向新世界秩序过渡的路线图

	旧的名誉秩序	新的尊严秩序
体系	• 我们看到地球上有很多**村庄**（不是**单一的一个地球村**）以名誉等级准则为基础，把侮辱作为一种策略合理化了。（在 1757 年以前的英语中，**谦卑**和**侮辱**之间的不同没有用现在的方法加以区别）。 • 名誉准则“锁定”了屈辱感（按照人的价值排序合情合理）。 • 我们把世人分为**朋友**和**敌人**，**内部群体**和**外部群体**（因为世界上有很多**村庄**），**上等人**和**下等人**（因为按照人的价值排序是合理合法的）。	• 我们看到地球上只有**一个单一的**建立在尊严平等基础上的**地球村**（**全球化**），尊严平等使侮辱成了不合理的事（人的价值**尊严平等化**）。 • 人权思想帮助受害人释放了屈辱感（按照人的价值分类不合理）。 • 我们看到全世界唯一的一个家庭，**单一的一个内部群体**（**全球化**），在这个群体中人们的情感更强烈，尤其是当人们看到尊严平等（**尊严平等化**）受到冒犯时。
可用策略	• 侮辱他人有时可以保护自身利益，无论是在群体**内部**还是群体**外部**。 • 抗击敌人，保护自由与安全是可行的，因为城墙、堡垒和战争的确可以起到保护作用。此外，还有一些“无人居住”的地方，比如还可以把敌人流放到澳大利亚；而且，全球在环境方面的相互关联依然有限。	• 只有在不采用侮辱手段的情况下，把暴君的气焰压下去才符合个人利益。不采用**战争**手段，而是通过**治安**手段来应对横行霸道的人，他们不是**敌人**，而是**误入歧途的家人**，或是**坏邻居**。诸如“敌人”和“战争”这样的字眼在新秩序中已经与时代脱节，捍卫旧的名誉秩序无异于逐步自我挫败。在这个合作的世界里，把侮辱当作工具提升团队合作效率的做法会越来越产生适得其反的作用。 • 只有大家**一起携手**才能实现自由、安全，因为如果我不采用相互信任的措施确保我们之间的关系，那么连我的邻居都有可能把自己的血肉之躯当成炸弹，或对环境造成威胁。通过实现 2000 年 9 月《联合国千禧年宣言》中提出的奋斗目标，能否确保人人自由、安全会进一步依赖于能否在全球范围内实现尊严平等。

本书提出了探讨人类处境的新视角，并邀请读者一起为侮辱研究献计献策。这里要探讨的问题不是“谁对或谁错”，而是“什么是有益的”，或者“人类应该怎样为出现的新情况拿出对症下药的治疗方案来”，又或者“我们应该加强哪些社会发展趋势，任由哪些社会发展趋势自生自灭？”

我们这个时代的核心问题是，**地球村**的可悲境况究竟是**全球化本质**的体现，还是全球化过程中出现的一个可以矫正的**副作用**。我的观点是，这一可憎可悲的境况是全球化过程中出现的一个**副作用**。核心的问题是**统一趋势**跨越了**国界**，**在某种程度上**妨碍了实现**尊严平等化**。为遏制霍布斯式无政府状态而建立全球性机构的做法已经落伍。我坚信，如果我们能在近期**彻底避开有害因素**，那么**地球村**就会拥有一个**美好的未来**。那些威胁和侮辱现象息息有关，如果不对它们加以控制，侮辱的驱动力则会侵害所有的良性发展趋势。许多国家已经学会控驭朝霍布斯式无政府主义状态发展的国内趋势，并在这一过程中为全世界人民树立了学习的榜样，而这正是我们的希望所在，也是事实。这些榜样要想发挥作用还有赖于一个良好的信念，即**单一一个相互依存的内部群体**可以存在，在这个内部群体中，差异不会导致分裂，多样性嵌入于相互尊重中。我们有必要在全球范围内推广这些榜样。我们需要在全世界推广这些范例，以克服**尊严平等化**的缺失，由于这一缺失，目前正在给人类带来侮辱。为了充分利用**地球村**的良性发展趋势，我们必须呼吁**停止侮辱**。[①]

---

① 与《终止轻武器贸易》或《终止商业捕鲸》相类似。请阅读，例如帕滕和林德（Patten and Lindh），2001。

参 考 论 著

Adorno, Theodor W. , Frenkel-Brunswick, Else, Levinson, Daniel J. , and Sanford, R. Nevitt (1950). *The Authoritarian Personality*. First edition. New York, NY: Harper.

《专制人格》

Allred, Keith G. (1999). *Anger and Retaliation: Toward an Understanding of Impassioned Conflict in Organizations*. In Bies, Robert J. , Lewicki, Roy J. , and Sheppard, Blair H. (Eds.), *Research on Negotiations in Organizations. Vol.* 7, Greenwich, CT: JAI Press.

《愤怒与复仇：迈向理解组织中的激烈冲突》，见《组织谈判研究》

Anderson, Mary B. (1999). *Do No Harm: How Aid Can Support Peace—or War*. Boulder, CO: Lynne Rienner Publishers.

《莫伤害：援助是怎样支持和平或战争的》

Averill, James R. (1982) . *Anger and Aggression: An Essay on Emotion*. New York: Springer - Verlag.

《愤怒与攻击：情感随笔》

Axelrod, Robert (1990). *The Evolution of Cooperation*. London: Penguin Books.

《合作的演进》

Badiou, Alain (2001). *Ethics: An Essay on the Understanding of Evil*. London: Verso.

《伦理标准：闲谈理解邪恶》

Baratta, Joseph Preston (2004). *The Politics of World Federation*. Vol. 1: The United Nations, U. N. Reform, Atomic Control. Vol. 2: From World Federalism to Global Governance. Westport, CT: Praeger.

《世界联邦政治》第 1 卷《联合国，联合国改革，原子控制》，第 2 卷《从世界联邦主义到全球治理》

Bar-On, Daniel and Nadler, Arie (1999). *From Peace Making and Conflict Resolution to Conciliation and Peace Building*. Beer-Sheva, Israel: Proposal for the International Award of the State of Nordrhine-Westfalia for Research in the Humanities and Social Sciences.

《从促成和平、解决冲突到调停和缔造和平》

Battle, Michael Jesse (1997). *Reconciliation. The Ubuntu Theology of Desmond Tutu*. Cleveland, OH: Pilgrim Press.

《和解——德斯蒙德 · 图图的仁爱神学》

Bauman, Zygmunt (1992). *Intimations of Postmodernity.* London: Routledge.

《后现代的暗示》

Beck, Ulrich (2000). *World Risk Society.* Cambridge, UK: Polity Press.

《世界风险社会》

Benjamin, Daniel and Simon, Steven (2005). *The Next Attack: The Failure of the War on Terror and a Strategy for Getting It Right.* New York: NY Times Books.

《下一次攻击：反恐战争的失败及矫正对策》

Billig, Michael G. (1991). Ideology and Opinions. *Studies in Rhetorical Psychology.* London: Sage.

《思想与观点》，见《修辞心理学研究》

Bloom, Harold (1999). *Shakespeare: The Invention of the Human.* London: Fourth Estate.

《莎士比亚：人类的发明》

Bond, Michael Harris (1998). Unity in Diversity: Orientations and Strategies for Building a Harmonious, Multicultural Society. In Adamopoulos, John and Kashima, Yoshihisa (Eds.), *Social Psychology and Cultural Context*, pp. 17—40. Thousand Oaks, CA: Sage.

《多样性的统一：构建和谐、多元文化社会的方向和策略》，见《社会心理学和文化语境》

Bond, Michael Harris (2004). *Culture and Aggression—From Context to Coercion.* In Personality and Social Psychology Review, 8, pp. 62—78.

《文化与侵略——从语境到胁迫》，见《个性与社会心理学评论》

Borris, Eileen R. (2000). *The Healing Power of Forgiveness.* Fairfax, VA: Paper prepared for course on Reconciliation Processes, Institute of Conflict Analysis and Resolution, George Mason University, March 13—15.

《宽恕的治愈力》，为和解进程课准备的文稿

Braithwaite, John (1989). *Crime, Shame and Reintegration.* Cambridge: Cambridge University Press.

《犯罪、羞耻和重返社会》

Brandt, Willy (1972). *1945 Different Than 1918.* Cambridge, MA: Speech at Harvard University June 5, 1972, at the commemoration of George Marshall's speech 25 years earlier, retrieved December 11, 1999, from http://lcweb.loc.gov/exhibits/marshall/m21.html.

《1945 年不同于 1918 年》，1972 年 6 月 5 日在哈佛大学的演讲

Buber, Martin (1944). *I and Thou.* Edinburgh: Clark.

《我与你》

Castells, Manuel (1996). *The Information Age: Economy, Society and Culture.* Vol. 1: The Rise of the Network Society, Vol. 2: The Power of Identity, Vol. 3: End of Millennium). Cambridge, MA,

Oxford, UK: Blackwell.

《信息时代：经济、社会与文化》第 1 卷《网络社会的兴起》，第 2 卷《身份的力量》，第 3 卷《千禧年之终结》

Charny, Israel W. (1997). *A Personality Disorder of Excessive Power Strivings*. In Israel Journal of Psychiatry, 34 (1), pp. 3—17.

《过度的权力奋斗之人格障碍》，见《以色列精神病学杂志》

Coleman, Peter T. (2000). *Power and Conflict*. In Deutsch, Morton and Coleman, Peter T. (Eds.), *The Handbook of Conflict Resolution: Theory and Practice*, pp. 108—130. San Francisco, CA: Jossey - Bass.

《权力与冲突》，见《冲突解决手册：理论与实践》

Coleman, Peter T. (2003). *Characteristics of Protracted, Intractable Conflict: Toward the Development of a Metaframework - I*. In Peace and Conflict: Journal of Peace Psychology, 9 (1), pp. 1—37.

《旷日持久的棘手冲突特征：向元框架 - I 发展》，见《和平与冲突：和平心理学杂志》

Coser, Lewis A. (1977). *Masters of Sociological Thought: Ideas in Historical and Social Context*. Second edition. Fort Worth, TX: Harcourt Brace Jovanovich.

《社会学思想名家名作：历史和社会语境中的观念》

Denny, Charlotte and Freedland, Jonathan (2003). *New Zealand Warns on 'Law of the Jungle'*. In The Guardian, Saturday May 3

《新西兰对“丛林法则”的警告》，见《卫报》5 月 3 日

Des Forges, Alison L. and Human Rights Watch (1999). *Leave None to Tell the Story. Genocide in Rwanda*. New York, NY: Human Rights Watch.

《灭口：卢旺达种族大屠杀》

Deutsch, Morton (1973). *The Resolution of Conflict: Constructive and Destructive Processes*. New Haven, CT: Yale University Press.

《解决冲突：建设性和破坏性进程》

Deutsch, Morton (2002). *Oppression and Conflict*. Skovde, Sweden: Plenary address given at the annual meetings of the International Society of Justice Research in Skovde, Sweden on June 17, 2002, retrieved November 20, 2002, from http//www.cpa.ca/epw/epw/Deutsch.pdf.

《压迫与冲突》

2002 年 6 月 17 日在瑞典舍夫德召开的国际公平正义协会年会全体会议上的发言

Deutsch, Morton (2006). *A Framework for Thinking About Oppression and Its Change*. In Social Justice Research, in press.

《关于压迫及其变化的思考框架》，见《社会公正研究》

Dia, Demba Silèye (2003). *The Fight Against Female Genital Cutting*. In Wal Fadjri Newspaper,

Thursday April 3, received as email text.

《反对女性割礼》

Douglas, Mary (1984). *Purity and Danger: An Analysis of the Concepts of Pollution and Taboo.* London: Ark Paperbacks.

《清洁与危险：污染与禁忌概念分析》

Dutton, Donald G., Boyanowsky, Ehor O., and Bond, Michael Harris (2005). Extreme Mass Homicide: From Military Massacre to Genocide. In *Aggression and Violent Behavior*, 10, pp. 437—473.

《极端大屠杀：从军事屠杀到种族屠杀》，见《侵略与暴力行为》

Eckleberry, Sharon C. (2000). *The Dual Diagnosis.* Retrieved May 20, 2002, from http://www.toad.net/~arcturus/dd/papd.htm.

《双重诊断》

Elias, Norbert (1994). *The Civilizing Process.* Vol. 1: The History of Manners, Vol. 2: State Formation and Civilization. Oxford: Blackwell.

《文明的进程》第1卷《礼仪史》，第2卷《国家的形成与文明》

Eriksen, Thomas Hylland (2001). Ethnic Identity, National Identity and Intergroup Conflict: The Significance of Personal Experiences. In Ashmore, Richard D., Jussim, Lee J., and Wilder, David A. (Eds.), *Social Identity, Intergroup Conflict, and Conflict Reduction*, pp. 42—70. Oxford: Oxford University Press, retrieved July 20, 2003, from http://folk.uio.no/geirthe/Identity_politics.html.

《族群认同、民族认同与群体间冲突：个人经历的意义》，
见《社会认同、群体间冲突和冲突减少》

Fanon, Frantz (1986). *Black Skin, White Masks.* London: Pluto Press.

《黑皮肤，白面具》

Featherstone, Mike (Ed.) (1990). *Global Culture: Nationalism, Globalism and Modernity.* London: Sage.

《全球文化：民族主义、全球化与现代性》

Feil, Scott R. (1998). *Preventing Genocide: How the Early Use of Force Might Have Succeeded in Rwanda.* Washington, DC: Report to the Carnegie Commission on Preventing Deadly Conflict, April 1998.

《防止种族灭绝：早期动用武力怎么能成功阻止卢旺达大屠杀》，
华盛顿特区：向卡耐基预防致命冲突委员会提交的报告

Fischer, David Hackett (1989). *Albion's Seed: Four British Folkways in America.* New York, NY: Oxford University Press.

《阿尔比恩的种子：美国的四种英国风俗》

Frankl, Victor E. (1963). *Man's Search for Meaning: An Introduction to Logotherapy.* Boston, MA:

Beacon Press.

《人类寻求意义：意义治疗学导论》

Frazer, James George (1922). *The Golden Bough: a Study in Magic and Religion.* Abridged edition. New York: Macmillan, retrieved from http://www. sacred – texts. com/pag/frazer/ in April 2003.

《金枝：巫术与宗教研究》

Friedman, Thomas L. (2005). *The World Is Flat: A Brief History of the Twenty-First Century.* New York, NY: Farrar, Straus and Giroux.

《世界是扁平的：21 世纪简史》

Fuller, Robert W. (2003). *Somebodies and Nobodies: Overcoming the Abuse of Rank.* Gabriola Island, Canada: New Societies Publishers.

《大人物和小人物：克服滥用等级》

Gaertner, Samuel L. and Dovidio, John F. (1999). *Reducing Intergroup Bias: The Common Ingroup Identity Model.* Hove, UK: Psychology Press.

《减少群体间的偏见：常见的内部认同模型》

Galtung, Johan (1996). *Peace by Peaceful Means.* Oslo and London: PRIO (International Peace Research Institute Oslo) and Sage.

《用和平手段赢得和平》

Gellner, Ernest(1983). *Nations and Nationalism.* Ithaca: Corwell University Press.

《民族与民族主义》

Gergen, Kenneth J. (2000). *Organizational Science in a Postmodern Context.* Swarthmore College: Draft copy for Journal of Behavioral Science, retrieved January 6, 2000, from http://www. swarthmore. edu/SocSci/kgergen1/text10. html.

《后现代语境中的组织科学 》

Gergen, Kenneth J. and Gergen, Mary M. (2000). *Toward a Cultural Constructionist Psychology.* Swarthmore College Pennsylvania State University: Retrieved January 6, 2000, from http://www. swarthmore. edu/SocSci/kgergen1/tccp. html.

《走向文化建构主义心理学》

Gilligan, James (1996). *Violence: Our Deadly Epidemic and How to Treat It.* New York, NY: Putnam.

《暴力：我们致命的流行病及处理方法》

Goffman, Erving (1974). *Frame Analysis: An Essay on the Organization of Experience.* New York, NY: Harper and Row.

《框架分析：组织经验杂记》

Goldman, Jennifer S. and Coleman, Peter T. (2005). *How Humiliation Fuels Intractable Conflict: The*

Effects of Emotional Roles on Recall and Reactions to Conflictual Encounters. New York, NY: International Center for Cooperation & Conflict Resolution, Teachers College, Columbia University.

《侮辱是如何加剧棘手的冲突的：情感作用对遭遇冲突后的回忆、反应的影响》

Graessner, Sepp (Ed.) (2001). *At the Side of Torture Survivors: Treating a Terrible Assault on Human Dignity.* Baltimore, MD: The Johns Hopkins University Press.

《站在酷刑幸存者的立场：向尊严平等发起的可怕进攻》

Granovetter, Mark S. (1973). *The Strength of Weak Ties.* In American Journal of Sociology, 78 (May), pp. 1360—1380.

《普通关系的力量》，见《美国社会学学刊》

Greenfeld, Liah (1992). *Nationalism: Five Roads to Modernity.* Cambridge, MA: Harvard University Press.

《民族主义：通向现代性的五条道路》

Greenfeld, Liah (1996). Nationalism and Modernity. In *Social Research*, 63 (1), pp. 3—40.

《民族主义与现代性》，见《社会研究》

Guha, Ranajit and Spivak, Gayatri Chakravorty (Eds.) (1988). *Selected Subaltern Studies.* New York, NY: Oxford University Press.

《选择底层研究》

Haas, Jonathan (1998). *Warfare and the Evolution of Culture.* Working Papers 98 - 11 - 088, Santa Fe, NM: Santa Fe Institute, retrieved November 15, 2002, from http://www.santafe.edu/sfi/publications/Working - Papers/98 - 10 - 088.pdf.

《战争与文化演进》

Hale, Ellen (2002). *The Return of Anti-Americanism.* In USA Today, August 14, retrieved March 15, 2003, from http://www.canadiandimension.mb.ca/extra/d0816eh.htm.

《反美主义的回归》，见《今日美国》

Hale, Robert L. (1994). The Role of Humiliation and Embarrassment in Serial Murder. In *Psychology.* A Journal of Human Behaviour, 31 (2), pp. 17—23.

《侮辱和尴尬在连环谋杀中的作用》，见《心理学》《人类行为杂志》

Hamburg, David A. (2002). *No More Killing Fields: Preventing Deadly Conflict.* Lanham, MD: Rowman and Littlefield.

《杜绝杀戮场：防止致命冲突》

Hamburg, David A. and Hamburg, Beatrix A. (2004). *Learning to Live Together: Preventing Hatred and Violence in Child and Adolescent Development.* New York: Oxford University Press.

《学会共同生活：防止儿童、青少年心理发展中的仇恨与暴力》

Harris, Marvin (1997). *Culture, People, Nature: An Introduction to General Anthropology.* London and New York, NY: Longman.

《文化、民族与自然：普通人类学概况》

Harris, William Vernon (2002). *Restraining Rage: The Ideology of Anger Control in Classical Antiquity.* Cambridge, MA: Harvard University Press.

《制怒：古典时期的制怒思想》

Hartling, Linda M. (2003). *Strengthening resilience in a risky world: It is all about relationships.* Work in Progress, No. 101, Wellesley, MA: Stone Center Working Papers Series.

《在风险世界中增强应变能力：皆与关系有关》，见《工作进行时》

Hartling, Linda M. (2005). *Humiliation: Real Pain, a Pathway to Violence.* Boston, MA: Preliminary draft of a paper prepared for Round Table 2 of the 2005 Workshop on Humiliation and Violent Conflict, Columbia University, New York, December 15—16, 2005.

《侮辱：切肤之痛，暴力之路》，马萨诸塞州波士顿：为2005年第二次圆桌会议研讨会准备的文件初稿

Hartling, Linda M. and Luchetta, Tracy (1999). *Humiliation: Assessing the Impact of Derision, Degradation, and Debasement.* In The Journal of Primary Prevention, 19 (5), pp. 259—278.

《侮辱：评估讥笑、屈辱以及贬低的影响》，见《初级预防杂志》

Hartung, William D. (1994). *And Weapons for All.* New York, NY: Harper Collins.

《大家的武器》

Harvey, Jean (1999). *Civilized Oppression.* Lanham, MD: Rowman and Littlefield Publishers.

《文明的压迫》

Heider, Fritz (1958). *The Psychology of Interpersonal Relations.* New York, NY: Wiley.

《人际关系心理学》

Helfferich, Carla (1993). *The Games of Evolutionary Economics.* In Alaska Science Forum, Article 1149, September 1, retrieved April 15, 2003, from http://www.gi.alaska.edu/ScienceForum/ASF11/1149.html.

《演化经济学的博弈》见阿拉斯加科学论坛

Hersh, Seymour M. (2004). *Torture at Abu Ghraib: American Soldiers Brutalized Iraqis. How Far Up Does the Responsibility Go?* In The New Yorker, May 10, 2004, posted April 30, 2004 at http://www.newyorker.com/printables/fact/040510fa_fact.

《阿布格莱布监狱酷刑：美国士兵虐待伊拉克人。责任到底有多大?》，见《纽约客》

Herz, John H. (1950). *Idealist Internationalism and the Security Dilemma.* In World Politics, II, pp. 157—180.

《理想主义者的国际主义与安全困境》，见《世界政治》II

Hitler, Adolf (1999). *Mein Kampf.* London: Pimlico; original work published in 1925—1926.

《我的奋斗》

Hobbes, Thomas (1651). *Leviathan.* The APHIL Library, retrieved November 9, 2000, from http://coombs. anu. edu. au/Depts/RSSS/Philosophy/Texts/LeviathanTOC. htm l.

《利维坦》

Hofstede, Geert H. (1980). *Culture's Consequences: International Differences in Work-Related Values.* Beverly Hills, CA: Sage.

《文化之果：与工作有关的价值观国际差异》

Honneth, Axel (1997). *Recognition and Moral Obligation.* In Social Research, 64 (1), pp. 16—35.

《认可与道德义务》，见《社会研究》

Hudnall, Amy C. and Lindner, Evelin Gerda (2005). Crisis and gender: Addressing the psychosocial needs of women in international disasters. In Reyes, Gilbert and Jacobs, Gerard A. (Eds.), *Handbook of International Disaster Psychology.* Vol 4: Interventions With Special Needs Populations, pp. 1—18. Westport, CT: Praeger Publisher.

《危机与性别：论国际灾难中妇女的心理需求》，

见《国际灾难心理学手册》第四册《对特殊需求群体的干预》

Huggins, Martha Knisely, Haritos-Fatouros, Mika, and Zimbardo, Philip G. (2002). *Violence Workers: Police Torturers and Murderers Reconstruct Brazilian Atrocities.* Berkeley, CA: University of California Press.

《施暴人：施虐人警察和杀人犯重演巴西暴行》

Human Rights Watch (1996). *Shattered Lives: Sexual Violence During the Rwandan Genocide and Its Aftermath.* September edition. New York: Human Rights Watch.

《破碎的生命：卢旺达种族灭绝期间的性暴力及其后果》

Huntington, Samuel P. (1996). *The Clash of Civilizations and the Remaking of World Order.* New York, NY: Simon and Schuster.

《文明之间的冲突与世界秩序重建》

Hyde, Janet Shibley (2005). *The Gender Similarities Hypothesis.* In American Psychologist, 60 (6), pp. 581—592.

《性别相似假说》，见《美国心理学》

International Committee of the Red Cross Somalia Delegation (1997). *Spared From the Spear: Traditional Somali Behaviour in Warfare.* Nairobi: International Committee of the Red Cross.

《矛下留人：战争中传统的索马里行为》

Jackson, Robert H. (1990). *Quasi-States, Sovereignty, International Relations and the Third World.*

Cambridge, MA: Cambridge University Press.

《准国家、主权、国际关系，以及第三世界》

Jan, Ameen (1996). *Peacebuilding in Somalia.* New York: International Peace Academy, see also http://www.ipacademy.inter.net/somalia2.htm.

《索马里的和平建设》

Jandt, Fred Edmund (1995). *Intercultural Communication: An Introduction.* Thousand Oaks, CA.: Sage.

《跨文化交际导论》

Jervis, Robert, Lebow, Richard Ned, and Stein, Janice Gross (1985). *Psychology and Deterrence.* Baltimore, MD: Johns Hopkins University Press.

《心理学与威慑》

Johnson, David W., Johnson, Roger T., and Tjosvold, Dean (2000). Constructive Controversy: The Value of Intellectual Opposition. In Deutsch, Morton and Coleman, Peter T. (Eds.), *The Handbook of Conflict Resolution: Theory and Practice*, pp. 65—85. San Francisco, CA: Jossey-Bass.

《建设性争论：知识分子反对派的价值》，见《解决冲突手册：理论与实践》

Jones, Adam (2000). *Gendercide and* Genocide. In Journal of Genocide Research, 2 (2, June 1), pp. 185—211.

《性别灭绝和种族灭绝》，见《种族灭绝研究杂志》

Kagan, Donald (1998). Honor, Interest, and Nation-State. In Abrams, Elliot (Ed.), *Honor Among Nations*, Washington, DC: Ethics and Public Policy Center.

《名誉、利益、民族国家》，见《国家之间的名誉》

Kaku, Michio (2005). *Parallel Worlds: A Journey Through Creation, Higher Dimensions, and the Future of the Cosmos.* New York, London, Toronto, Sydney, Auckland: Doubleday.

《平行世界：创造、更高纬度与宇宙未来之路》

Kaplan, Robert D. (1994). *The Coming Anarchy.* In The Atlantic Monthly, February, pp. 44—76.

《即将到来的无政府状态》，见《大西洋月刊》

Keen, Sam (1986). *Faces of the Enemy: Reflections of the Hostile Imagination.* San Francisco, CA: Harper and Row.

《敌人的面孔：关于敌意想象力的思考》

Kelley, Harold H. (1973). *The Processes of Causal Attribution.* In American Psychologist, 28 (107), pp. 128

《因果归因过程》，见《美国心理学家》

Kelman, Herbert C. (1999). *The Interdependence of Israeli and Palestinian National Identities: The Role*

of the Other in Existential Conflicts. In Journal of Social Issues, 55, pp. 581—600.
《以色列和巴勒斯坦民族认同的相互依存性：他人在存在冲突中的作用》，见《社会问题杂志》

Klein, Donald C. (1991a). *Introduction to the Issue*. In The Journal of Primary Prevention, 12 (2, December), pp. 87—91.
《问题简介》，见《初级预防杂志》

Klein, Donald C. (1991b). *The Humiliation Dynamic: An Overview* (*The Humiliation Dynamic: Viewing the Task of Prevention From a New Perspective*. Part I, Section One: The Humiliation Dynamic). In The Journal of Primary Prevention, 12 (2, December), pp. 93—121.
《侮辱的驱动力：概述》(《侮辱的驱动力：从新的角度看预防工作》，第一部分第一节《侮辱的驱动力》，见《初级预防杂志》

Klein, Donald C. (1992). *Introduction to the Issue*. In The Journal of Primary Prevention, 12 (3, March), pp. 189—193.
《问题简介》，见《初级预防杂志》

Kluckhohn, Florence Rockwood and Strodtbeck, Fred L. (1961). *Variations in Value Orientations*. Evanston, IL: Row, Peterson.
《价值取向的变化》

Kupchan, Charles A. (2002). The End of the American Era. *US Foreign Policy and the Geopolitics of the Twenty-First Century*. New York, NY: Alfred A Knopf.
《美国时代的终结，美国的对外政策和21世纪的地缘政治》

Lakoff, George and Johnson, Mark (1999). *Philosophy in the Flesh: The Embodied Mind and Its Challenge to Western Thought*. New York, NY: Basic Books.
《肉体中的哲学：具身心智及其对西方思想的挑战》

Legrain, Philippe (2002). *Open World: The Truth About Globalisation*. London: Abacus.
《开放的世界：全球化真相》

Lemov, Rebecca (2005a). *The American Science of Interrogation: Debility, Dependency and Dread*. In Los Angeles Times, October 22, 2005, downloadable from http://www.latimes.com/news/opinion/commentary/la-oe-lemov22oct22,0,3219677.
《美国的讯问科学：衰弱、依赖和恐惧》，见《洛杉矶时报》

Lemov, Rebecca (2005b). *World As Laboratory: Experiments With Mice, Mazes and Men*. New York, NY: Farrar, Straus, and Giroux.
《作为实验室的世界：用白鼠、迷宫和人做实验》

Lewis, Helen Block (1971). *Shame and Guilt in Neurosis*. New York, NY: International Universities Press.
《神经症中的羞耻与内疚》

Leyton, Elliott (2000). *Touched by Fire. Doctors Without Borders in a Third World Crisis.* Toronto: McClelland and Stewart.

《被火殃及：第三世界危机中的无国界医生》

Lifton, Robert Jay (1999). *The Protean Self: Human Resilience in the Age of Fragmentation.* Chicago, IL: University of Chicago Press.

《多变的自我：碎片化时代人类的复原力》

Lindner, Evelin Gerda (1994). *Lebensqualität Im Ägyptisch—Deutschen Vergleich.* Eine Interkulturelle Untersuchung an Drei Berufsgruppen (Ärzte, Journalisten, Künstler). Hamburg: Department of Psychological Medicine, University of Hamburg, Doctoral Dissertation in Medicine.

《生活质量：德国与埃及比较研究》

Lindner, Evelin Gerda (1999). *Women in the Global Village: Increasing Demand for Traditional Communication Patterns.* In Breines, Ingeborg, Gierycz, Dorota, and Reardon, Betty (Eds.), Towards a Women's Agenda for a Culture of Peace, pp. 89—98. Paris: UNESCO.

《地球村的妇女：传统交际模式需求日益增长》，见《走向和平的妇女议程》

Lindner, Evelin Gerda (2000a). *The Psychology of Humiliation: Somalia, Rwanda / Burundi, and Hitler's Germany.* Oslo: University of Oslo, Department of Psychology, Doctoral Dissertation in Psychology.

《侮辱心理学：索马里、卢旺达、布隆迪以及希特勒德国》

Lindner, Evelin Gerda (2000b). *The Relational Anatomy of Humiliation: Perpetrator, Victim, and Third Party.* Oslo: University of Oslo, http://www.humiliationstudies.org/documents/evelin/RelationalAnatomyHumiliation.pdf.

《侮辱关系性剖析：施暴人、受害人和第三方》

Lindner, Evelin Gerda (2000c). *Were Ordinary Germans Hitler's "Willing Executioners"? Or Were They Victims of Humiliating Seduction and Abandonment? The Case of Germany and Somalia.* In IDEA: A Journal of Social Issues, 5(1), http://www.ideajournal.com/lindner-willing-executioners.html.

《普通的德国民众是希特勒"心甘情愿的刽子手"？还是受到屈辱诱骗和被遗弃的受害人？发生在德国和索马里的真事》，见《社会问题杂志》

Lindner, Evelin Gerda (2000d). *What Every Negotiator Ought to Know: Understanding Humiliation.* Oslo, and Coalition for Global Solidarity and Social Development, Peace and Conflicts: http://globalsolidarity.transcend.org/articles/what.pdf.

《谈判专家须知：了解侮辱》

Lindner, Evelin Gerda (2001a). *How Research Can Humiliate: Critical Reflections on Method.* In Journal for the Study of Peace and Conflict, Annual Edition 2001—2002, pp. 16—36, http://jspc.library.wisc.edu/.

《研究是怎么侮辱人的：对研究方法的批判性思考》，见《和平与冲突研究杂志》

Lindner, Evelin Gerda (2001b). *Humiliation—Trauma That Has Been Overlooked: An Analysis Based on Fieldwork in Germany, Rwanda / Burundi, and Somalia.* In TRAUMATOLOGYe, 7 (1) Article 3 (32 pages), http://www.fsu.edu/%7Etrauma/v7/Humiliation.pdf.
《侮辱——被忽视的心理创伤：基于德国、卢旺达、布隆迪和索马里实地勘察的分析》，见《创伤学》

Lindner, Evelin Gerda (2001c). *Humiliation and the Human Condition: Mapping a Minefield.* In Human Rights Review, 2 (2), pp. 46—63.
《侮辱与人类境遇：绘制雷区地图》，见《人权评论》

Lindner, Evelin Gerda (2001d). *Humiliation As the Source of Terrorism: A New Paradigm.* In Peace Research, 33 (2), pp. 59—68.
《作为恐怖主义根源的侮辱：新模式》，见《和平研究》

Lindner, Evelin Gerda (2001e). *Women and Terrorism: The Lessons of Humiliation.* In New Routes: A Journal for Peace Research and Action. Special Issue: Targeting Women, 6 (3), pp. 10—12, http://www.life-peace.org/newroutes/newroutes2001/nr200103/lessonsofhum0301.htm
《妇女与恐怖主义：侮辱的教训》，见《新途径：和平研究与行为杂志》特刊《针对妇女》

Lindner, Evelin Gerda (2002). *Healing the Cycles of Humiliation: How to Attend to the Emotional Aspects of "Unsolvable" Conflicts and the Use of "Humiliation Entrepreneurship".* In Peace and Conflict: Journal of Peace Psychology, 8 (2), pp. 125—138.
《治愈侮辱的循环：如何处理情感方面"未解决的"冲突以及如何处理"侮辱的鼓动者"》，见《和平与冲突：和平心理学杂志》

Lindner, Evelin Gerda (2003). *Humiliation or Dignity: Regional Conflicts in the Global Village.* In The International Journal of Mental Health, Psychosocial Work and Counselling in Areas of Armed Conflict, 1 (1, January), pp. 48—63, see also http://www.transnational.org/forum/meet/2002/Lindner_RegionalConflicts.ht ml.
《侮辱还是尊严：地球村的地区冲突》，见《武装冲突地区的精神健康、心理工作和咨询国际杂志》

Lindner, Evelin Gerda (2004a). *Humiliation in a Globalizing World: Does Humiliation Become the Most Disruptive Force?* New York, NY: Paper prepared for the "Workshop on Humiliation and Violent Conflict," November 18—19, 2004, at Columbia University, http://www.humiliationstudies.org/whoweare/evelin13.php.
《全球化世界中的侮辱：侮辱会成为最具破坏性的力量吗?》，为"侮辱与暴力冲突研讨会"准备的论文

Lindner, Evelin Gerda (2004b). Gendercide and Humiliation in Honor and Human—Rights Societies. In Jones, Adam (Ed.), *Gendercide and Genocide.* Nashville, TN: Vanderbilt University Press.
《发生在名誉和人权社会里的性别灭绝与侮辱》，见《性别灭绝与种族灭绝》

Lindner, Evelin Gerda (2005a). *Die Psychologie der Demütigung.* In Punktum, Fach - und Verbandszeitschrift des Schweizerischen Berufsverbandes für Angewandte Psychologie SBAP, März, pp. 3—8.

《侮辱心理学》，见《瑞士应用心理学协会杂志》

Lindner, Evelin Gerda (2005b). *Human Rights, Humiliation, and Globalization.* In Janus, Ludwig, Galler, Florian, and Kurth, Winfried (Eds.), Symbolik, Gesellschaftliche Irrationalität und Psychohistorie, Jahrbuch für Psychohistorische Forschung, Vol. 5, 2004, pp. 143—172. Heidelberg: Mattes Verlag.

《人权、侮辱与全球化》，见《象征主义、社会的非理性以及心理学历史》以及《心理历史学研究年刊》

Lindner, Evelin Gerda (2005c). *Mature Differentiation As Response to Terrorism and Humiliation: Refrain From the Language of "War" and "Evil".* In Transnational Foundation for Peace and Future Research, http://www.transnational.org/tff/people/e_lindner.html.

《成熟的差异化是对恐怖主义和侮辱的回应：克制语言战争与邪恶》，见《和平与未来研究的跨国基础》

Lindner, Evelin Gerda (2006a). Emotion and Conflict. In Deutsch, Morton, Coleman, Peter T., and Marcus, Eric C. (Eds.), *The Handbook of Conflict Resolution: Theory and Practice*, 2nd edition. San Francisco, CA: Jossey - Bass.

《情感与冲突》，见《冲突解决手册：理论与实践》第 2 版

Lindner, Evelin Gerda (2006). *Humiliation and Reactions to Hitler's Seductiveness in Post-War Germany: Personal Reflections.* In Social Alternatives, 25, Special Issue "Humiliation and History in Global Perspectives" (1, First Quarter)

《战后德国对希特勒的诱惑侮辱与反应：个人反思》，见《社会选择》第 25 期特刊

Lindner, Evelin Gerda (2006c). Humiliation, Killing, War, and Gender. In Fitzduff, Mari and Stout, Chris E. (Eds.), *The Psychology of Resolving Global Conflicts: From War to Peace.* Vol 1: Nature Vs. Nurture, pp. 137—174. Westport, CT, London: Praeger Security International.

《侮辱、杀戮、战争和性》，见《解决全球冲突心理学：从战争到和平》第 1 卷《先天与后天》

Lindner, Evelin Gerda, Kuriansky, Judy, and Walsh, Neil Ryan (2006). Humiliation or Dignity in the Israeli-Palestinian Conflict. In Kuriansky, Judy (Ed.). *Psychosocial Approaches to the Israeli / Palestinian Conflict*. Westport, CT: Praeger.

《巴以冲突中的侮辱与尊严》，见《巴以冲突的心理学解决方案》

Locke, John (1690). *Two Treatises of Government.* London: A. & J. Churchill.

《政府论》

Luke, Timothy W. and Toulouse, Chris (Eds.) (1998). *The Politics of Cyberspace: A New Political Science Reader.* New York, NY: Routledge.

《网络空间政治学：新政治科学读本》

Lyons, John O. (1978). *The Invention of the Self.* Carbondale, IL: Southern Illinois University Press.
《发现自我》

Mandela, Nelson Rolihlahla (1994). *A Long Walk to Freedom: The Autobiography of Nelson Mandela.* London: Little Brown.
《漫漫自由路：曼德拉自传》

Mandela, Nelson Rolihlahla (2001). Welcome to Robben Island. In Heffermehl, Fredrik S. (Ed.), *Peace Is Possible*, pp. 87—89. Geneva: International Peace Bureau (IPB) with the support of UNESCO.
《欢迎来到罗本岛》，见《和平是可能的》

Maren, Michael (1997). *The Road to Hell: The Ravaging Effects of Foreign Aid and International Charity.* New York, NY: Free Press.
《通向地狱之路：外国援助和国际慈善的破坏性作用》

Margalit, Avishai (1996). *The Decent Society.* Cambridge, MA: Harvard University Press.
《体面的社会》

Margalit, Avishai (2002). *The Ethics of Memory.* Cambridge, MA: Harvard University Press.
《记忆的伦理》

Marshall, Monty G. (1999). *Third World War: System, Process, and Conflict Dynamics.* Lanham, MD, and London: Rowman and Littlefield.
《第三次世界大战：制度、进程和冲突动力》

Masson, Philippe (1996). *When Soldiers Prefer Death to Humiliation.* In Historia, (596), pp. 54—56.
《当士兵宁死不受辱时》，见《历史》

Matsumoto, David Ricky, Hee Yoo, Seung, and LeRoux, Jeffery A. (2005). Emotion and Intercultural Communication. In Kotthoff, Helga and Spencer - Oatley, Helen (Eds.), *Handbook of Applied Linguistics*. Vol 7: Intercultural Communication, Berlin: Mouton - de Gruyter Publishers.
《情感与跨文化沟通》，见《应用语言学手册》第 7 卷《跨文化沟通》

Mayhew, Susan (1997). *A Dictionary of Geography.* Oxford: Oxford University Press.
《地理辞典》

McLuhan, Herbert Marshall (1962). *The Gutenberg Galaxy: The Making of Typographic Man.* Toronto: University of Toronto Press.
《古腾堡星系》

Milgram, Stanley (1974). *Obedience to Authority.* New York: Harper & Row.
《服从权力》

Miller, Alice (1983). *For Your Own Good: Hidden Cruelty in Child-Rearing and the Roots of Violence.*

London: Virago Press, see the afterword also on http://members.xoom.com/childhistory/victim.htm, retrieved May 22, 2000.

《为你自己好：儿童养育中隐藏的残忍和暴力的根源》

Miller, William Ian (1993). *Humiliation and Other Essays on Honor, Social Discomfort, and Violence.* Ithaca: Cornell University Press.

《侮辱和名誉、社交苦恼和暴力随笔》

Minow, Martha L. (1998). *Between Vengeance and Forgiveness: South Africa's Truth and Reconciliation Commission.* In Negotiation Journal, 14 (4), pp. 319—355.

《在复仇与原谅之间：南非真相与和解委员会》，见《谈判杂志》

Mischel, Walter and De Smet, Aaron L. (2000). Self-regulation in the service of conflict resolution. In Deutsch, Morton (Ed.), *The Handbook of Conflict Resolution: Theory and Practice*, pp. 256—275. San Francisco: Jossey-Bass.

《冲突解决中的自我管理》，见《冲突解决手册：理论与实践》

Montaigne, Michel de (1575). *Essays by Michel De Montaigne Translated by Charles Cotton.* Retrieved December 15, 2003, from http://eserver.org/philosophy/montaigne - essays.txt.

《考敦译蒙田 <散文集>》

Moore, Barrington, Jr. (2000). *Moral Purity and Persecution in History.* Princeton, NJ: Princeton University Press.

《历史上的道德纯洁与迫害》

Morrison, Toni (1987). *Beloved: A Novel.* New York, NY: Knopf.

《宠儿：一本小说》

Moscovici, Serge (1997). *Social Representations Theory and Social Constructionism.* Social Representations Mailing List 1 Postings, 28 Apr—27 May 1997. Retrieved December 3, 2000, from http://www.nsu.ru/psych/internet/bits/mosc1.htm.

《社会代表理论与社会建构主义》

Nathanson, Donald L. (1992). *Shame and Pride: Affect Sex and the Birth of the Self.* New York, NY: Norton.

《羞愧和骄傲：性情感与自我的诞生》

Nelder, Chris (1996). *Envisioning a Sustainable Future.* In BWZine (The Online Better World Magazine), (October/November/December).

《展望可持续的未来》

Nisbett, Richard E. and Cohen, Dov (1996). *Culture of Honor: The Psychology of Violence in the South.* Boulder, CO: Westview Press.

《名誉文化：南方暴力心理学》

Noël, Lise (1994). *Intolerance: A General Survey.* Montreal: Mc-Gill-Queen's University Press.

《不宽容：概况》

O'Halloran, Patrick J. (1995). *Humanitarian Intervention and the Genocide in Rwanda.* London: Research Institute for the Study of Conflict and Terrorism.

《人道干预与卢旺达的种族大屠杀》

Parry, Leonard A. (1975). *The History of Torture in England.* Montclair, NJ: Patterson Smith Publishing Corp.

《英国酷刑史》

Patten, Chris and Lindh, Anna (2001). *Let's Control the Small Arms Trade.* In International Herald Tribune, June 30

《让我们控制轻武器交易》，见《国际先驱论坛报》

Perry, Bruce D. (1997). Incubated in Terror: Neurodevelopmental Factors in the 'Cycle of Violence'. In Osofsky, Joy Doninger (Ed.), *Children, Youth and Violence: the Search for Solutions*, pp. 124—148. New York, NY: Guilford Press, retrieved March 15, 2000, from http://www.bcm.tmc.edu/civitas/incubated.htm.

《孵化于恐怖中："暴力循环"中的神经发育因素》，见《少年儿童与暴力：解决方案研究》

Pogge, Thomas (2002). *World Poverty and Human Rights: Cosmopolitan Responsibilities and Reforms.* Cambridge, UK: Polity Press.

《世界贫困与人权：世界责任与改革》

Priest, Dana (2005). *CIA Holds Terror Suspects in Secret Prisons.* In Washington Post, Wednesday, November 2, http://www.washingtonpost.com/wp-dyn/content/article/2005/11/01/AR2005110101644_pf.html.

《中央情报局秘密关押恐怖嫌疑分子》，见《华盛顿邮报》11 月 2 日

Reason, Peter (Ed.) (1994). *Participation in Human Inquiry.* London: Sage.

《参与人类探究》

Reber, Arthur S. (1995). *The Penguin Dictionary of Psychology.* Second edition. Harmondsworth: Penguin.

《企鹅心理学辞典》第二版

Retzinger, Suzanne M. (1991). *Violent Emotions: Shame and Rage in Marital Quarrels.* Newbury Park, CA: Sage.

《暴力情感：夫妻争吵中的羞愧与愤怒》

Richerson, Peter J., Boyd, Robert, and Bettinger, Robert L. (1999). *The Origins of Agriculture as a Natural Experiment in Cultural Evolution.* Davis, CA: University of California, Center for Agricultural History, http://www.des.ucdavis.edu/faculty/Richerson/Origins_Ag_IV3.htm in November 2002.

《文化演进中作为自然实验的农业起源》

Roosevelt, Franklin Delano (1937). *Quarantine the Aggressors.* Retrieved July 6, 2003, from http://www.nvcc.edu/home/nvsageh/Hist122/Part4/FDRQuar.htm.

《隔离入侵者》

Ross, Lee D. and Jost, John T (1999). Fairness Norms and the Potential for Mutual Agreements Involving Majority and Minority Groups. In Neale, Margaret A, Mannix, Elizabeth A, and Wageman, Ruth (Eds.), *Research on Managing Groups and Teams.* Vol. 2: Groups in Their Context, pp. 93—114. Greenwich, CT: JAI Press.

《多数族群和少数族群相互一致的公平法则和可能性》见《团队与族群管理研究》(第 2 卷)《自己语境中族群》

Rostow, Walt W. (1960). *The Stages of Economic Growth: A Non-Communist Manifesto.* Cambridge, MA: Cambridge University Press.

《经济增长的阶段：非共产党宣言》

Rubin, Jeffrey Z., Pruitt, Dean G., and Kim, Sung Hee (1994). *Social Conflict: Escalation, Stalemate and Settlement.* Second edition. New York, NY: McGraw-Hill.

《社会冲突：激化、胶着及解决》

Sachs, Jeffrey (2005). *The End of Poverty: Economic Possibilities for Our Time.* New York: Penguin Group.

《贫穷的终结：我们时代的经济可能性》

Sampson, William (2005). *Confessions of an Innocent Man: Torture and Survival In a Saudi Prison.* Toronto, Ontario, Canada: McClelland & Stewart.

《一个无辜者的自白：沙特监狱的酷刑和幸存》

Sayler, Michael (2004). *Humiliation and the Poor: A Study in the Management of Meaning.* Santa Barbara, CA: Ph. D. dissertation, Fielding Graduate Institute.

《侮辱与穷人：意义管理研究》

Scheff, Thomas J. (1990). *Bloody Revenge: Emotions, Nationalism and War.* Chicago, IL: University of Chicago Press.

《血腥复仇：情感、民族主义和战争》

Scheff, Thomas J. (1997). *Emotions, the Social Bond and Human Reality. Part/Whole Analysis.* Cambridge: Cambridge University Press.

《情感、社会联系和人类的现实：部分/整体分析》

Scheff, Thomas J. (2002). *Emotions and Politics.* Oslo: University of Oslo, Eilert Sundt Lecture 2002, 24th October 2002.

《情感与政治》

Scheff, Thomas J. (2003). Shame in Self and Society. In *Symbolic Interaction*, 26 (2), pp. 239—262.
《自我羞愧与社会的羞愧》，见《符号互动》

Scheff, Thomas J. and Retzinger, Suzanne M. (1991). *Emotions and Violence: Shame and Rage in Destructive Conflicts.* Lexington, MA: Lexington Books.
《情感与暴力：破坏性冲突中的羞愧与愤怒》

Scheler, Max (1912). *Über Ressentiment Und Moralisches Werturteil.* Leipzig: Engelmann.
《妒恨与道德价值评判》

Scheler, Max (1954). *The Nature of Sympathy.* London: Routledge and Kegan Paul.
《同情的性质》

Sherif, Muzafer and Cantril, Hadley (1947). *The Psychology of Ego-Involvements, Social Attitudes and Identifications.* New York, NY: Wiley.
《自我介入、社会态度和认同心理学》

Sherif, Muzafer, Harvey, O. J., White, B. J., Hood, W. R., Sherif, Carolyn W., and Campbell, D. (1988). *The Robbers' Cave Experiment: Intergroup Conflict and Cooperation.* Middletown, CT: Wesleyan University Press.
《罗伯斯山洞实验：群际冲突与合作》

Sidanius, Jim and Pratto, Felicia (1999). *Social Dominance: An Intergroup Theory of Social Hierarchy and Oppression.* Cambridge, UK: Cambridge University Press.
《社会优势：社会等级制度和压迫的群际理论》

Siegel, Judy (1997). *A New Diagnosis for the Power Hungry.* In Jerusalem Post, August 20, pp. 1—1.
《对渴望权力的新诊断》，见《耶路撒冷邮报》

Singer, Peter (1999). *A Darwinian Left: Politics, Evolution and Cooperation.* London: Weidenfeld & Nicolson.
《一个达尔文左派：政治、演化与合作》

Smith, Dennis (2001). *Organisations and Humiliation: Looking Beyond Elias.* In Organization, 8 (3), pp. 537—560.
《组织与侮辱：超越伊利亚斯》，见《组织》

Smith, Dennis (2002). The Humiliating Organisation: The Functions and Disfunctions of Degradation. In Iterson, Ad van, Mastenbroek, Willem, Newton, Tim, and Smith, Dennis (Eds.), *The Civilized Organisation*, Amsterdam: Benjamin.
《侮辱组织：贬黜的功能和功能障碍》，见《文明组织》

Snyder, Claire R. (2000). *Citizen-Soldiers and Manly Warriors: Military Service and Gender in the Civic*

Republican Tradition. Lanham, MD: Rowman and Littlefield.

《公民 - 士兵和男子汉勇士：公民共和传统中的兵役和性别》

Solow, Robert M. (1957). *Technical change and the aggregate production function*. In Review of Economics and Statistics, 39, 312—320.

《技术变化与集合生产功能》，见《经济学和统计学评论》

Sontag, Susan (2004). *Regarding the Torture of Others*. In The New York Times, May 23, 2004, http://www.nytimes.com/2004/05/23/magazine/23PRISONS.html? ei = 1&e n = c0146bd0d219d6fe&ex = 1086188191&pagewanted = print&position = .

《关于刑讯他人》，见《纽约时报》2004 年 5 月 23 日

Staub, Ervin (1999). *The Roots of Evil: Social Conditions, Culture, Personality and Basic Human Needs*. In Personality and Social Psychology Review, 3 (3), pp. 179—192.

《恶之根源：社会状况、文化、个性和人类基本需求》，见《个性和社会心理评论》

Staub, Ervin (2003). *The Psychology of Good and Evil: Why Children, Adults, and Groups Help and Harm Others*. Cambridge, MA: Cambridge University Press.

《善恶心理：为什么儿童、成人和族群既助人又害人》

Staub, Ervin (1989). *The Roots of Evil: The Origins of Genocide and Other Group Violence*. Cambridge, UK: Cambridge University Press.

《恶之根源：种族屠杀及其他群体暴力行为的起源》

Steinberg, Blema S. (1996). *Shame and Humiliation: Presidential Decision Making on Vietnam*. Montreal/UK: McGill-Queen's.

《羞愧和侮辱：对越南的总统决策》

The International Panel of Eminent Personalities to Investigate the 1994 Genocide in Rwanda and the Surrounding Events (2000). *Rwanda: The Preventable Genocide*. Retrieved September 30, 2000, from www.oau - oua.org/.

调查 1994 年卢旺达种族大屠杀及周边事件的国际名人专门小组，《卢旺达：预防种族大屠杀》

Tomkins, Silvan S. (1962). *Affect Imagery and Consciousness* (Volumes I—IV). New York, NY: Springer.

《影响意象和意识》（第 1—4 卷）

Trigger, Bruce G. (1993). *Early Civilizations—Ancient Egypt in Context*. Cairo: AUC.

《早期文明——语境中的古埃及》

United Nations Population Fund (UNFPA) (2005). *Gender-based violence: A price too high*. State of World Population 2005, United Nations Population Fund (UNFPA): http://www.unfpa.org/swp/2005/english/ch7/index.htm.

《基于性别的暴力：过于高昂的代价》，见《世界人口状况，2005 年》

Ury, William (1999). *Getting to Peace. Transforming Conflict at Home, at Work, and in the World.* New York, NY: Viking.

《致力和平：在家里、在工作中、在全世界范围转化冲突》

Vachon, Stéphane (1993). Passer *De L'Appauvrissement à La Pauvreté Comme on Va De L'Humiliation à L'Humilité.* In Voix Et Images, 18 (2), pp. 382—387.

《从侮辱走向谦恭就是从贫穷走向贫困》

Vogel, William and Lazare, Aaron (1990). *The Unforgivable Humiliation: A Dilemma in Couples' Treatment.* In Contemporary Family Therapy, 12 (2), pp. 139—151.

《不可原谅的侮辱：夫妻间相处的尴尬》，见《当代家庭治疗》

Volf, Miroslav (1996). *Exclusion and Embrace: a Theological Exploration and Identity, Otherness, and Reconciliation.* Nashville, TN: Abingdon Press.

《排斥与接受：神学探索和认同、他者及和解》

Volkan, Vamik D., Julius, Demetrios A., and Montville, Joseph V. (Eds.) (1990). *The Psychodynamics of International Relationships.* Vol I: Concepts and Theories, Vol II: Unofficial Diplomacy at Work. Lexington, MA: Lexington Books.

《国际关系心理动力学》第 1 卷《概念与理论》，第 2 卷《非官方外交在发挥作用》

Volkan, Vamik D. (2004). *Blind Trust: Large Groups and Their Leaders in Times of Crisis and Terror.* Charlottesville, VA: Pitchstone Publishing.

《盲目信任：危机和恐怖时期的大型群体及其领袖们》

Wilkinson, Richard G. (1996). *Unhealthy Societies: The Afflictions of Inequality.* London: Routledge.

《病态社会：不平等的苦恼》

Wisconsin Institute for Peace and Conflict Studies, UWM Peace Studies Program, and UWM Center for International Education (2003). Invitation to the Conference "New Paths to Peace: Innovative Approaches to Building Sustainable Peace and Development, November 6—8, 2003". Milwaukee, WI: Wisconsin Institute for Peace and Conflict Studies.

"通向和平的新道路：建立可持续和平和发展的创新途径"研讨会邀请函

Wyatt-Brown, Bertram (1982). *Southern Honor: Ethics and Behavior in the Old South.* New York, NY: Oxford University Press.

《南方名誉：老南方的伦理和行为》

Zehr, Howard (2002). *The Little Book of Restorative Justice.* Intercourse, PA: Good Books.

《修复式正义手册》

Znakov, Viktor V. (1990). *The Comprehension of Violence and Humiliation Situations by Aggressive Adolescents.* In Voprosy-Psikhologii, Jan—Feb, pp. 20—27.

《攻击型青少年对暴力和侮辱情境的理解》